Kramer
Allgemeines Verwaltungsrecht und
Verwaltungsprozessrecht

Allgemeines Verwaltungsrecht und Verwaltungsprozessrecht

mit Staatshaftungsrecht

von

Dr. Urs Kramer
Professor an der Universität Passau

3. Auflage 2016

C.H.BECK

www.beck.de

ISBN 978 3 406 69796 8

Wilhelmstraße 9, 80801 München
Druck: Druckhaus Nomos
In den Lissen 12, 76547 Sinzheim

Satz: DTP-Vorlagen des Autors
Umschlaggestaltung: Druckerei C.H. Beck Nördlingen

Gedruckt auf säurefreiem, alterungsbeständigem Papier
(hergestellt aus chlorfrei gebleichtem Zellstoff)

Vorwort

„Noch ein Lehrbuch zum Allgemeinen Verwaltungsrecht – deren gibt es doch schon genug“, mag manche(r) jetzt denken. Das Ziel dieses Büchleins ist jedoch ein anderes: Es soll die Wiederholung des Stoffes – etwa im Rahmen der Examensvorbereitung – erleichtern, sinnvoll strukturieren und dauerhaft erfolgreicher machen. Denn jedenfalls „wenn der Nebel sich lichtet“ und man Zusammenhänge und Strukturen erkennt, macht Jura, insbesondere das Öffentliche Recht, plötzlich Spaß und erscheint gar nicht mehr als so trocken und quälend langweilig wie leider manches Mal davor. Die Erfahrung aus dem Passauer Examenskurs (http://www.ird.uni-passau.de/examenskurs/) und die dort entstandenen Skripten sowie die Rückmeldungen aus der Leserschaft zu den dort erfreulich gut aufgenommenen 1. und 2. Auflagen sind in dieses Werk eingeflossen und helfen hoffentlich dabei mit, das oben skizzierte Ziel zu erreichen. Dann wäre der Verfasser sehr froh.

Ohne die Unterstützung durch zahlreiche helfende Hände und mitdenkende gute Geister wäre dieses Buch nie entstanden und fortgeführt worden. Zu danken habe ich daher allen Passauer Studierenden, die mit mir mittlerweile über Jahre das Öffentliche Recht wiederholt und vertieft und dabei viele gute Ideen eingebracht haben, vor allem aber allen Wiss. Mitarbeiterinnen und Mitarbeitern sowie stud. Hilfskräften meiner Professur und des gesamten Institutes für Rechtsdidaktik – namentlich Frau Vanessa Bahr, Herrn Tim Hinrichsen, Frau Nadine Voß, Frau Marlene Genske und Frau Tanja Tacke.

Aber auch allen Leserinnen und Lesern danke ich für Ihre Arbeit mit und – wenn Sie mir weiterhin (hoffentlich nicht allzu viele) Fehler und Lücken oder Verbesserungsvorschläge mitteilen, was mich sehr freuen würde – an dem Buch. Viel Spaß und Erfolg mit dem Allgemeinen Verwaltungsrecht!

Passau, im Juli 2016

Prof. Dr. Urs Kramer
Universität Passau
Institut für Rechtsdidaktik
Dr.-Hans-Kapfinger-Straße 14b
94032 Passau
Urs.Kramer@uni-passau.de

Inhaltsverzeichnis

Abkürzungsverzeichnis

a. F.	alter Fassung
AEG	Allgemeines Eisenbahngesetz
AEUV	Vertrag über die Arbeitsweise der EU
AG	Amtsgericht
AGVwGO	Ausführungsgesetz zur VwGO
AO	Abgabenordnung
Art.	Artikel
AsylVfG	Asylverfahrensgesetz
AtomG	Atomgesetz
AufenthG	Aufenthaltsgesetz
Aufl.	Auflage
BAFöG	Bundesausbildungsförderungsgesetz
BauGB	Baugesetzbuch
BauNVO	Baunutzungsverordnung
Bay	Bayern, bayerisch(e)
BBG	Bundesbeamtengesetz
BeamtStG	Beamtenstatusgesetz
BFStrG	Bundesfernstraßengesetz
BGB	Bürgerliches Gesetzbuch
BGH	Bundesgerichtshof
BImSchG	Bundesimmisionsschutzgesetz
BJagdG	Bundesjagdgesetz
BO	Bauordnung
Brbg	Brandenburg, brandenburgisch(e)
BVerfG	Bundesverfassungsgericht
BVerfGG	Bundesverfassungsgerichtsgesetz
BVerwG	Bundesverwaltungsgericht
BW	Baden-Württemberg, baden-württembergisch(e)
d. h.	das heißt
DRiG	Deutsches Richtergesetz
EGGVG	Einführungsgesetz zum GVG
EGMR	Europäischer Gerichtshof für Menschenrechte
EinlPrALR	Einleitung zum Preußischen Allgemeinen Landrecht
EuGH	Europäischer Gerichtshof
EUV	Vertrag über die Europäische Union
f., ff.	folgende(r)
FG	Finanzgericht
FGO	Finanzgerichtsordnung
GastG	Gaststättengesetz
GenTG	Gentechnikgesetz

GewO	Gewerbeordnung
GG	Grundgesetz
GoA	Geschäftsführung ohne Auftrag
GVG	Gerichtsverfassungsgesetz
GWB	Gesetz gegen Wettbewerbsbeschränkungen
h. L.	herrschende Lehre
h. M.	herrschende Meinung
Hbg	Hamburg, hamburgisch(e)
Hess	Hessen, hessisch(e)
Hs.	Halbsatz
i. S.	im Sinn
i. V.	in Verbindung
L	Landes-
LG	Landgericht
LSA	Sachsen-Anhalt, sachsen-anhaltinisch(e)
LVerfG	Landesverfassungsgericht
n. F.	neue(r) Fassung
Nds	Niedersachsen, niedersächsisch(e)
NRW	Nordrhein-Westfalen, nordrhein-westfälisch(e)
OVG	Oberverwaltungsgericht
OWiG	Ordnungswidrigkeitengesetz
PBefG	Personenbeförderungsgesetz
RP	Rheinland-Pfalz, rheinland-pfälzisch(e)
S.	Seite
Saarl	Saarland, saarländisch(e)
Sächs	Sachsen, sächsisch(e)
SG	Sozialgericht
SGG	Sozialgerichtsgesetz
SH	Schleswig-Holstein, schleswig-holsteinisch(e)
SoldG	Soldatengesetz
StVollzG	Strafvollzugsgesetz
Thür	Thüringen, thüringisch(e)
TierNebG	Gesetz über tierische Nebenprodukte
TierSchG	Tierschutzgesetz
TÜV	Technischer Überwachungsverein
UWG	Gesetz gegen unlauteren Wettbewerb
Verf	Verfassung
VG	Verwaltungsgericht
VGH	Verwaltungsgerichtshof
VwGO	Verwaltungsgerichtsordnung
VwVfG	Verwaltungsverfahrensgesetz
VwVG	Verwaltungsvollstreckungsgesetz
VwZG	Verwaltungszustellungsgesetz
WPflG	Wehrpflichtgesetz
WRV	Weimarer Reichsverfassung
z. B.	zum Beispiel
ZPO	Zivilprozessordnung

Einleitung und juristische Methodik

Dieses Buch zum Allgemeinen Verwaltungsrecht will kein weiteres Lehrbuch sein, sondern ein Lernbuch, mit dessen Hilfe man das idealerweise schon Gelernte noch einmal wiederholt und vertieft. Deshalb liegt sein Schwerpunkt auch nicht auf der Darstellung aller denkbaren Rechtsprobleme zu einem Thema und aller dazu verfügbaren Quellen. Ausgehend von seinem Zweck als Repetitorium geht es vielmehr um die schlaglichtartige Darstellung der wesentlichen Rechtsfragen des Allgemeinen Verwaltungsrechts und des Verwaltungsprozessrechts. Ein besonderes Augenmerk liegt dabei auf der Vermittlung der richtigen juristischen Methodik – oder, anders ausgedrückt, dem richtigen Anwenden des „juristischen Handwerkszeuges" –, denn es entspricht der festen Überzeugung des Verfassers, dass mit dem Beherrschen der Methode nahezu jedes (auch unbekannte) Rechtsproblem zutreffend, vor allem aber auch überzeugend gelöst werden kann. Zum grundlegenden Verständnis der **juristischen Methodenlehre** sei auf das in dieser Reihe erschienene Werk von *Putzke*, Juristische Arbeiten erfolgreich schreiben, 5. Aufl. 2014, verwiesen. Wegen ihrer überragenden Bedeutung soll an dieser Stelle die Technik der **Normauslegung** als vielleicht wichtigstes „Werkzeug" zumindest im Öffentlichen Recht allerdings nochmals gleich zu Beginn in Erinnerung gerufen und dann anhand des Beispieles einer in der späteren Darstellung aufgeworfenen Frage erklärt werden. 1

Zuvor aber noch einige Tipps zur **Arbeit mit diesem Buch**. Es ist, wie oben schon erwähnt, kein Lehr-, sondern ein Lern-, Vertiefungs- bzw. Wiederholungsbuch. Daher werden viele Themen nachfolgend nur kurz „angerissen". Sollten bei der Lektüre also größere Lücken in Ihrem Wissen oder Verständnis auftreten, müssen Sie die entsprechenden Fragen mit Hilfe eines klassischen Lehrbuches nacharbeiten. Empfehlenswert sind insoweit beispielsweise: 2

- *Detterbeck*, Allgemeines Verwaltungsrecht mit Verwaltungsprozessrecht, 14. Aufl. 2016
- *Maurer*, Allgemeines Verwaltungsrecht, 18. Aufl. 2011
- *Hufen*, Verwaltungsprozessrecht, 9. Aufl. 2013

Ansonsten soll dieses Buch aber gleichsam „für sich sprechen" und etwa als letzte Vorbereitung auf das Examen keiner weiteren Begleitlektüre oder -materialien bedürfen. Es ist also nicht auf eine Vertiefung durch das parallele Lesen von anderen Büchern oder Gerichtsentscheidungen angelegt. Wovon es aber nicht entbindet und was – wiederum nach der tiefen Überzeugung und mittlerweile langjährigen Erfahrung des Verfassers – den größten Lernerfolg verspricht, ist das **eigenständige Lösen von Fällen**. Neben den zahlreichen Klausurangeboten etwa in den juristischen Ausbildungszeitschriften sei dazu insbesondere auf das Werk von *Seidel/Reimer/Möstl*, Allgemeines Verwaltungsrecht, 2. Aufl. 2005 (die 3. Aufl. erscheint voraussichtlich im September 2016), verwiesen.

3 Inhaltlich ist das „Repetitorium" so **aufgebaut**, dass in einem ersten Teil – wie im klassischen juristischen Gutachten in der Examensklausur – prozessuale Fragen anhand der Sachentscheidungsvoraussetzungen der verwaltungsrechtlichen Rechtsbehelfe erörtert werden (durch die parallele Erörterung derselben für alle Klage- und Antragsarten sollen die Querbezüge aufgezeigt werden). Der zweite Teil geht dann – gleichsam wie in einer Begründetheitsprüfung (deren Obersätze allerdings schon zuvor vorgestellt bzw. eben wiederholt wurden) – auf die wesentlichen materiell-rechtlichen Fragen ein.

Doch nun genug der Vorrede – los geht's!

4 **Zum Einstieg: Die Normauslegung zur Klärung offener Rechtsfragen**

Die Normauslegung dient der Klärung offener Rechtsfragen. Sie in einer juristischen Arbeit als „Handwerkszeug" richtig anzuwenden, ist allemal besser und ertragreicher, als die verschiedenen „Meinungen" zu einem Rechtsproblem auswendig zu lernen, zumal es häufig banal ist, dass eine „Meinung" die Frage bejaht und die andere sie verneint.

Die Normauslegung ist vom (bloßen) Schließen von Gesetzeslücken zu unterscheiden. Zu ermitteln ist wegen des Rechtsstaatsprinzips der „objektivierte Wille des Gesetzgebers", nicht die subjektive Vorstellung der am Zustandekommen des Gesetzes Beteiligten (→ objektive Auslegungstheorie). Die Kriterien dafür sind nach der klassischen Methodenlehre (ihre Rangfolge ergibt sich dabei aus ihrer Begrenzungsfunktion, ist aber teilweise streitig; nur der „erste Rang" ist klar):

Grammatische Auslegung (Wortlaut): Sie bildet die äußere Grenze; bei ihrem Überschreiten handelt es sich daher um eine Rechtsfortbildung. Ihr „Inhalt" muss aber nicht immer für alle Normen einheitlich sein (vgl. z. B. die „verfassungsmäßige Ordnung" in Art. 2 I und Art. 9 II GG – wobei beide Auslegungen sich innerhalb des eigentlichen Wortsinnes bewegen).

Systematische Auslegung (Zusammenhang der Normen): Ziel ist hierbei die Einheit der Rechtsordnung. Dogmatisch gehören zu ihr auch die unionsrechts- und die verfassungskonforme (d. h.: im Zusammenhang mit der Verfassung stehende) Auslegung. Schwierig zu unterscheiden ist allerdings manchmal der Charakter einer Norm als allgemeiner Rechtsgedanke, der einen so genannten Erst-Recht-Schluss zulässt (→ "argumentum a maiore ad minus"), oder als ausdrückliche und damit nicht analogiefähige Sonderregelung, die einen Gegenschluss nahe legt (→ „argumentum e contrario").

Historisch-genetische Auslegung (Entstehungsgeschichte): Entscheidend ist nicht allein die Absicht des Gesetzgebers, sondern ihre Bedeutung für den objektiven Inhalt. Insgesamt ist dieses Kriterium meist in einer Klausur weniger hilfreich bzw. greifbar und daher oft nur in Hausarbeiten mit Hilfe von Quellen verwertbar.

Teleologische Auslegung (Sinn und Zweck): Sie erfolgt z. B. anhand des Gesetzeszweckes (vgl. etwa § 1 TierSchG, fraglich bei § 1 AtomG), der Interessenlage im geregelten Fall und der Bedeutung der Grundrechte. Hier ist notfalls auch eine Begrenzung des vom Wortlaut eröffneten Rahmens durch eine so genannte teleologische Reduktion vorzunehmen, wobei dann allerdings fraglich ist, ob das noch eine Auslegung oder nicht bereits ein Lückenschluss ist.

Diese juristische Methode sollte im Übrigen auch in der **Darstellung in einer juristischen Arbeit** zum Ausdruck kommen.

Exkurs: Die Präsentation von „Meinungsstreits" 5

Der Bearbeiter einer Klausur oder Hausarbeit etc. muss sich anhand von Rechtsprechung und Literatur zu der aufgeworfenen Rechtsfrage eine eigene Auffassung bilden. Gefordert ist dabei nicht die Entwicklung neuer Theorien, besondere Originalität oder die Demonstration großer Belesenheit. Es geht vielmehr auch bei der Darstellung der eigenen Lösung um eine juristisch-„handwerklich" überzeugende argumentative Auseinandersetzung mit dem verwerteten Material, durch welche die eigene Lösung entwickelt wird.

Eine **weit verbreitete Art** der Präsentation folgt dabei dem Schema *„Die 1. Meinung ist der Auffassung, ... Die 2. Meinung vertritt demgegenüber die Position, ... Beide Meinungen kommen zu unterschiedlichen Ergebnissen, so dass eine Streitentscheidung erforderlich ist."*

Diese Art der Darstellung hat insbesondere folgende Nachteile:

- Die gesamten Ausführungen müssen in *indirekter* Rede erfolgen.
- Die zusammengehörenden Pro- und Contra-Argumente werden auseinander gerissen.
- Die oftmals unter völlig verschiedenen Blickwinkeln argumentierenden Autorinnen und Autoren werden allein wegen ihres gleichen Ergebnisses unter eine „Meinung" gefasst, obwohl es diese meistens (mit Ausnahme der als solche etablierten Theorien) gar nicht gibt und eine Meinung (schon rein sprachlich!) keine „Auffassung haben" kann.
- Zur Entscheidung des Meinungsstreites müssen schließlich entweder bereits zuvor genannte Argumente wiederholt oder (unvollständiger- und unredlicherweise) zuvor nicht aufgeführte nun als eigene dargestellt werden.

Vorzugswürdig ist daher der so genannte **argumentative Aufbau**, bei dem die Auslegung der betreffenden Norm bzw. des betreffenden Tatbestandsmerkmales auch in der schriftlichen Darstellung nach den gängigen Auslegungsregeln (→ Rn. 4) erfolgt und die jeweils zu dem einzelnen Kriterium passenden Argumente der verschiedenen „Meinungen" (in der Hausarbeit mit Fußnoten) dort dann auch dargestellt werden. Dadurch wird die Argumentation insgesamt flüssiger, systematischer und auch überzeugender, wobei sich das Endergebnis meist gleichsam von selbst – unter Umständen nach einer Gewichtung der Auslegungskriterien – ergibt.

6 Zur Verdeutlichung des Werkzeuges „Normauslegung" folgt nun noch das **Beispiel** in nahezu grafischer Form der im Folgenden (→ Rn. 334) relevanten Frage, ob die Jahresfrist des **§ 48 IV 1 VwVfG auch für so genannte Rechtsanwendungsfehler gilt**. Statt der Darstellung der zwei denkbaren „Meinungen" (natürlich „sagen" sie „ja" und „nein") lässt sich folgendermaßen argumentieren. Dazu werden hier die gängigen Argumente in Rechtsprechung und Literatur nach den oben genannten Auslegungskriterien in eine Art „Tabelle" sortiert und – wenn möglich – innerhalb dieser Kriterien aufeinander bezogen.

pro	contra	**Wortlaut**
	●	Die Norm fordert die „Kenntnis *von* Tatsachen“, nicht jedoch „der“ oder „aller“ Tatsachen. Das verkennt die Gegenansicht, welche die Kenntnis aller Tatsachen inklusive ihrer richtigen rechtlichen Bewertung verlangt.
	●	Nur Fakten sind „Tatsachen“, nicht jedoch Subsumtionsergebnisse und dabei auftretende Fehler der Verwaltung. Deswegen fallen Rechtsanwendungsfehler nicht unter diese Vorschrift.
●		„Tatsache“ kann auch die Rechtswidrigkeit sein, die auf einem Rechtsanwendungsfehler beruht. Die „Tatsachen“ beziehen sich nicht auf den Verwaltungsakt als solchen, sondern auf die Rechtfertigung seiner Rücknahme. Daher sind auch solche Fehler in diesem Zusammenhang von Bedeutung.
●		§ 48 IV 1 VwVfG verlangt nicht die Kenntnis aller für die Rechtswidrigkeit erheblichen Tatsachen; es reicht vielmehr die Kenntnis von solchen Tatsachen, welche die Rücknahme eines rechtswidrigen Verwaltungsaktes rechtfertigen. Dazu gehört auch die Rechtswidrigkeit. Daher erfasst die Norm auch Rechtsanwendungsfehler.
		Zwischenergebnis zum Wortlaut: (Eher) Pro Einbeziehung der Rechtsanwendungsfehler.
pro	**contra**	**Systematik**
●		Wird ein Verwaltungsakt infolge einer Drohung oder Bestechung erlassen, liegt in der Regel ein (bewusster) Rechtsanwendungsfehler vor. Dieser wird aber erst durch § 48 IV 2 VwVfG von S. 1 dieser Norm ausgenommen und ist es nicht schon per se. S. 2 wäre mithin sinnlos, wenn Rechtsanwendungsfehler für S. 1 ohnehin ohne Belang wären.
	●	Unklar ist, wieso der Gesetzgeber in § 48 IV 1 VwVfG für Rechtsanwendungsfehler eine Jahresfrist gewählt haben sollte, während er in anderen ebenfalls entscheidungsreifen Fällen (z. B. in § 75 VwGO) eine viel kürzere Zeitspanne für ausreichend erachtet hat.
		Zwischenergebnis zur Systematik: Offen.

pro	contra	**Entstehungsgeschichte**
	●	§ 48 IV 1 VwVfG knüpft ausweislich seiner Begründung in Parallele zum Landesrecht an „Tatsachen“ und nicht an „Gründe“ oder „Umstände“ etc. an. Daher ist eine enge Auslegung geboten, die z. B. die Berücksichtigung der Rechtswidrigkeit ausschließt.
●		Die amtliche Begründung der Vorschrift bezieht Rechtsanwendungsfehler ausdrücklich mit ein.
●		Die von der Rechtsprechung angenommene Anwendbarkeit der Norm auf (reine) Rechtsanwendungsfehler wird dadurch bestätigt, dass der Gesetzgeber in späteren Änderungen des VwVfG insoweit auf eine anderweitige Festlegung verzichtet hat.
		Zwischenergebnis zur Entstehungsgeschichte: Pro Einbeziehung der Rechtsanwendungsfehler.
pro	**contra**	**Sinn und Zweck**
	●	Der Sinn der Frist fällt bei der Einbeziehung von Rechtsanwendungsfehlern weg, weil die Behörde es dann durch immer neue Ermittlungen in der Hand hat, den Fristbeginn ständig weiter hinauszuschieben.
●		Die Frist dient der Rechtssicherheit: Nach einem Jahr ab vollständiger Kenntnis des hierfür erforderlichen Sachverhaltes soll Klarheit darüber bestehen, ob der Ausgangsakt zurückgenommen wird. Das soll erkennbar unabhängig von der Art des (Rechtsanwendungs-) Fehlers mit der Folge der Rechtswidrigkeit sein. Andernfalls bestünde wegen Ungewissheit über die Fehlerart niemals wirkliche Rechtssicherheit.
●		Eine Unterscheidung der Fehlerarten ist oft nicht möglich: Handelt es sich um einen (nur) unvollständigen oder (auch) unvollständig gewürdigten Sachverhalt? Oft treffen auch beide Fehler zusammen. Besonders schwierig wird die Differenzierung bei Tatbestandsmerkmalen, die eine Bewertung verlangen.
		Zwischenergebnis zum Sinn und Zweck: Pro Einbeziehung der Rechtsanwendungsfehler.

Im **Ergebnis** gilt damit (mit der „h. M.“) auch für Rechtsanwendungsfehler die Jahresfrist des § 48 IV 1 VwVfG, die demgemäß als eine Art „Entscheidungsfrist“ aufzufassen ist. Für das „Auslösen“ (den Beginn) der Frist ist also nicht die reine Tatsachenkenntnis maßgeblich, sondern vielmehr die Kenntnis von der Rechtswidrigkeit des betreffenden Verwaltungsaktes.

1. Teil. Prozessuale Fragen – Prüfung verwaltungsgerichtlicher Klagen und Anträge

§ 1. Grundsätze des verwaltungsgerichtlichen Verfahrens

Das verwaltungsgerichtliche Verfahren ist – ähnlich wie das vor den Zivil- oder Strafgerichten – von bestimmten **Verfahrensgrundsätzen** bestimmt, die an verschiedenen Stellen eines Prozesses immer wieder „aufscheinen" und auch bei der Auslegung einzelner Normen der VwGO helfen können. Sie stehen daher am Anfang des prozessrechtlichen Teiles dieser Darstellung. 7

A. Dispositionsmaxime (Verfügungsgrundsatz)

Nach der aus dem Zivilprozess bekannten Dispositionsmaxime kann der Kläger auch im Verwaltungsprozess **über den Streitgegenstand verfügen**. Das verwaltungsgerichtliche Verfahren wird nicht von Amts wegen eröffnet, sondern kann nur durch die Erhebung einer Klage (§ 81 VwGO) oder das Stellen eines Antrages im Verfahren des einstweiligen Rechtsschutzes (§§ 80 V, 123, 47 VI VwGO) oder der Normenkontrolle (§ 47 VwGO) bzw. die Einlegung eines Rechtsmittels eingeleitet oder fortgesetzt werden. Der Kläger (usw.) kann weiterhin seine Klage, seinen Antrag oder sein Rechtsmittel ändern (§ 91 VwGO), zurücknehmen (§ 92 VwGO) oder mit verfahrensbeendender Wirkung einen Prozessvergleich schließen (§ 106 VwGO). Wie im Zivilprozess ist das Gericht im Übrigen auch im Verwaltungsprozess an das Begehren des Klägers bzw. Antragstellers gebunden (§ 88 VwGO; er gilt über § 122 I VwGO auch im Eilverfahren) und darf nicht darüber hinausgehen. 8

B. Untersuchungsgrundsatz (Amtsermittlungsgrundsatz), § 86 I VwGO

Im Gegensatz zum zivilprozessualen Beibringungsgrundsatz gilt im Verwaltungsprozessrecht der Untersuchungsgrundsatz, was dazu führt, dass das Gericht zur Erforschung des Sachverhaltes von Amts wegen 9

(§ 86 I 1 Hs. 1 VwGO) verpflichtet und dabei insoweit weder an das Vorbringen noch an die Beweisanträge der Beteiligten gebunden ist. Der Untersuchungsgrundsatz wird überwiegend als **Ausprägung des in Art. 19 IV GG verankerten Anspruches auf effektiven Rechtsschutz** gegen Maßnahmen der öffentlichen Gewalt angesehen. Er ist aber auch Ausdruck der Gesetzmäßigkeit der Verwaltung und damit des in Art. 20 III GG enthaltenen Rechtsstaatsprinzips.

C. Richterliche Aufklärungspflicht, §§ 86 III, 104 VwGO

10 Der Vorsitzende Richter hat nach § 86 III VwGO darauf hinzuwirken, dass von den Beteiligten die in dieser Norm genannten Prozesshandlungen vorgenommen werden. Wie auch im Zivilprozess (vgl. § 139 ZPO) trifft den Vorsitzenden bei der Prozessleitung demnach eine **Fürsorgepflicht** sowie eine hiermit korrespondierende **Frage- und Erörterungspflicht** (→ § 104 VwGO) gegenüber den Beteiligten.

D. Rechtliches Gehör, Art. 103 I GG, § 108 II VwGO

11 Das Gericht darf sein Urteil nur auf Tatsachen und Beweisergebnisse stützen, zu denen die Beteiligten sich äußern konnten (→ § 108 II VwGO). Das stellt eine **Konkretisierung des grundrechtsgleichen Rechts auf Gewährung rechtlichen Gehörs** aus Art. 103 I GG dar. § 108 II VwGO gilt allerdings nicht im Eilrechtsschutz. Das ergibt sich daraus, dass § 108 II VwGO in § 122 I VwGO, der die entsprechende Anwendung bestimmter, nur Urteile betreffender Vorschriften auf Beschlüsse (durch die Eilrechtsschutzverfahren abgeschlossen werden) regelt, nicht genannt ist (→ Gegenschluss).

Eine Verletzung dieses Grundsatzes kann der Beteiligte zunächst durch die so genannte **Gehörs- oder Anhörungsrüge** gemäß § 152a VwGO geltend machen. In diesem Fall holt das Ausgangsgericht das rechtliche Gehör der Beteiligten nach und entscheidet danach erneut. Die Gehörsrüge ist aber nur statthaft, wenn es sich um eine Endentscheidung handelt, kein anderer Rechtsbehelf gegeben ist und die Verletzung des rechtlichen Gehörs **entscheidungserheblich** war. Zudem muss die Gehörsrüge laut § 152a II 1 VwGO binnen zwei Wochen nach der Kenntniserlangung von der Verletzung erhoben werden.

E. Mündlichkeit und Unmittelbarkeit des Verfahrens, §§ 101, 96 VwGO

12 Obwohl der Grundsatz der **Mündlichkeit des Verfahrens** eine der für die Praxis und die Arbeitsweise der Gerichte sowie damit auch für die Qualität ihrer Entscheidungen wichtigsten Maximen des Verwaltungsprozesses darstellt, ist er in § 101 VwGO lediglich einfachgesetzlich geregelt. Eine verfassungsrechtliche Festsetzung gibt es insoweit nicht, da weder das Grundrecht auf effektiven Rechtsschutz aus Art. 19 IV GG noch der Grundsatz des rechtlichen Gehörs in Art. 103 I GG die Durchführung einer mündlichen Verhandlung verlangen. Zulässige Einschränkungen des Mündlichkeitsgrundsatzes ergeben sich demzufolge aus § 101 II, III VwGO. So kann das Gericht mit Einverständnis der Beteiligten ohne mündliche Verhandlung entscheiden (§ 101 II VwGO). Zudem können Entscheidungen des Gerichts, die nicht Urteile sind – d. h. in den meisten Fällen: Beschlüsse – nach § 101 III VwGO ohne mündliche Verhandlung ergehen, was in der Praxis in aller Regel auch geschieht. Der einem Urteil in seiner Wirkung gleichgestellte so genannte **Gerichtsbescheid** (→ § 84 VwGO) kann, wenn die Sache keine besonderen Schwierigkeiten tatsächlicher oder rechtlicher Art aufweist und der Sachverhalt geklärt ist, ebenfalls ohne mündliche Verhandlung ergehen (→ § 84 I 1 VwGO).

13 In engem systematischem Zusammenhang mit dieser Regelung steht § 96 VwGO. Durch die in dessen Abs. 1 S. 1 angeordnete **Unmittelbarkeit der Beweisaufnahme** in der mündlichen Verhandlung wird sichergestellt, dass das zur Entscheidung berufene Gericht einen direkten Eindruck von dem Prozessstoff erhält und seine **Überzeugungsbildung auf Grund eigener Wahrnehmung** möglich ist. Einschränkungen dieser Verfahrensmaxime ergeben sich aus § 96 II VwGO. Danach kann das Gericht in geeigneten Fällen schon vor der mündlichen Verhandlung durch eines seiner Mitglieder als beauftragten Richter Beweis erheben lassen oder durch Bezeichnung der einzelnen Beweisfragen ein anderes Gericht um die Beweisaufnahme ersuchen.

F. Öffentlichkeit des Verfahrens, § 55 VwGO i. V. mit §§ 169, 171a ff. GVG

14 Die VwGO enthält keine eigenen Vorschriften über die Öffentlichkeit des Verfahrens. § 55 VwGO verweist insoweit jedoch auf die §§ 169, 171a ff. GVG. Danach ist die mündliche Verhandlung vor dem erkennenden Gericht einschließlich der Verkündung der Urteile und Be-

schlüsse zwar öffentlich; Ton- und Fernsehaufnahmen zum Zwecke der öffentlichen Vorführung oder Veröffentlichung ihres Inhaltes sind indes unzulässig. Obwohl der Grundsatz der **Öffentlichkeit des Verfahrens** verfassungsrechtlich nicht abgesichert ist, stellt er ebenfalls **eines der wichtigsten Prinzipien des Prozessrechts** dar. Geschützt wird dadurch vor allem die so genannte **unmittelbare** Öffentlichkeit, d. h. der Zutritt zum Gerichtssaal. Die **mittelbare** Öffentlichkeit durch Übertragung mittels Fernsehens oder Rundfunks ist hingegen, wie aus § 55 VwGO i. V. mit § 169 S. 2 GVG folgt (s. schon oben), nicht erfasst. Aus § 55 VwGO i. V. mit §§ 171a ff. GVG ergeben sich zudem Gründe, aus denen die Öffentlichkeit ausnahmsweise vom Verfahren oder zumindest von Teilen desselben ausgeschlossen werden kann.

§ 2. Verfahrensablauf

Der **Ablauf des verwaltungsgerichtlichen Verfahrens** im Regel- 15
fall lässt sich folgendermaßen skizzieren:

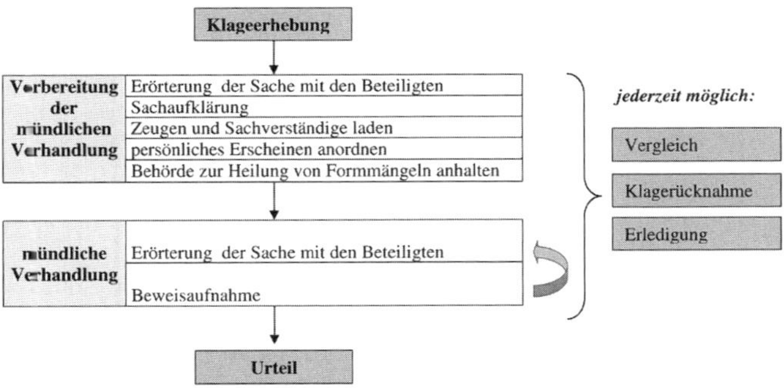

Grafik 1: *Ablauf des verwaltungsgerichtlichen Verfahrens*

§ 3. Voraussetzungen für den Erfolg eines Rechtsbehelfes

Allem voran sollen die **Begrifflichkeiten** und die **Abgrenzung von** 16
Rechtsbehelfen und Rechtsmitteln erläutert werden. Dabei ergibt sich, dass die Rechtsmittel als Rechtsbehelfe in der höheren Gerichtsinstanz ein Unterfall der Rechtsbehelfe sind (vgl. Übersicht → S. 13). Sie sind jeweils der Antrag auf die gerichtliche Überprüfung einer gerichtlichen Entscheidung, während der Rechtsbehelf des Widerspruches auf die behördliche und die Klage auf die gerichtliche Überprüfung einer behördlichen Entscheidung abzielen.

17 Damit ein Rechtsbehelf Erfolg hat, muss er regelmäßig kumulativ zwei „Gruppen" von Voraussetzungen erfüllen: Zunächst müssen in prozessualer Hinsicht die jeweiligen verfahrensrechtlichen **Sachentscheidungsvoraussetzungen** vorliegen (damit befasst sich der restliche 1. Teil dieses Buches).

Anmerkung: *Früher war (und ist gerade in der Gerichtspraxis bis heute) insoweit auch von der „Zulässigkeit des Rechtsbehelfes" die Rede. Seit der Einfügung des über §§ 83 S. 1, 173 S. 1 VwGO auch im Verwaltungsprozess anwendbaren § 17a GVG (→ Rn. 32 ff.) wird ein Rechtsbehelf, bei dem der Verwaltungsrechtsweg nicht eröffnet bzw. die sachliche oder örtliche Zuständigkeit des angerufenen Gerichts nicht gegeben ist, zur Vermeidung unnötiger prozessualer Zwischenschritte jedoch nicht mehr als unzulässig abgewiesen. Stattdessen wird er von Amts wegen an das zuständige Gericht verwiesen. Will man die Eröffnung des Verwaltungsrechtsweges (und – parallel – die örtliche und sachliche Zuständigkeit des angerufenen Gerichts) nicht als dritte „Stufe" vorab prüfen (was gut vertretbar ist), spricht man nunmehr eben von „Sachurteils-" bzw. allgemein für alle Rechtsbehelfe von „Sachentscheidungsvoraussetzungen". Denn bei fehlender Eröffnung des Verwaltungsrechtsweges ergeht gerade keine Sach-, sondern mit dem Verweisungsbeschluss letztlich eine bloße Prozessentscheidung.*

18 Die zweite Voraussetzung für den Erfolg eines Rechtsbehelfes ist seine – hier vor allem im 2. Teil des Buches näher erörterte – **Begründetheit**, die regelmäßig durch eine Beurteilung der materiellen Rechtslage zu ermitteln ist.

Grafisch lässt sich das System folgendermaßen darstellen:

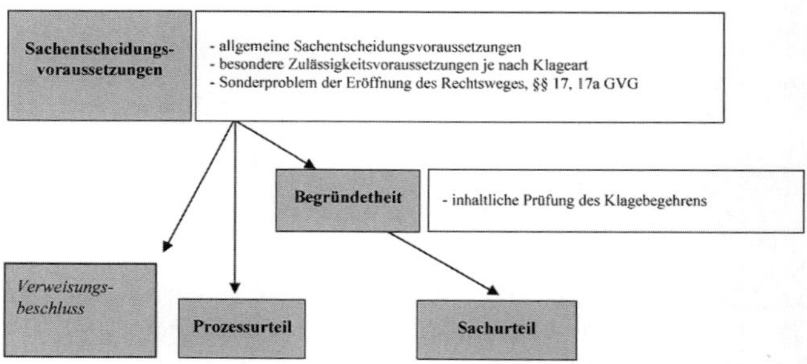

Grafik 2: *Voraussetzungen für den Erfolg eines Rechtsbehelfes*

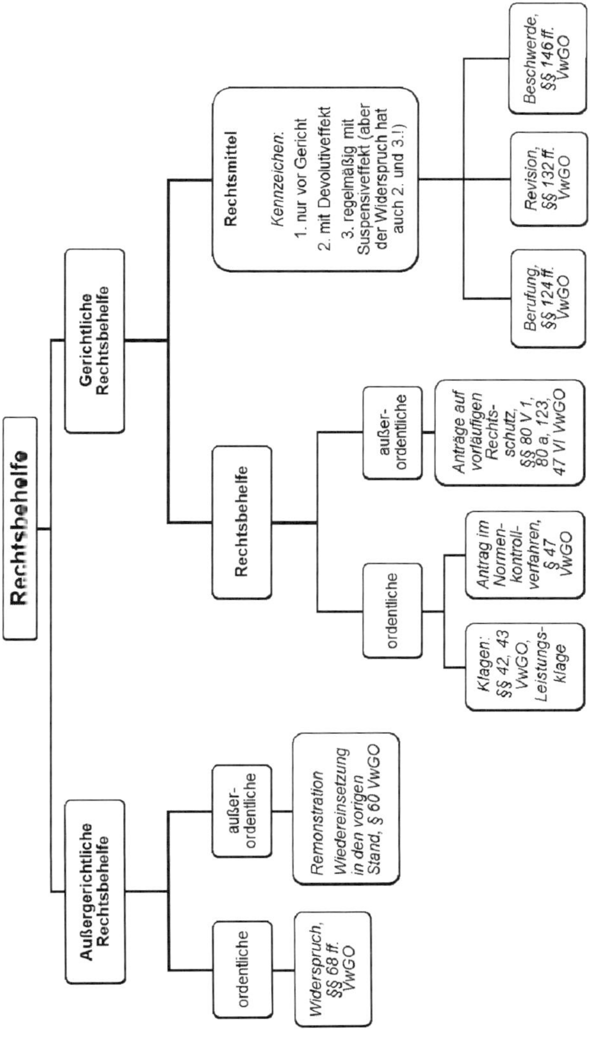

Grafik 3: *Rechtsbehelfe der VwGO*

§ 4. Sachentscheidungsvoraussetzungen in Verfahren 1. Instanz

Prüfungsschema 1: Sachentscheidungsvoraussetzungen (Zulässigkeit) eines Rechtsbehelfes in der 1. Instanz 19

I. Eröffnung des Verwaltungsrechtsweges

1. Aufdrängende Sonderzuweisung
2. Generalklausel des § 40 I 1 VwGO
   a) Öffentlich-rechtliche Streitigkeit
   b) Streitigkeit nichtverfassungsrechtlicher Art
   c) Keine abdrängende Sonderzuweisung

II. Zuständigkeit des Gerichts

1. Sachliche Zuständigkeit, §§ 45 ff. VwGO
2. Örtliche Zuständigkeit, § 52 VwGO

III. Statthaftigkeit des Rechtsbehelfes

1. Anfechtungsklage, § 42 I Fall 1 VwGO/Verpflichtungsklage, § 42 I Fall 2 VwGO
   – *Begehren: Aufhebung eines belastenden Verwaltungsaktes/Erlass eines begünstigenden Verwaltungsaktes*
2. Fortsetzungsfeststellungsklage, § 113 I 4 VwGO (analog)
   – *Begehren: Feststellung der Rechtswidrigkeit eines Verwaltungsaktes, der sich erledigt hat/Feststellung der Rechtswidrigkeit einer behördlichen Antragsablehnung oder einer behördlichen Untätigkeit, die sich erledigt hat*
3. Allgemeine Leistungsklage
   – *Begehren: Vornahme einer Handlung/Unterlassung (kein Verwaltungsakt)*
4. Feststellungsklage, § 43 I VwGO
   – *Begehren: Beantwortung einer strittigen konkreten Rechtsfrage*
   – *Subsidiarität, § 43 II 1 VwGO*

5. Normenkontrollantrag, § 47 VwGO i. V. mit AGVwGO
   - *Angriffsgegenstand: Rechtsvorschriften i.S von § 47 I Nr. 1, 2 VwGO*
6. Normerlassklage (als Normenkontrollantrag analog § 47 VwGO; als Feststellungsklage nach § 43 VwGO; als allgemeine Leistungsklage)
   - *Begehren: Ergänzung oder Erlass von Rechtsvorschriften i.S. von § 47 I Nr. 1, 2 VwGO*
7. Eilrechtsschutz, § 80 V 1 VwGO
   - *Begehren: Anordnung oder Wiederherstellung der aufschiebenden Wirkung eines Widerspruches bzw. einer Klage; Hauptsache → Anfechtungsklage*
8. Eilrechtsschutz, § 123 I VwGO
   - *Begehren: Sicherung des status quo/Erweiterung des Rechtskreises (Sicherungsanordnung/Regelungsanordnung); Hauptsache → Verpflichtungsklage, allg. Leistungsklage oder Feststellungsklage*
   - *Subsidiarität gegenüber §§ 80, 80a VwGO, siehe § 123 V VwGO*
9. Eilrechtsschutz, § 47 VI VwGO
   - *Begehren: Einstweilige Anordnung gegen eine Rechtsvorschrift i. S. von § 47 I Nr. 1, 2 VwGO; Hauptsache → Normenkontrollantrag*

IV. Die Klagebefugnis

1. Anfechtungsklage/Verpflichtungsklage
   → Klagebefugnis, § 42 II VwGO
   - *Möglichkeit der Rechtswidrigkeit des angefochtenen Verwaltungsaktes und der Verletzung des Klägers in eigenen Rechten/Möglichkeit des Bestehens des Anspruches auf den begehrten Verwaltungsakt*
2. Fortsetzungsfeststellungsklage
   → Klagebefugnis, § 42 II VwGO
   - *Möglichkeit der Rechtswidrigkeit des erledigten angefochtenen Verwaltungsaktes und Möglichkeit der Verletzung des Klägers in eigenen Rechten/Möglichkeit des Bestehens des „erledigten" Anspruches auf den begehrten Verwaltungsakt*
3. Allgemeine Leistungsklage
   → Klagebefugnis analog § 42 II VwGO
   - *Möglichkeit des Bestehens des Anspruches*

4. Allgemeine Feststellungsklage

→ Feststellungsinteresse, § 43 I VwGO

– *Berechtigtes Interesse an der Feststellung*

→ Klagebefugnis analog § 42 II VwGO (streitig)

5. Normenkontrollantrag

→ Antragsbefugnis, § 47 II 1 VwGO

– *Natürliche oder juristische Personen → Möglichkeit der Verletzung eigener Rechte*

– *Behörde → Möglichkeit der Rechtswidrigkeit der von der Behörde zu beachtenden Rechtsvorschrift*

6. Eilrechtsschutz, § 80 V 1 VwGO

→ Antragsbefugnis analog § 42 II VwGO

– *Möglichkeit der Rechtswidrigkeit des Vollzuges/des Verwaltungsaktes und Möglichkeit der Verletzung eigener Rechte*

7. Eilrechtsschutz, § 123 I VwGO

→ Antragsbefugnis analog § 42 II VwGO

– *Möglichkeit des Bestehens eines Anordnungsanspruches und eines Anordnungsgrundes*

8. Eilrechtsschutz, § 47 VI VwGO

→ Antragsbefugnis analog § 47 II 1 VwGO

– *Natürliche oder juristische Person → Möglichkeit der Verletzung eigener Rechte*

– *Behörde → Möglichkeit der Rechtswidrigkeit der von der Behörde zu beachtenden Rechtsvorschrift*

V. Das Vorverfahren, §§ 68 ff. VwGO

1. Anfechtungsklage/Verpflichtungsklage

   – *Keine Entbehrlichkeit nach § 68 I 2 VwGO*

   – *Ordnungsgemäße und erfolglose Durchführung des Vorverfahrens, § 68 I VwGO/§ 68 II, I VwGO*

2. Fortsetzungsfeststellungsklage

   – *Erledigung vor der Klageerhebung und innerhalb der Widerspruchsfrist → Vorverfahren nicht erforderlich*

   – *Erledigung vor der Klageerhebung und Widerspruchsfrist abgelaufen → Vorverfahren erforderlich (dann wie V. 1.)*

   – *Erledigung nach der Klageerhebung → Vorverfahren erforderlich (dann wie V. 1.)*

VI. Die Klagefrist

– *Bei der Anfechtungs- und Verpflichtungsklage ein Monat ab der Bekanntgabe/Zustellung des (Widerspruchs-)Bescheides, § 74 I 1 bzw. 2 VwGO/§ 74 II VwGO*

– *Beim Normenkontrollantrag ein Jahr ab dem Inkrafttreten der Norm, § 47 II 1 VwGO*

– *Keine Klagefrist bei der allgemeinen Leistungsklage, der Feststellungsklage und der Fortsetzungsfeststellungsklage*

VII. Beteiligten- und Prozessfähigkeit/Richtiger Klagegegner

1. Richtiger Klagegegner

   – *Bei der Anfechtungs- und bei der Verpflichtungsklage § 78 VwGO; beim Normenkontrollantrag § 47 II 2 VwGO; sonst deren Rechtsgedanke (→ Rechtsträgerprinzip)*

2. Beteiligtenfähigkeit, § 61 VwGO bzw. § 47 II 1 VwGO

3. Prozessfähigkeit, § 62 VwGO

VIII. Rechtsschutzbedürfnis

1. Besonderes Feststellungsinteresse gemäß bzw. analog § 113 I 4 VwGO (bei Fortsetzungsfeststellungsklagen)

2. Allgemeines Rechtsschutzbedürfnis (vor allem beim Eilrechtsschutz)

A. Verwaltungsrechtsweg

I. Übersicht: Zuständigkeit der Verwaltungsgerichtsbarkeit

20

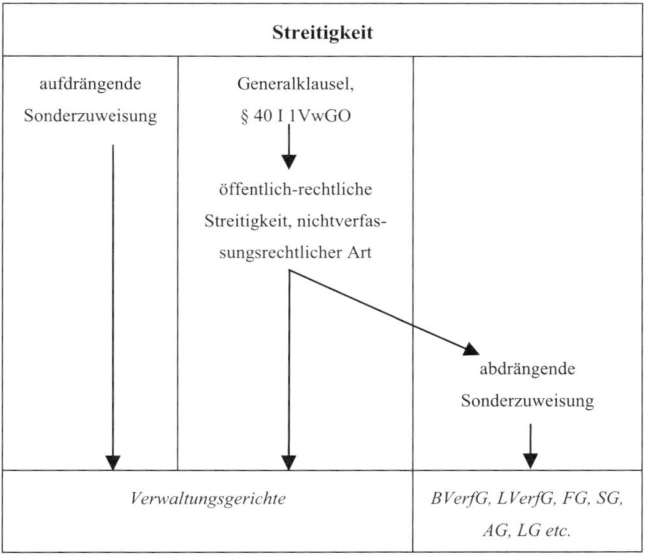

Grafik 4: *Zuständigkeit der Verwaltungsgerichtsbarkeit*

II. Aufdrängende Sonderzuweisung

Der Verwaltungsrechtsweg kann durch eine (vorab zu prüfende) ge- 21
setzliche aufdrängende Sonderzuweisung eröffnet sein. Zu denken ist insoweit beispielsweise an **§ 54 BeamtStG, § 59 SoldG, § 71 DRiG, § 54 BAföG und § 32 WPflG**.

III. Generalklausel des § 40 I 1 VwGO

Nach der Generalklausel des § 40 I 1 VwGO ist der Verwaltungs- 22
rechtsweg in **allen öffentlich-rechtlichen** Streitigkeiten **nichtverfassungsrechtlicher Art** gegeben, soweit die Streitigkeiten **nicht** durch Bundesgesetz ausdrücklich einem **anderen Gericht zugewiesen** sind.

Damit ist **1.** eine Abgrenzung der **öffentlich-rechtlichen Streitigkeit** von privatrechtlichen Streitigkeiten sowie
2. eine Abgrenzung zur **Verfassungsgerichtsbarkeit** vorzunehmen und
3. eine eventuelle **abdrängende Sonderzuweisung** zu prüfen.

Im Einzelnen gilt Folgendes:

1. Öffentlich-rechtliche Streitigkeit

23 Der Streitgegenstand muss unmittelbar dem **Öffentlichen Recht** entstammen. Bei einer streitigen Abwehr muss also das abzuwehrende Verhalten öffentlich-rechtlich, bei einer begehrten Leistung deren Anspruchsgrundlage öffentlich-rechtlicher Natur sein. Es geht mithin um die **Rechtsnatur der streitentscheidenden Norm(en)**.

Zu deren Einordnung werden verschiedene Ansätze vertreten:

– Der **Interessentheorie** zufolge ist zur Abgrenzung zwischen dem Privatrecht und dem Öffentlichen Recht maßgeblich, **in wessen Interesse** (öffentlich oder privat) ein **Rechtssatz besteht**. Bei ihrer Anwendung ist jedoch Vorsicht geboten: Beispielsweise bestehen zwar die Grundrechte in erster Linie im Interesse der Bürger. Bei Grundrechtsbeeinträchtigungen durch den Staat geht es aber um Öffentliches Recht.

  Beispiele: Öffentlich-rechtlich sind Vorschriften des Prozess- und Verfahrensrechts bezüglich der förmlichen Zustellung im Bereich der Deutschen Post; privatrechtlich sind Regelungen zur Zulassung zu Einrichtungen und Dienstleistungen der privatisierten Post und Bahn.

– Nach der **Subordinations-/Subjektstheorie** sind all jene Vorschriften solche des Öffentlichen Rechts, die ein Rechtsverhältnis regeln, in dem sich die Beteiligten in einem **Über- bzw. Unterordnungsverhältnis** begegnen bzw. schlicht der Staat als Subjekt beteiligt ist (was er aber auch an einem Kaufvertrag sein kann).
– Die **modifizierte Subjektstheorie oder Sonderrechtstheorie** sieht im Öffentlichen Recht das Sonderrecht des Staates. Öffentlich-rechtlicher Natur ist ein Rechtssatz dann, wenn er ein Rechtsverhältnis regelt, bei dem zumindest **auf einer Seite ausschließlich ein Träger öffentlicher Gewalt** in gerade dieser Funktion berechtigt oder verpflichtet wird. Kann dagegen auf beiden Seiten jedermann stehen (so eben etwa auch beim Abschluss eines Kaufvertrages durch den Staat), so ist die das Rechtsverhältnis regelnde Norm privatrechtlicher Natur.

Die **Bedeutung dieser Theorien** für das juristische Gutachten sowie die Notwendigkeit der Abgrenzung werden bei Fragen bezüglich der Gerichtszuständigkeit (sind Verwaltungsgerichte oder ordentliche Gerichte anzurufen?), aber auch bezüglich der Haftungsansprüche (sind Amtshaftungsansprüche oder sonstige Ersatzansprüche geltend zu machen?), der Geltung des Verwaltungsverfahrensgesetzes (vgl. § 1 VwVfG) und der möglichen Handlungsinstrumente (konnte die Behörde in bestimmter Weise handeln? Verwaltungsakte sind nur auf dem Gebiet des Öffentlichen Rechts möglich, Verträge können hingegen privatrechtlicher oder öffentlich-rechtlicher Natur sein) erkennbar. Es ergeben sich im Einzelnen **Abgrenzungsprobleme**, insbesondere im Hinblick auf Tathandlungen (Realakte), Rechtshandlungen, Fiskalhandlungen, (öffentlich-rechtliche) Verträge und Handlungen der Kirche.

a) Tathandlungen (Realakte)

Eine öffentlich-rechtliche Streitigkeit liegt immer dann vor, wenn 24
Tathandlungen, also etwa auch Verlautbarungen eines Trägers öffentlicher Gewalt (→ zum Gegenbegriff des Verwaltungsaktes Rn. 46 ff.), angegriffen werden, die dieser **im Rahmen seiner öffentlich-rechtlichen Tätigkeit**, mithin nicht lediglich bei der Gelegenheit eines hoheitlichen Tätigwerdens, vornimmt. Mit Hilfe einer „Akzessorietätslehre" kann auch auf den engen Funktions- bzw. Sachzusammenhang mit einer hoheitlichen Tätigkeit abgestellt werden.

Anmerkung: *Äußerungen sind demgemäß immer in ihrem Kontext zu werten, sie haben eine andere Rechtsnatur je nachdem, ob sie „im Amt" oder „auf dem Fußballplatz" erfolgen.*

Beispiel: Die Warnung des Verbraucherschutzministeriums vor bestimmten (schadstoffhaltigen) Weinen erfolgt im Rahmen einer öffentlich-rechtlichen Tätigkeit.

b) Rechtshandlungen

Die Abgrenzungstheorien zwischen Privat- und Öffentlichem Recht 25
sind bei der Beurteilung von Rechtshandlungen im Hinblick auf die Frage nach einer öffentlich-rechtlichen Streitigkeit wenig hilfreich. Gerade auch die sonst häufig zielführende modifizierte Subjekts- oder Sonderrechtstheorie (→ Rn. 23) führt hier nicht weiter, weil es nicht um die Qualifikation einer **Norm** als öffentlich-rechtliche, sondern um die Zuordnung eines **Verwaltungshandelns** zu einer Norm geht:

Beispielsweise kann ein **Hausverbot** entweder auf Grund des § 1004 BGB (also nach Privatrecht) oder auf Grund öffentlich-rechtlichen Gewohnheitsrechts bzw. auch spezieller Ermächtigungsnormen (etwa in der Gemeindeordnung) erlassen werden.

Das Hausverbot leitet sich als Annex vom **Hausrecht** ab. Seine Rechtsnatur hängt daher letztlich von der rechtlichen Einordnung dieses Hausrechts ab.

Zur Störungsabwehr sind grundsätzlich privat- und öffentlich-rechtliche Maßnahmen denkbar. Die Rechtsprechung stellte insoweit **früher** überwiegend auf den **Zweck des Besuches** im jeweiligen Gebäude ab. Dieser entschied darüber, ob die Rechtsbeziehung zwischen der Verwaltung und dem Bürger im konkreten Fall öffentlich-rechtliche oder privatrechtliche Qualität besaß. Das Hausverbot war akzessorisch zu dieser „Haupttätigkeit" und konnte daher sowohl öffentlich-rechtlicher als auch privatrechtlicher Natur sein.

Die Literatur und die **heutige** Rechtsprechung orientieren sich demgegenüber mehr an dem **Verbotszweck**. Dogmatischer Hintergrund ist die dualistische Konstruktion der öffentlichen Sache: Das Hausrecht ist einerseits die **öffentlich-rechtliche** Befugnis, um den öffentlich-rechtlichen Zweck der Sache zu gewährleisten (→ öffentliches Sachenrecht). Andererseits gestattet es als **privatrechtliche** Befugnis dem Eigentümer, sein privatrechtliches Eigentum zu schützen (→ Zivilrecht). Regelmäßig wird (auch „im Klausurfall") Erstere genutzt.

Während die Einordnung von Hausverboten somit weitgehend geklärt scheint, ist immer noch streitig, ob ein **Badeverbot** im kommunalen Schwimmbad öffentlich-rechtlich zu werten oder als Maßnahme im Kontext des privatrechtlichen Benutzungsverhältnisses anzusehen ist.

c) Fiskalhandlungen in Abgrenzung vom Verwaltungsprivatrecht

26 Abgrenzungskriterium für die Einordnung eines Verwaltungshandelns als öffentlich- oder privatrechtlich kann auch der **Handelnde** bzw. der Handlungsbereich sein. Ein **Bürger** handelt grundsätzlich privatrechtlich. Eine Ausnahme bildet hierbei allerdings der Beliehene (→ Rn. 249), der Verwaltungskompetenzen im eigenen Namen und in eigener Verantwortung mittels öffentlich-rechtlicher Handlungsformen ausüben kann, nicht hingegen der Verwaltungshelfer, der gewissermaßen lediglich als Werkzeug der Verwaltung tätig wird (→ Rn. 250). Demgegenüber kann die **Verwaltung** (→ Rn. 241) selbst entweder öffentlich-rechtlich oder privatrechtlich agieren.

Bei der Erfüllung ihrer staatlichen Aufgabe des Gesetzesvollzuges steht die Exekutive dem Bürger **hoheitlich** gegenüber, agiert also im Rahmen des Öffentlichen Rechts. Ausnahmsweise kann sie ihre hoheitlichen Aufgaben im Bereich der Leistungsverwaltung aber wahlweise auch mit Mitteln des Privatrechts erfüllen (→ **Verwaltungsprivatrecht**; Rn. 268). In diesem Fall und insgesamt immer dann, wenn sich die Verwaltung auf die Stufe der Gleichordnung mit dem Bürger begibt und mit ihm privatrechtliche Verträge schließt, handelt sie **fiskalisch** (→ Rn. 262 ff.) und unterliegt dem Privatrecht.

Im Folgenden ist das Verwaltungshandeln demgemäß nach seiner **Wirkung** zu unterscheiden. Ein Fall der **Eingriffsverwaltung** liegt vor, wenn die Behörde regelnd in Rechtspositionen des Bürgers eingreift. Hierbei erteilt sie zuerst Befehle und setzt diese dann gegebenenfalls mit Zwang durch. Von **Leistungsverwaltung** spricht man hingegen, wenn die Behörde dem Bürger Leistungen oder sonstige Vergünstigungen gewährt (→ näher zu dieser Abgrenzung Rn. 253).

Besondere Bedeutung erlangt in diesem Kontext die so genannte **Zweistufentheorie**. Die Verwaltung darf, sofern sie – wie insbesondere bei der Leistungsverwaltung – ein Wahlrecht hat (→ Rn. 257), ihre Aufgaben auch in Privatrechtsform erfüllen, also an sich öffentlich-rechtliche Entscheidungen privatrechtlich umsetzen. Dennoch kann sie vor ihrer Gesetzesbindung nicht „ins Privatrecht fliehen". Vielmehr ist dann zwischen zwei Stufen zu unterscheiden:

- Die Entscheidung der Verwaltung auf der **ersten Stufe**, **ob** sie handelt, ist immer öffentlich-rechtlicher Natur.
- Die Ausgestaltung auf der **zweiten Stufe**, **wie** die Verwaltung handelt, kann dagegen öffentlich-rechtlich oder privatrechtlich erfolgen. Hier besteht dann das erwähnte Wahlrecht.

Anmerkung: *Besondere Bedeutung erlangt die Zweistufentheorie im Subventionswesen und bei der Benutzung kommunaler öffentlicher Einrichtungen.*

d) (Öffentlich-rechtliche) Verträge

Streiten sich zwei Parteien vor Gericht um die Wirksamkeit eines zwischen ihnen geschlossenen Vertrages, so ist fraglich, ob es sich hierbei um einen öffentlich-rechtlichen Vertrag i. S. des § 54 VwVfG und damit um eine öffentlich-rechtliche Streitigkeit oder um eine den Vorgaben des BGB und damit der Zuständigkeit der Zivilgerichte unterfallende privatrechtliche Streitigkeit handelt. 27

Unproblematisch ist die Abgrenzung, wenn der **Vertrag an die Stelle eines Verwaltungsaktes tritt** (vgl. § 54 S. 2 VwVfG; subordinationsrechtlicher Vertrag → Rn. 378) oder auf Grund besonderer Normen geschlossen wurde, die sich wenigstens auf einer Seite ausschließlich an einen Träger der öffentlichen Gewalt wenden (→ modifizierte Subjektstheorie; Rn. 23).

Enthält ein Vertrag hingegen sowohl öffentlich-rechtliche als auch privatrechtliche Elemente, so ist er, um eine „Flucht ins Privatrecht" zu vermeiden, in jedem Fall nach dem Öffentlichen Recht zu beurteilen. Andere (aber nicht überzeugende) Ansätze sind zum einen, dass sich die Rechtsnatur solcher **gemischten Verträge** gemäß der „Geprägetheorie“ danach bestimmt, wo der **Schwerpunkt seiner Regelungen** liegt (wie wird der jedoch bestimmt?). Zum anderen sollen nach der „Trennungstheorie“ der zivil- und der öffentlich-rechtliche Teil des Vertrages nach „ihrer“ jeweiligen Rechtsordnung beurteilt werden, was aber ohne Not das von den Parteien gewollte Synallagma „sprengt“ (vgl. zu diesem Punkt auch → Rn. 371).

Maßgeblich ist dabei in jedem Fall der **Gegenstand**, der dem Vertrag zu Grunde liegt. Ein Vertrag gehört danach dem Öffentlichen Recht an, wenn er (auch) die Begründung, Aufhebung oder Änderung öffentlich-rechtlicher Pflichten regelt (→ § 54 S. 1 VwVfG und unten → Rn. 371).

e) Handlungen der Kirchen

28 Problematisch bei der Bestimmung ihrer „Rechtsquelle“ sind auch Handlungen der Kirchen. Durch den gemäß Art. 140 GG i. V. mit Art. 137 V 1 WRV garantierten **öffentlich-rechtlichen Körperschaftsstatus der Kirchen** ist nach ganz h. M. grundsätzlich deren gesamtes Wirken als öffentlich-rechtlich einzustufen. Das gilt insbesondere für kirchliches Eigentum, wenn es – unabhängig von einem „Kernbereich“ kirchlichen Wirkens (also etwa auch im eher weltlichen Bereich, z. B. bei der Jugendarbeit) – im Rahmen seiner kirchlichen Widmung genutzt wird. Wie der Staat (→ Rn. 256 ff.) können sich aber auch die Kirchen zumindest in bestimmten Konstellationen privatrechtlicher Handlungsformen bedienen. Außerdem vermögen sie hinsichtlich ihres Eigentums privatrechtliche Eigentümerbefugnisse außerhalb des Widmungszweckes auszuüben (etwa die Vermietung eines Grundstückes; der Verkauf einer „stillgelegten“ Kirche). In solchen Fällen ist dann nach § 13 GVG der Zivilrechtsweg eröffnet.

Beispiel: Kirchenglocken und ihr Geläut → Für den Bürger kann hier eine erhöhte Duldungspflicht bestehen, weil die Nutzung der Glocken in den von Art. 4 I, 19 III GG (letztere Norm gilt auch für die Kirchen trotz ihres Charakters als juristische Personen des Öffentlichen Rechts – Stichwort „grundrechtstypische Gefährdungslage“) besonders geschützten Bereich der Religionsfreiheit fällt. Nach heute h. M. erfasst das aber nicht mehr den so genannten profanen Stundenschlag (→ dafür ist regelmäßig der Zivilrechtsweg zu beschreiten), sondern nur noch das so genannte liturgische Läuten (z. B. den Ruf zum Gottesdienst → insoweit ist der Verwaltungsrechtsweg eröffnet).

Anmerkung: *Kein von den staatlichen Gerichten zu überprüfender „Kirchenakt“ (statt „Hoheitsakt“) liegt im Übrigen bei einer allein auf Kirchenrecht gestützten Maßnahme vor, die der Verwirklichung des kirchlichen Selbstbestimmungsrechts nach Art. 140 GG, 137 III WRV dient (so etwa ein Hausverbot für das Gotteshaus nach dem Kirchenrecht).*

2. Streitigkeit nichtverfassungsrechtlicher Art

Die Abgrenzung einer verwaltungsrechtlichen, nichtverfassungsrechtlichen von einer Streitigkeit verfassungsrechtlicher Art erfolgt anhand eines erweiterten **Grundsatzes der doppelten Verfassungsunmittelbarkeit**. 29

Definition: Eine verfassungsrechtliche Streitigkeit ist zu bejahen, wenn **unmittelbar am Verfassungsleben Beteiligte** (formeller Aspekt) **um Rechtsbeziehungen streiten, die ausschließlich dem Verfassungsrecht angehören** (materieller Aspekt). Außerdem darf es sich nicht um eine so genannte prinzipale Rechtssatzkontrolle des formellen Gesetzgebers handeln, womit die abstrakte sowie die konkrete Normenkontrolle nach Art. 93 I Nr. 2, 100 I 1 GG gemeint sind.

Anmerkung: *Die Verfassungsbeschwerden nach Art. 93 I Nr. 4a und 4b GG (und nach den Landesverfassungen) werden von dieser Definition dagegen nicht erfasst, denn es fehlt bei ihnen regelmäßig an der Verfassungsorgan-Eigenschaft des Beschwerdeführers und an einem „Beschwerdegegner". Sie werden der Zuständigkeit der Verwaltungsgerichte demnach erst durch eine abdrängende Sonderzuweisung (→ Rn. 30) entzogen, die in den soeben genannten Normen gesehen werden kann.*

3. Keine abdrängende Sonderzuweisung

Zuletzt ist zu prüfen, ob die an sich öffentlich-rechtliche und damit nach § 40 I 1 VwGO den Verwaltungsgerichten zugewiesene Streitigkeit nicht durch eine gesetzliche Sonderzuweisung an eine andere Gerichtsbarkeit abgedrängt wurde. Abdrängende Sonderzuweisungen gibt es: 30

a) BVerfG/LVerfG

An das **BVerfG/LVerfG** nach Art. 93 GG i. V. mit § 13 BVerfGG bzw. „LVerfGG" – so etwa für die (Bundes-)Verfassungsbeschwerde, nicht aber für die abstrakte und konkrete Normenkontrolle (→ Rn. 29).

b) Besondere Verwaltungsgerichte

An **besondere Verwaltungsgerichte** wie etwa die Finanz-, Sozial-, Disziplinar- und Ehrengerichte, z. B. nach § 33 II FGO für Abgabenangelegenheiten, § 51 SGG im Bereich des Sozialrechts oder § 61 I und § 77 I DRiG für Richterdienstgerichte.

c) Ordentliche Gerichte

An **ordentliche Gerichte** z. B. gemäß Art. 34 S. 3 GG, § 40 II 1 VwGO. Nicht erfasst wird davon allerdings eine Pflichtverletzung des öffentlich-rechtlichen Vertrages, nach h. M. wohl aber die Haftung wegen der Verletzung vorvertraglicher Pflichten – „culpa in contrahendo". Auch bei der Verwahrung werden allenfalls – im Polizeirecht nach Auffassung vieler Gerichte allerdings nicht einmal diese – vermögensrechtliche Ansprüche, also nicht die auf die Herausgabe einer Sache gerichteten, erfasst. Weitere abdrängende Sonderzuweisungen enthalten die Art. 14 III 4 GG und §§ 23 ff. EGGVG (das Handeln der doppelfunktionalen Polizei muss funktionell nach dem objektiven Empfängerhorizont darauf untersucht werden, ob es präventiv oder repressiv ist; ähnlich bei § 109 I StVollzG → ist es eine typische Strafvollzugsmaßnahme?), § 217 BauGB (so genannten Baulandsachen) und § 68 OWiG (Ordnungswidrigkeiten).

IV. Rechtsweg kraft Sachzusammenhanges nach § 17 II GVG

31 Zu beachten ist schließlich die Rechtswegbündelung durch § 17 II 1 GVG, die grundsätzlich, außer bei der zwingenden speziellen Eröffnung des Rechtsweges für bestimmte Anspruchsgrundlagen kraft Art. 34 S. 3 und Art. 14 III 4 GG (→ § 17 II 2 GVG), eingreift. Insoweit muss aber ein Missbrauch verhindert werden, weshalb ein Gericht nur Anspruchsgrundlagen in seine Betrachtung einbezieht, die **nicht offensichtlich ausscheiden**. Im Kontext des Art. 14 GG ist allerdings auch noch das heutige Eigentumsverständnis zu beachten, weshalb z. B. nach der h. M. ein kodifizierter Aufopferungsanspruch etwa nach den Landespolizeigesetzen nicht unter § 40 II 1 VwGO fällt.

V. Rechtsweg kraft Verweisung nach §§ 17, 17a II 1 GVG

32 Der Verwaltungsrechtsweg kann auch durch den **Verweisungsbeschluss eines anderen Gerichts** eröffnet sein.

1. Verweisung im Hauptsacheverfahren

33 Stellt das Gericht seine sachliche (oder örtliche bzw. instanzielle → Rn. 39 ff.) Unzuständigkeit fest, so wird die Klage im Hauptsacheverfahren heute **nicht mehr als unzulässig abgewiesen**. Gemäß §§ 83 S. 1, 173 S. 1 VwGO i. V. mit § 17a II 1 GVG wird sie vielmehr von Amts wegen an das zuständige Gericht verwiesen.

Anmerkung: *Zu der dadurch bedingten neuen Terminologie → bereits Rn. 17. Die alte Begrifflichkeit passt hingegen immer noch auf alle Prozesse, in denen § 17a GVG nicht gilt, so etwa vor dem EuGH, BVerfG oder LVerfG.*

Das Gericht, an welches das Verfahren verwiesen wurde, ist gemäß § 17a II 3 GVG **an die Verweisung gebunden** und kann die Sache nicht seinerseits an ein anderes Gericht weiterverweisen, selbst wenn die Verweisung fälschlicherweise erging. Ziel der Einfügung von § 17a GVG war nämlich, schnell endgültige Klarheit über die Rechtswegeröffnung zu schaffen. 34

2. Verweisung im vorläufigen Rechtsschutz

Die Rechtsprechung und Literatur sind bezüglich der Situation im Eilrechtsschutzverfahren **uneinheitlich**. Mehrheitlich wird eine Heranziehung des § 17a GVG hierfür befürwortet. Teilweise wird aber auch § 17a V GVG, wonach das Gericht, das in der Rechtsmittelinstanz entscheidet, nicht prüft, ob der beschrittene Rechtsweg zulässig ist, mangels Entscheidung in der (Haupt-)Sache für nicht anwendbar erachtet, weil das VG im Eilrechtsschutz nicht abschließend über die Eröffnung des Verwaltungsrechtsweges entschieden habe. Wenn man jedoch darauf abstellt, dass das VG, falls es den Verwaltungsrechtsweg nicht für eröffnet ansieht, nach der Mehrheitsauffassung auch im vorläufigen Rechtsschutz analog § 17a II 1 GVG den Rechtsstreit verweisen muss, um Rechtsschutzlücken zu vermeiden, dann ist auch § 17a V GVG entsprechend **anwendbar**, da es mit der inhaltlichen Auseinandersetzung im Eilverfahren eine erstinstanzliche „Entscheidung in der Sache“ gibt. 35

Bei angenommener **Unanwendbarkeit** des gesamten § 17a GVG (analog) bedarf es hingegen auch im Eilverfahren nach § 40 I 1 VwGO selbst im Fall einer Verweisung noch des Vorliegens (bzw. der Prüfung) einer öffentlich-rechtlichen Streitigkeit nichtverfassungsrechtlicher Art ohne abdrängende Sonderzuweisung. Die Frage darf angesichts des Normzweckes des § 17a V GVG hingegen nicht offen gelassen bzw. die Rechtswegeröffnung „hilfsweise“ geprüft werden.

VI. Klärung rechtswegfremder Vorfragen, insbesondere die Aufrechnung

Neben dem eigentlichen Streitgegenstand hat das VG vorfrageweise (gleichsam inzident) auch rechtswegfremde Fragen zu prüfen. Falls das für die Vorfrage entscheidende Bestehen oder Nichtbestehen eines Rechtverhältnisses allerdings bereits Gegenstand eines anderen anhängigen Verfahrens ist, kann das verwaltungsgerichtliche Verfahren nach § 94 VwGO bis zur Erledigung dieses Rechtsstreites ausgesetzt werden. Da sich das Klagebegehren nicht auf die Vorfrage bezieht und sie damit nicht Klagegegenstand ist, entfaltet eine diesbezügliche Stel- 36 lungnahme des VG in seiner Entscheidung jedoch **weder Rechtskraft noch Bindungswirkung** unter den Parteien.

37 Eine **Ausnahme** hiervon bildet aber die Entscheidung über eine zur **Aufrechnung** gestellte rechtswegfremde Forderung, die gemäß § 173 VwGO i. V. mit § 322 II ZPO nach überwiegender Ansicht doch in Rechtskraft erwächst. Die früher h. L. sprach sich daher insoweit gegen eine Entscheidungsbefugnis der Verwaltungsgerichte aus und verlangte auch in diesem Fall eine Aussetzung des Verfahrens nach § 94 VwGO. Seit der Einfügung des § 17 II 1 GVG ist demgegenüber streitig, ob die Pflicht, den Rechtsstreit hinsichtlich aller rechtlichen Gesichtspunkte zu entscheiden, auch die Aufrechnung mit umfasst.

– Teilweise wird vertreten, § 17 II 1 GVG begründe eine rechtswegübergreifende Sachkompetenz und lege dem angerufenen Gericht die Pflicht auf, über sämtliche Ansprüche bzw. Anspruchsgrundlagen zu entscheiden, wenn auch nur eine(r) dem beschrittenen Rechtsweg angehöre. § 17 II 1 GVG entspreche dem **Prinzip der Gleichwertigkeit aller Rechtswege** und diene der Vermeidung unnötiger Verweisungen sowie der zügigen Behandlung des Rechtsstreites zum Zwecke der **Prozessökonomie**, so dass auch über die zur Aufrechnung gestellte Gegenforderung zu entscheiden sei.
– Nach anderer Auffassung stellt die Aufrechnung keinen „rechtlichen Gesichtspunkt“ i. S. des § 17 II 1 GVG, sondern vielmehr ein selbstständiges Gegenrecht dar, für das wie bei der Widerklage keine Entscheidungsbefugnis (hier) des VG bestehe. Die Regelung des § 17 II 1 GVG rechtfertige sich aus dem objektiven Sachzusammenhang, wenn derselbe prozessuale Anspruch auf mehreren Anspruchsgrundlagen beruhe, die verschiedenen Rechtswegen zugewiesen seien. Im Fall der Prozessaufrechnung (ähnlich wie bei der Widerklage) werde ein verfahrensrechtlicher Zusammenhang dagegen erst durch eine Parteihandlung hergestellt. Daher müsse der Gedanke der Prozessökonomie hinter den **Grundsatz der Sachnähe des kompetenten Gerichts** zurückweichen. Zwar sei fraglich, ob die Aufrechnung einen „rechtlichen Gesichtspunkt“ i. S. des § 17 II 1 GVG oder ein selbstständiges Gegenrecht darstelle. Doch führe die Aufrechnung (anders als etwa die Widerklage) keinen neuen Streitgegenstand ein. Es lasse sich daher vertreten, dass das Bestehen der Gegenforderung für die Frage nach dem Bestehen der Hauptforderung tatsächlich nur eine Vorfrage und damit einen rechtlichen Gesichtspunkt i. S. des § 17 II 1 GVG darstelle.

Letztlich können hier mit entsprechender Begründung beide Auffassungen gut vertreten werden. Bei Art. 14 III 4 und 34 S. 3 GG stellt sich die Streitfrage wegen § 17 II 2 GVG hingegen überhaupt nicht (→ Rn. 31).

VII. Prüfungsbefugnis deutscher Gerichte bei unionsrechtlichen Bezügen

Schließlich stellt sich an dieser Stelle noch die Frage, in welchem 38
Umfang die deutschen Gerichte befugt sind, Rechtsakte mit Bezügen zum Unionsrecht zu prüfen. Art. 19 IV GG sowie auch § 40 I 1 VwGO bieten rechtlichen Schutz nur gegen Akte der **deutschen** öffentlichen Gewalt. Daher können Rechtsakte von Organen der EU nicht Gegenstand unmittelbarer gerichtlicher Kontrolle durch deutsche Gerichte sein. Überprüft werden können aber all jene Akte, die von deutschen Trägern öffentlicher Gewalt auf Grund von Unionsrecht erlassen wurden. In diesen Fällen sind die Verwaltungsgerichte also zuständig.

Anmerkung: *Im Rahmen der Begründetheit ist dann allerdings noch die **inhaltlich beschränkte Entscheidungskompetenz** der nationalen Gerichte zu beachten, da über die letztverbindliche Auslegung des Unionsrechts die europäische Gerichtsbarkeit zu befinden hat. Nach Art. 267 II AEUV kann bei Auslegungszweifeln eine entsprechende Frage dem EuGH vorgelegt werden. Handelt es sich um die letzte Instanz des deutschen Rechtsweges, so muss das Gericht die Sache bei Zweifeln bezüglich der Vereinbarkeit mit dem Unionsrecht sogar dem EuGH vorlegen (→ Art. 267 III AEUV).*

B. Zuständigkeit des Gerichts

Bei der Frage nach der Zuständigkeit des angerufenen Gerichts (zur 39
„Zuständigkeit" der Verwaltungsgerichtsbarkeit bereits → Rn. 20 ff.) sind **zwei Aspekte** zu unterscheiden. Diese werden nach der Bejahung seiner Zuständigkeit (im umfassenden Sinn, also sowohl hinsichtlich des Rechtsweges als auch der „konkreten" Zuständigkeit) durch das VG gemäß §§ 173 S. 1 VwGO, 17a V GVG allerdings von den höheren Instanzen nicht mehr geprüft.

Anmerkung: *Wenn man zwischen der (generellen) Zuständigkeit der Verwaltungsgerichtsbarkeit und der (konkreten) des im Einzelfall angerufenen Gerichts unterscheidet, lässt es sich auch gut vertreten, dass beide Fragen direkt nacheinander und gegebenenfalls auch vorab als Punkt „A." vor der „Zulässigkeit" des Rechtbehelfes geprüft werden (→ schon die Anmerkung zu Rn. 17). Das gilt umso mehr, als, auch bei der fehlenden Zuständigkeit des angerufenen Gerichts kein abweisendes Prozessurteil ergeht, sondern nach §§ 83, 173 S. 1 VwGO i. V. mit § 17a II 1 GVG der Rechtsstreit von Amts wegen an das (örtlich, sachlich und instanziell) zuständige (Fach-)Gericht verwiesen wird. Gegen diesen Aufbau kann allerdings eingewandt werden, dass die örtliche Zuständigkeit von dem statthaften Rechtsbehelf abhängt (vgl. § 52 VwGO → Rn. 41 f.), also erst nach diesem geprüft werden müsste bzw. darf.*

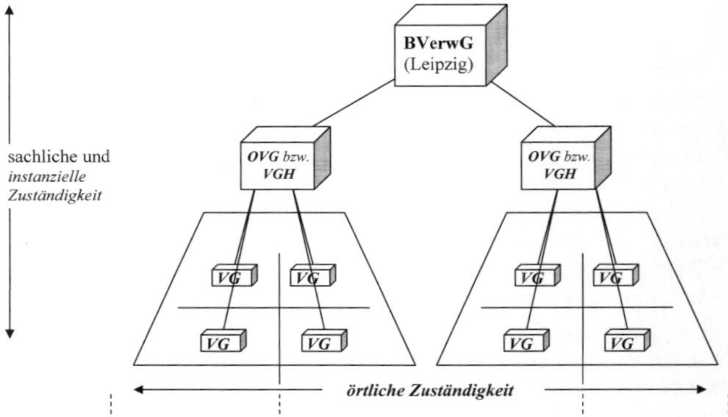

Grafik 5: *Sachliche und örtliche Zuständigkeit*

I. Sachliche bzw. instanzielle Zuständigkeit

40 Nach der Grundregel des § 45 VwGO entscheiden in erster Instanz die **Verwaltungsgerichte**. Für die Normenkontrolle nach § 47 I VwGO ist allerdings das **OVG** bzw. der **VGH** (→ § 184 VwGO) erstinstanzlich zuständig. Das gilt auch für die in § 48 VwGO genannten Verfahren, während das **BVerwG** erst- und zugleich letztinstanzlich – was im Hinblick auf Art. 19 IV GG immer wieder kritisiert wird – über die in § 50 I VwGO genannten (Groß-)Verfahren entscheidet. Die weitere instanzielle Zuständigkeit des OVG/VGH und des BVerwG als Rechtsmittelgerichte folgt aus § 46 VwGO (Berufungen und Beschwerden gegen Beschlüsse) bzw. § 49 VwGO (Revisionen gegen Urteile und [weitere] Beschwerden gegen bestimmte Beschlüsse).

II. Örtliche Zuständigkeit

41 Die örtliche Zuständigkeit bestimmt sich nach § 52 VwGO. Nach der Systematik der Norm geht dabei gerade für Anfechtungsklagen der so genannte **Gerichtsstand der Belegenheit** der (streitgegenständlichen) Sache allen anderen vor (→ § 52 Nr. 1 VwGO). Es folgt der **Gerichtsstand aus Dienstrechtsklagen** (→ § 52 Nr. 4 VwGO). Bezüglich sonstiger Anfechtungs- oder Verpflichtungsklagen gegen **Bundesbehörden** oder juristische Personen der mittelbaren Bundesverwaltung ergibt sich die örtliche Zuständigkeit aus § 52 Nr. 2 VwGO. Hieran anschließend – das kommt in Klausuren am häufigsten vor – ist der Gerichtsstand der **sonstigen Anfechtungsklagen** gemäß § 52 Nr. 3 S. 1–4 VwGO zu prüfen, der sich nach dem Bezirk bestimmt, in dem der Verwaltungsakt erlassen wurde. Für Verpflichtungsklagen kommt es insoweit auf den Sitz der zum Handeln verpflichteten Behörde an (→ § 52 Nr. 3 S. 5 VwGO). Subsidiär und für alle **anderen Klage(arte)n** bestimmt sich die örtliche Zuständigkeit schließlich nach § 52 Nr. 5 VwGO.

Die **Zuständigkeitsbereiche der einzelnen Verwaltungsgerichte** ergeben sich aus den AGVwGO der Länder. **42**

Beispiele: Art. 1 II, 2 BayAGVwGO, § 1 AGVwGO NRW, §§ 1, 4, 5 ThürAGVwGO, § 1 HessAGVwGO, §§ 1, 4, 5 BWAGVwGO.

C. Statthafte Klage- bzw. Antragsarten

Die Statthaftigkeit des gewählten (oder noch zu wählenden) Rechtsbehelfes richtet sich nach dem **Begehren** des Klägers bzw. Antragstellers (§§ 86 III, 88 VwGO, gegebenenfalls Letzterer i. V. mit § 122 I VwGO) sowie nach dem **Klage- bzw. Antragsgegenstand**. **43**

Typischerweise hängt die richtige Klageart also auch von der konkreten Handlungsmöglichkeit der Verwaltung (genauer → Rn. 252 ff.) ab.

Wählt die Verwaltung etwa die Form (und Bezeichnung) des Verwaltungsaktes (oder erteilt eine entsprechende Rechtsbehelfsbelehrung), ist sie nach dem so genannten **Meistbegünstigungsgrundsatz** insofern daran gebunden, als die Anfechtungsklage statthaft ist, selbst wenn es sich in der Sache (also „materiell") tatsächlich nicht um einen Verwaltungsakt handelt. In diesem Fall kann der Kläger demgemäß wählen, ob er den materiell „richtigen" Weg oder denjenigen wählt, den ihm die Verwaltung durch die (formale) Bezeichnung ihrer Maßnahme (etwa als „Verwaltungsakt" oder „Rechtsverordnung"; gegebenenfalls eben auch durch eine entsprechende Rechtsbehelfsbelehrung) gewiesen hat.

Beispiel: Statthaftigkeit (auch) der Anfechtungsklage gegen die Kündigung eines öffentlich-rechtlichen Dienstverhältnisses (→ an sich rein arbeitsrechtlicher Streit) per „Bescheid".

I. Zur Abgrenzung: Formlose Rechtsbehelfe

Von den **formgebundenen Rechtsbehelfen nach der VwGO** (insbesondere den Klagen, Eilanträgen und Rechtsmitteln) sind zunächst die **formlosen nach diesem Gesetz** (etwa die Anhörungsrüge nach § 152a VwGO oder der Antrag an die Behörde auf Aussetzung der **44**

Vollziehung nach § 80 IV VwGO) und die **formlosen außergerichtlichen** abzugrenzen. Die meisten davon gibt es im Beamtenrecht:

- **Gegenvorstellung**
- **Aufsichtsbeschwerde**
- **Dienstaufsichtsbeschwerde**
- (allgemein:) **Petition**

} können sich auf ein Spezialgesetz oder Art. 17 GG bzw. landesverfassungsrechtliche Normen stützen

Formlose Rechtsbehelfe haben Vor-, aber auch Nachteile:

Vorteile	Nachteile
jeder ist petitionsberechtigt	kein Suspensiveffekt
jede Stelle kann damit befasst werden	zum Teil kein Devolutiveffekt
jedes Verwaltungshandeln kann Gegenstand sein	„formlos, fristlos, fruchtlos“ → häufig entsteht der Eindruck einer bloßen „Papierkorbbeschwerde“
keine Fristvorschriften	Es gibt kein Recht auf einen begründeten Bescheid, wohl aber einen Anspruch auf Entgegennahme, Kenntnisnahme, Erledigung und Beantwortung (→ informatorischer Bescheid), der auch gerichtlich durchsetzbar ist.
keine Formvorschriften (die Petition gemäß Art. 17 GG allerdings nur schriftlich)	
keine persönliche Beschwer erforderlich	

II. Anfechtungs- und Verpflichtungsklage

45 Die **Anfechtungsklage** ist nach § 42 I Fall 1 VwGO statthaft, wenn der Kläger die Aufhebung eines (regelmäßig: ihn belastenden) Verwaltungsaktes begehrt.

Die **Verpflichtungsklage** ist nach § 42 I Fall 2 VwGO statthaft, wenn der Kläger den Erlass eines (regelmäßig: ihn begünstigenden) abgelehnten oder unterlassenen Verwaltungsaktes begehrt.

Zentrales Element beider Klagen ist mithin der Begriff des **„Verwaltungsaktes“**, um den sich wohl die meisten Rechtsfragen ranken. Daneben entstehen Probleme bei dem Dazwischentreten eines **Dritten** (→ Rn. 68 ff.).

1. Verwaltungsakt

46 Ein **Verwaltungsakt** ist nach § 35 S. 1 VwVfG jede **hoheitliche Maßnahme**, die eine **Behörde** zur Regelung eines **Einzelfalles** auf

dem **Gebiet des Öffentlichen Rechts** trifft und die auf unmittelbare **Rechtswirkung nach außen** gerichtet ist.

Übersicht: Merkmale eines Verwaltungsaktes

hoheitliche Maßnahme	→	**Jedes Verhalten mit Erklärungswert auf dem Gebiet des Verwaltungsrechts**
auf dem Gebiet des Öffentlichen Rechts	↔	Abgrenzung zum Privatrecht **Aber:** Ergeht eine Maßnahme ohne jeglichen Bezug zum Öffentlichen Recht in der Form eines Verwaltungsaktes, so entscheidet ihre äußere Form (so genannte bloße Formverwaltungsakte); vgl. schon → Rn. 43.
Behörde	→	**Jede Stelle, die Aufgaben der öffentlichen Verwaltung wahrnimmt (§ 1 IV VwVfG). → weiter, funktionaler Behördenbegriff**
	↔	Abgrenzung zu Regierungstätigkeit, Rechtsprechung, Gesetzgebung
	↔	Abgrenzung zum Handeln Privater **Aber:** Auch Beliehene (→ Rn. 249) fallen unter den Behördenbegriff, soweit sie in Ausübung der ihnen anvertrauten hoheitlichen Kompetenzen tätig sind. **Aber:** Auch Kirchen sind Behörden bei der Wahrnehmung von Aufgaben der öffentlichen Verwaltung (→ Rn. 28).
Regelung	→	**Jede einseitige Maßnahme einer Behörde, die auf das Setzen einer Rechtsfolge gerichtet ist („zur"). Dabei muss die Rechtsfolge bezweckt und nicht nur faktische Folge sein.**
	→	Auch mittelbare Regelungen sind Verwaltungsakte.
	→	Auch in einer reinen Gesetzeskonkretisierung kann ein Verwaltungsakt liegen, wenn es um eine verbindliche Klärung und Durchsetzung der gesetzlichen Rechtslage geht.
	↔	Abgrenzung zum Realakt
	↔	Abgrenzung zu rein vorbereitenden Regelungen
	↔	Abgrenzung zu wiederholenden Verfügungen **Aber:** Wenn die Behörde eine erneute Sachprüfung vorgenommen hat, liegt ein Verwaltungsakt (ein so genannter Zweitbescheid) vor.
Einzelfall	→	**Es handelt sich um einen konkreten Sachverhalt und einen individuell bestimmten bzw. zumindest bestimmbaren Adressatenkreis.**
	↔	Abgrenzung zur Rechtnorm, die einen abstrakten Sachverhalt und einen generellen Adressatenkreis betrifft. **Aber:** Konkret-generelle Regelung (Allgemeinverfügung nach § 35 S. 2 VwVfG) **Aber:** Abstrakt-individuelle Regelung (→ Rn. 52)

Intendierte Außenwirkung	→	Die Wirkung der Maßnahme muss bewusst auf den Rechtskreis einer Person außerhalb der Verwaltung gerichtet sein.
	↔	Abgrenzung zum bloßen Behördeninternum **Aber:** Maßnahmen der Kommunalaufsicht sind zumindest bei der Rechtsaufsicht wegen der Schutzwirkung des Art. 28 II 1 GG für die Gemeinde Verwaltungsakte. Gegenüber dem Bürger handelt es sich in dieser Konstellation hingegen um ein bloßes Verwaltungsinternum (der Staat und die Gemeinde bilden eine „Einheit"). **Aber:** Wenn ein Beamter, der grundsätzlich „Teil des Staates" ist, in seiner persönlichen, eigenen Rechtstellung betroffen ist, liegt ein Verwaltungsakt vor.

47 Die einzelnen Merkmale bzw. ihr „Gehalt" erklären sich teilweise bereits aus den **Funktionen des Verwaltungsaktes**: Er ist das wichtigste verfahrensrechtliche Mittel der Exekutive zum Abschluss eines Verfahrens: Materiell-rechtlich setzt er Rechtsfolgen; er geht dem Gesetz vor, kann diesem sogar widersprechen und trotzdem wirksam sein. Seine „Gefährlichkeit" folgt insoweit aus seiner möglichen Unanfechtbarkeit trotz Rechtswidrigkeit (§ 43 VwVfG – Ausnahme: § 44 VwVfG → Rn. 295 ff.). Prozessrechtlich ist mit ihm überdies ein besonderer Rechtsschutz (→ §§ 42, 68, 80 f. VwGO) und vollstreckungsrechtlich eine eigene Titelfunktion verknüpft (→ Rn. 351, 354 ff.).

Noch näher zu den einzelnen Merkmalen des Verwaltungsaktes:

a) Hoheitliches Handeln auf dem Gebiet des Öffentlichen Rechts

48 Das Erfordernis des hoheitlichen Handelns beim Erlass des (potenziellen) Verwaltungsaktes wird im Regelfall von vornherein vorliegen. Es kann auch erst durch den Erlass eines Widerspruchsbescheides erfüllt werden; also werden auch nur **formell** öffentlich-rechtliche Maßnahmen mit Regelungswirkung von Behörden (nicht hingegen vom „Hauptmann von Köpenick") insoweit erfasst. Wie die Behörde nach formellem Recht hätte handeln müssen, ist erst eine Frage der Rechtmäßigkeit des Verwaltungsaktes. Kommt es auf eine **materielle** Prüfung an, muss es sich um eine öffentlich-rechtliche Tätigkeit handeln, wobei dieser Aspekt bei einer prozessualen Einkleidung des Falles bereits bei der Prüfung der Eröffnung des Verwaltungsrechtsweges „abgehandelt" wurde. Bei einer rein materiell-rechtlichen Fragestellung ist dieser Punkt dagegen näher zu untersuchen, wobei dann auf die obigen (→ Rn. 23) Theorien zurückgegriffen werden kann.

b) Maßnahme

Der Begriff der „Maßnahme“ zielt auf **jedes Verhalten mit Erklärungswert**. Der Terminus ist umfassend als Oberbegriff für jede einseitige Willenserklärung mit Wirkungen auf dem Gebiet des Öffentlichen Rechts zu verstehen. Die Termini „Verfügung“ und „Entscheidung“ sind lediglich beispielhaft aufgeführt und entfalten gegenüber dem Begriff der „Maßnahme“ keine eigenständige Bedeutung. 49

c) Behörde

Erfasst wird vom weiten Behördenbergriff des § 1 IV VwVfG auch eine nicht organisatorische Behörde, wie z. B. die Gemeindevertretung/der Gemeinderat, nicht nur der (Ober-)Bürgermeister usw. Es gilt ein **funktioneller Behördenbegriff**, der auf die ausgeübte (Verwaltungs-)Tätigkeit (näher → Rn. 252 ff.) abstellt. Daher fällt hierunter z. B. auch ein Untersuchungsausschuss, nicht aber die Rechtsprechung oder eine Privatperson, wenn sie nicht Beliehene (wie z. B. der Jagdaufseher gemäß § 5 II BJagdG oder der TÜV → Rn. 249) oder Verwaltungshelferin (→ Rn. 250) ist. Im Rahmen der Abgrenzung von Rechtsprechung und Regierungstätigkeit bzw. Gesetzgebung ist zu beachten, dass die Bundestags- und Gerichtsverwaltung durchaus auch Behörden i. S. dieser Vorschrift darstellen können. 50

Anmerkung: *Hat eine Landesbehörde gehandelt, so ist bei der Prüfung, ob ein Verwaltungsakt vorliegt, wegen des nicht eröffneten Anwendungsbereiches des Bundes-VwVfG (vgl. § 1 VwVfG) prinzipiell das entsprechende Landes-VwVfG zu zitieren. Insbesondere muss in Bayern dann darauf geachtet werden, dass das BayVwVfG Artikel und keine Paragraphen hat. Die Frage, ob z. B. im Rahmen des § 42 I VwGO für die Bestimmung des für die Anfechtungsklage nötigen Verwaltungsaktes auf § 35 VwVfG (Argument: nur der Bundesgesetzgeber kann den Begriff im Bundesgesetz VwGO definieren) oder im Fall einer handelnden Landesbehörde (wegen des Anwendungsbereiches des Gesetzes) auf die entsprechende Landesnorm abzustellen ist, lässt allerdings beide Antworten zu.*

d) Regelung

Die Maßnahme der Verwaltung muss ihrem Ausspruch nach unmittelbar auf die **Herbeiführung einer Rechtsfolge** gerichtet sein, was in der Regel bei Ge- und Verboten, Gewährungen, Versagungen der Fall ist. Jedoch werden unter Umständen auch mittelbare Regelungen als Verwaltungsakte angesehen, so beispielsweise Einstufungen i. S.der Filmprädikatierung. Diese stellen zwar bloße Werturteile dar, werden allerdings auf Grund der Tatsache, dass prädikatisierte Filme mittelbare Steuervorteile genießen, unter den Regelungsbegriff gefasst. Bei einer bloßen Gesetzeswiederholung bzw. -konkretisierung liegt hingegen nur dann eine Regelung vor, wenn eine verbindliche Klärung und Durchsetzung der 51 gesetzlichen Rechtslage bezweckt wird. Gegebenenfalls bedarf es hier einer Auslegung der Maßnahme nach dem „Empfängerhorizont". Kein Verwaltungsakt ist daher etwa eine bloße Auskunft, wenn kein Regelungsbedürfnis aus Sicht des Bürgers besteht. Die Rechtsfolge, insbesondere bei einem belastenden Verwaltungsakt, muss ferner **bezweckt**, sie darf nicht nur faktische Folge bzw. Reflex sein (so fallen z. B. ein fehlgegangener Schuss oder eine negative dienstliche Beurteilung nicht darunter), muss aber nicht zwingend auch tatsächlich eintreten. Zu beachten ist, dass ein mutmaßlich bloßer Realakt eventuell doch auch ein konkludentes Duldungsgebot als Verwaltungsakt enthält (so etwa der „wortlose" Schlagstockeinsatz im Polizeirecht als Vollstreckungsmaßnahme). Eine bloße Verwaltungsaktswiederholung ist demgegenüber selbst keine Regelung (mehr), ein Zweitbescheid mit neuem Inhalt hingegen schon. Bei begehrten begünstigenden Maßnahmen ist deren Ablehnung nur dann ein Verwaltungsakt, wenn ihr eine regelnde Entscheidung zu Grunde liegt, d. h. eine einzelfallbezogene Subsumtion oder Ermessungsentscheidung erfolgt ist.

Beispiele: Ein Untersuchungsausschuss ist zwar eine Behörde (→ Rn. 50), sein Aktenherausgabeverlangen aber mangels zwangsweiser Durchsetzbarkeit keine Regelung und damit kein Verwaltungsakt. Das „Punkte Sammeln" in der „Verkehrssünderdatei" in Flensburg ist lediglich eine unselbstständige Verfahrenshandlung, damit keine Regelung und kein Verwaltungsakt.

e) Einzelfall

52 Es darf sich nicht um eine abstrakt-generelle Regelung wie bei einer Rechtsnorm handeln. Sie muss sich vielmehr grundsätzlich **individuell** auf einen **konkreten** Einzelfall beziehen. Ausnahmen sind etwa konkret-generelle Regelungen in Form der Allgemeinverfügung nach § 35 S. 2 VwVfG als Sonderfall eines Verwaltungsaktes (→ Rn. 54 ff.). Die Erfüllung des Merkmales des Einzelfalles ergibt sich formell schon aus der Bezeichnung als „Bescheid" oder „Verfügung" und auch aus der individuellen Zustellung mit einer Rechtsbehelfsbelehrung; einer materiellen Abgrenzung bedarf es demgegenüber nur, wenn die von der Behörde gewählte Form mehrdeutig ist (sonst entscheidet diese unabhängig vom Inhalt → Rn. 48). Diese Abgrenzung erfolgt dann nach den geregelten Fällen (abstrakt oder konkret?) und dem betroffenen Personenkreis (individuell oder generell?). Ein Verwaltungsakt liegt demnach bei einer konkret-individuellen, abstrakt-individuellen (z. B. immer, wenn [abstrakt] die Temperatur unter 0° C fällt, hat der Pflichtige [individuell] die Straße zu streuen), konkret-generellen Regelung (§ 35 S. 2 VwVfG → Rn. 54 ff.) vor; nur bei einer abstrakt-generellen Regelung handelt es sich hingegen um eine Rechtsnorm (→ Rechtsverordnung oder Satzung als Gesetze im materiellen Sinn).

f) Außenwirkung

Die Wirkung der Maßnahme muss auf den **Rechtskreis einer Person außerhalb der Verwaltung** gerichtet sein. Hierbei ist eine Abgrenzung zum bloßen Behördeninternum, wie etwa zu der innerdienstlichen Entscheidung, vorzunehmen. Schwierigkeiten bereitet die Abgrenzung auf Grund ihrer besonderen Stellung zum Staat bei **Beamten**. Problematisch ist die Außenwirkung ferner generell in Sonderrechtsverhältnissen (früher: „besonderen Gewaltverhältnissen"): Innerdienstliche Weisungen sind keine Verwaltungsakte, aber auch die Person in einem Sonderrechtsverhältnis ist Grundrechtsträgerin. Daraus ergeben sich Abgrenzungsprobleme ähnlich dem Direktionsrecht des Arbeitgebers im Grund- und Betriebsverhältnis. 53

Beispiele: Wenn die Amtsstelle eines **Beamten** als Verwaltungsteil betroffen ist, fehlt es an der Außenwirkung (es geht dann um das Amt im konkret-funktionellen Sinn), so etwa bei einer Umsetzung, Aufgabenbereichsänderung, Weisung. Wenn der Beamte hingegen in seiner persönlichen Rechtsstellung als Bürger betroffen ist (das Amt im statusrechtlichen/abstrakt-funktionellen Sinn), liegt eine Außenwirkung und damit ein Verwaltungsakt vor – so z. B. beim abstrakten Amtsrang, bei der Besoldung oder Versetzung und beim Urlaub.

Eine Organisationsregelung ohne Außenwirkung gegenüber einem **Schüler** ist z. B. eine Maßnahme zur Aufrechterhaltung des Lehrbetriebes (der Schüler soll länger bleiben und aufräumen), eine Klassenarbeit, Hausaufgaben, Einzelnoten. Eine Statusregelung mit Außenwirkung und damit ein Verwaltungsakt ist dagegen beispielsweise die Entscheidung über die Schulaufnahme, -entlassung, Versetzung, über das Zeugnis oder über Noten mit (Versetzungs-)Relevanz, aber eben nicht über bloße Teil- oder Einzelnoten einer Gesamtprüfung.

2. Der Sonderfall der Allgemeinverfügung (§ 35 S. 2 VwVfG) und ihre „Unterarten"

Die Allgemeinverfügung ist ein **hinsichtlich des Merkmales „Einzelfall" modifizierter Verwaltungsakt**. Beachtlich sind insoweit auch §§ 28 II Nr. 4, 41 III 2, IV VwVfG zu den weiteren besonderen Rechtsfolgen. Es gibt folgende Arten von Allgemeinverfügungen: 54

a) Die **adressatenbezogene Allgemeinverfügung** (Fall 1) ist eine konkrete Regelung an einen bestimmten oder zumindest bestimmbaren Personenkreis (z. B. an alle Hauseigentümer). Damit ist sie eine Art „Sammelverwaltungsakt" statt Einzelverwaltungsakten an die jeweils Betroffenen. „Bestimmbar" bedeutet dabei „im Wesentlichen bestimmt", was bei einer Vielzahl von Adressaten, die in Verbindung zu dem konkreten Fall stehen, zu bejahen ist. Der Adressatenkreis darf sich in der Zukunft auch noch leicht verändern, solange er bloß bestimmbar bleibt. 55

56 b) Die **sachbezogene Allgemeinverfügung** (Fall 2) ist ein dinglicher Verwaltungsakt zur Regelung der öffentlich-rechtlichen Eigenschaft einer Sache (nicht nur im Zusammenhang mit ihr, wie eine Baugenehmigung oder Abbruchverfügung). Hierdurch wird der sachenrechtliche Zustand der Sache betroffen, wie etwa bei der (Ent-) Widmung einer Straße.

57 c) Die **benutzungsrechtliche Allgemeinverfügung** (Fall 3) regelt die Benutzung einer Sache durch die Allgemeinheit. Der konkrete Adressatenkreis wird hier durch den Bezug zu der Sache bestimmt, z. B. bei der Benutzungsordnung für ein Schwimmbad.

Beispiele: Ein **Verkehrszeichen** ist nach h. M. eine benutzungsrechtliche Allgemeinverfügung mit Ge- bzw. Verboten (zur Bekanntgabe Rn. 366). Nach anderer Ansicht ist es hingegen eine Rechtsnorm, da es sich an einen unbestimmten Adressatenkreis richtet. Diese Frage ist bedeutsam für die Anwendung des VwVfG oder des Art. 80 GG, für die Folgen einer Rechtswidrigkeit und für die Frage, ob gegebenenfalls ein Widerspruch statthaft ist, wobei nach h. M. insoweit § 80 II 1 Nr. 2 VwGO analoge Anwendung findet, da das Verkehrszeichen insgesamt als „Polizistenersatz“ dient (Gleiches gilt auch für eine Parkuhr).

Eine **Schutzbereichsanordnung für Verteidigungsanlagen** ist eine sachbezogene Allgemeinverfügung (Fall 2), ähnlich einer Widmung. Es könnte zwar auch eine Rechtsverordnung sein; zur Abgrenzung ist im Zweifelsfall aber auf die Intention des Gesetzgebers im ermächtigenden Gesetz abzustellen (so z. B. auf das Veröffentlichungserfordernis kraft Gesetzes, die Umgehung der Zustimmungsbedürftigkeit des Bundesrates oder schlicht das einfachere Verfahren).

Die **Eröffnung oder Schließung einer öffentlichen Einrichtung** ist nicht immer eine benutzungsrechtliche Allgemeinverfügung (Fall 3). So enthält z. B. die Aufstellung einer Parkbank gar keine Regelung. Wenn aber ein Anschluss- und Benutzungszwang besteht, wird rechtlich auf die Benutzer per Regelung eingewirkt; so z. B. bei der Schließung bzw. Eröffnung eines Schlachthofes, in dem fortan nicht mehr geschlachtet werden darf bzw. zwangsweise geschlachtet werden muss.

3. Der Sonderfall der mehrstufigen Verwaltungsakte

58 Bei mehrstufigen Verwaltungsakten haben **Mitwirkungsakte** nur dann selbst Verwaltungsaktsqualität, wenn sie die Behörde binden, die den Hauptverwaltungsakt erlässt, also selbst eine Regelungswirkung entfalten. Weiterhin muss die mitwirkende Behörde selbstständig und allein entschieden haben (→ Außenwirkung; Rn. 53). Diese Voraussetzungen fehlen bei einem bloßen Mitprüfungsrecht, wenngleich sich insoweit trotzdem eine einklagbare Rechtsverletzung bei Unterlaufen dieses Mitwirkungsrechts ergeben kann (so früher beim gemeindlichen Einvernehmen im Baurecht; vgl. jetzt jedoch § 36 II 2 BauGB). Bei mehrstufigen Akten zwischen **verschiedenen Verwaltungsträgern** besteht eine Außenwirkung der „Zwischenschritte“ nur dann, wenn die

handelnde Behörde in eigenen (Wahrnehmungs-)Rechten betroffen ist. Das ist bei einer Weisungsgebundenheit nicht der Fall. In diesen Fällen kann es aber eventuell einen verwaltungsinternen Organstreit, wie z. B. ein Kommunalverfassungsstreitverfahren (→ Rn. 97 ff.), geben.

4. Der Sonderfall der Nebenbestimmungen zum Verwaltungsakt, § 36 VwVfG

Neben die klassische Hauptregelung eines Verwaltungsaktes kön- 59
nen auch noch so genannte Nebenbestimmungen treten.

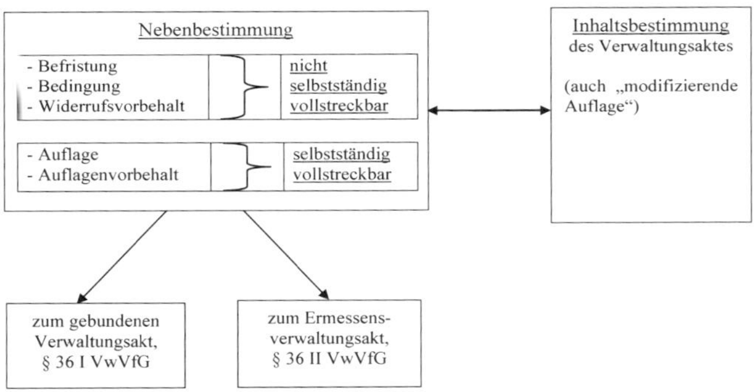

Grafik 6: *Arten der Nebenbestimmungen*

a) Übersicht: Arten der Nebenbestimmungen

Die unterschiedlichen **Arten der Nebenbestimmungen** sind in 60
§ 36 II VwVfG aufgezählt:

Befristung	Der Verwaltungsakt gilt nur für eine **bestimmte Zeit**.
Bedingung	Die **Wirksamkeit** des Verwaltungsaktes hängt von einem **bestimmten Ereignis** ab.
Widerrufs-vorbehalt	Das ist der **Hinweis** (und Vorbehalt), dass der Verwaltungsakt später **widerrufen** werden kann.
Auflage	Im Zusammenhang mit einem **begünstigenden Verwaltungsakt** wird ein **belastender Verwaltungsakt** erlassen.
Auflagen-vorbehalt	Die Behörde kündigt an, dass sie unter bestimmten Voraussetzungen **später eine Auflage** erlässt.

b) Abgrenzungen

Nötig sind im Zusammenhang mit Nebenbestimmungen folgende **Abgrenzungen**:

aa) Art des Hauptverwaltungsaktes

61 – **Gebundener Verwaltungsakt** (§ 36 I VwVfG): Bei Vorliegen der gesetzlichen Voraussetzungen muss die Behörde den Verwaltungsakt erlassen. Diese Verwaltungsakte dürfen nur mit Nebenbestimmungen versehen werden, wenn spezielle Rechtsvorschriften das vorsehen (§ 36 I Fall 1 VwVfG) oder wenn sichergestellt werden soll, dass die gesetzlichen Voraussetzungen für den Verwaltungsakt erfüllt werden (§ 36 I Fall 2 VwVfG).

62 – **Ermessensverwaltungsakt** (§ 36 II VwVfG): Der Behörde steht ein Spielraum zu, ob sie den Verwaltungsakt erlässt oder nicht. Ebenso liegt es im Ermessen der Behörde, ob in diesen Fällen zusätzlich eine Nebenbestimmung ergeht.

Im Ergebnis findet § 36 VwVfG also wie folgt Anwendung:

gebundener Verwaltungsakt	§ 36 I: Fall 1: spezielle Rechtsvorschriften Fall 2: Erfüllung gesetzlicher Voraussetzungen
Ermessensverwaltungsakt	§ 36 II

bb) Neben- oder Inhaltsbestimmung

63 **Definition:** Eine **Inhaltsbestimmung** ist ein Regelungsbestandteil, bei dessen Wegfall der (Haupt-)Verwaltungsakt unbestimmt würde. Sie stellt keine Nebenbestimmung, sondern einen Teil des (Haupt-) Verwaltungsaktes dar.

Beispiel: Gewährung eines „aliud" gegenüber dem Beantragten (es wird mit der Baugenehmigung ein Flachdach genehmigt statt des beantragten Spitzdaches).

64 Eine so genannte **modifizierende Auflage** ist demgemäß materiell eine Inhaltsbestimmung in der äußeren Form einer Auflage, also eine „modifizierte Gewährung mit überlagernder Anordnung" (die „Auflage" ist für die Behörde zusätzlich vollstreckbar und kann bestandskräftig werden; daher wählt die Verwaltung hier diese Form). Wegen ihrer fehlenden logischen Teilbarkeit vom Rest-Verwaltungsakt kann diese „Auflage" jedoch nicht isoliert aufgehoben werden. Es bedarf daher der Verpflichtungsklage auf einen neuen Verwaltungsakt i. S. des

Beantragten, denn der Kläger hat bisher keine Position erhalten, die mit der Anfechtungsklage zu verteidigen wäre (auch noch → Rn. 67).

cc) Bedingung, Befristung oder Auflage

Nach dem objektiven Erklärungswert und dem erkennbaren Erklärungswillen besteht bei diesen Nebenbestimmungen ein enger inhaltlicher Bezug zum Hauptverwaltungsakt (so die Bedingung und Befristung), oder es handelt sich eben um eine eigene zusätzliche Regelung mit selbstständiger Vollstreckbarkeit (so die Auflage). Eine **Bedingung** bezieht sich dabei auf ein zukünftiges, ungewisses Ereignis, eine **Befristung** auf ein Ereignis, dessen Eintritt gewiss ist. Bei einer **Auflage** wird im Fall eines begünstigenden Verwaltungsaktes ein Ge- oder Verbot vom Bestand des Hauptverwaltungsaktes abhängig gemacht (zu beachten sind insoweit auch die Wirksamkeitsfolgen nach § 49 II VwVfG, wobei hier nur § 49 II 1 Nr. 2 VwVfG greift → Rn. 338). Es ist mithin zu fragen, ob die behördliche Bestimmung unmittelbar auf die Wirksamkeit des Verwaltungsaktes einwirken sollte. Im Zweifel ist eine Auflage für beide Seiten günstiger. Die Bezeichnung durch die Parteien ist dabei allerdings nur ein Indiz. Ein diesbezüglicher Merksatz lautet: „Die Bedingung suspendiert, zwingt aber nicht; die Auflage zwingt, suspendiert aber nicht". D. h., dass bei einer Bedingung der Grundverwaltungsakt bis zum Eintritt derselben schwebend unwirksam ist, was dazu führt, dass der Adressat eines begünstigenden Verwaltungsaktes während der Schwebezeit aus diesem keinen Nutzen ziehen kann. Im Gegensatz dazu fehlt diese zeitliche Abstufung bei einer Auflage, was die sofortige Wirksamkeit von Grundverwaltungsakt und Auflage zur Folge hat. Allerdings ist Letztere dann auch anders als die Bedingung mit Zwang durchsetzbar. **65**

c) Rechtmäßigkeitsvoraussetzungen der Nebenbestimmungen

Die Rechtmäßigkeit von Nebenbestimmungen beurteilt sich in der Regel nach **Spezialgesetzen** (für den Hauptverwaltungsakt) wie z. B. §§ 12 BImSchG, 3 II, 5 GastG, 17 I 2–4 AtomG, 8 II BFStrG. Wenn der Erlass einer Nebenbestimmung danach im Ermessen steht (→ „kann"), ist das nur dann zugleich die Ermächtigungsgrundlage, wenn der Hauptverwaltungsakt selbst im Ermessen steht. Sonst ist wie bei gebundenen Verwaltungsakten insoweit unmittelbar auf § 36 VwVfG als Ermächtigungsgrundlage zurückzugreifen. Im Übrigen gelten immer die Abs. 1–3 des **§ 36 VwVfG** (→ Rn. 60 ff.). **66**

d) Isolierte Anfechtbarkeit von Nebenbestimmungen

Die isolierte Anfechtbarkeit von Nebenbestimmungen ist nach wie vor umstritten: In Betracht kommen für eine Differenzierung verschiedene Kriterien: **67**

– **Art der Nebenbestimmung**: Nur bei einer Auflage **(oder einem Auflagenvorbehalt)** soll eine isolierte Anfechtungsmöglichkeit gegeben sein; im Übrigen sei eine Verpflichtungsklage auf einen neuen Verwaltungsakt zu erheben.
– **Art der Hauptregelung**: Bei gebundenen Verwaltungsakten sei eine isolierte Anfechtungsklage möglich, im Übrigen wegen des Ermessens der Verwaltung nicht.
– **Rechtswidrigkeit**: Nebenbestimmungen seien immer isoliert anfechtbar. Allerdings soll die Aufhebbarkeit begrenzt sein, wenn der Hauptverwaltungsakt ohne die Nebenbestimmung so nicht erlassen worden bzw. rechtswidrig geworden wäre.

Das **BVerwG** stellte früher auf das erste Kriterium ab, während es heute das zuletzt genannte präferiert. Dafür spricht, dass ein (nach materiellem Recht) teilbarer Verwaltungsakt auch nur teilweise angefochten werden kann (vgl. § 113 I 1 VwGO „soweit"). Das genügt ebenfalls den Anforderungen des gebotenen effektiven Rechtsschutzes für den Betroffenen. Andererseits darf der Ermessensspielraum der Verwaltung aber nicht eingeschränkt werden. Deshalb ist zu fragen: Hätte sie den Verwaltungsakt auch ohne die Nebenbestimmung erlassen? Selbst bei der Aufhebung einer Auflage bleibt ihr aber noch die Möglichkeit des Widerrufes nach § 49 II 1 Nr. 2 VwVfG im Prozess für den übrigen Verwaltungsakt (→ Rn. 338). In jedem Fall ist jedoch wegen des Prinzips der Rechtmäßigkeit der Verwaltung zu prüfen, ob der verbleibende Verwaltungsakt ohne die Nebenbestimmung erlassen werden durfte (gegebenenfalls ist dann an eine Verpflichtungsklage auf eine weniger belastende Nebenbestimmung zu denken). Daraus ergibt sich nach h. M. folgende „Verortung" der Problematik im Prüfungsaufbau:

Im Rahmen der **Sachentscheidungsvoraussetzungen** der isolierten Anfechtungsklage ist Voraussetzung für die Statthaftigkeit der Klage die **prozessuale, d. h. logische, Teilbarkeit** der Nebenbestimmung vom Hauptverwaltungsakt. Sie ist gegeben bei Auflagen und Auflagenvorbehalten, im Übrigen bei einem entsprechenden Willen bzw. einer entgegenstehenden Pflicht der Verwaltung. Sie fehlt jedoch beispielsweise gerade bei der modifizierenden Auflage (→ Rn. 64; streng genommen, ist diese jedoch, wie gesehen, auch gar keine Nebenbestimmung), da sie den Gegenstand der Grundverfügung selbst modifiziert, die sonst einen anderen Inhalt hätte.

Beispiele: Im obigen Beispiel (→ Rn. 63) des genehmigten Flach- statt des beantragten Spitzdaches ist diese „Auflage" schon logisch nicht vom Grundverwaltungsakt der Baugenehmigung abtrennbar. Gleiches gilt für eine Baugenehmigung mit der Maßgabe, dass die Stellplatzpflicht durch eine Geldzahlung abgelöst werden kann, oder die Genehmigung als Laden statt als Warenautomat mit Betrieb rund um die Uhr. Auch diese „Auflage“ ist vom Grundverwaltungsakt der Baugenehmigung nicht trennbar.

Dagegen kommt es zur **Unbegründetheit** des isolierten Aufhebungsbegehrens bei zwar logischer, aber fehlender **materiell-rechtlicher** Teilbarkeit, wenn der Restverwaltungsakt ohne die Nebenbestimmung rechtswidrig ist. Bei Ermessensverwaltungsakten ist das generell zu verneinen, und zumindest bei Auflagen geht die Verwaltung gerade auch von einer Teilbarkeit aus, so dass sie dann das entsprechende Risiko einer Teilung zu tragen hat.

5. Drittklagen (Konkurrentenklage, Nachbarklage)

Besonderheiten ergeben sich im Rahmen der Statthaftigkeit schließlich auch bei den so genannten **Konkurrentenklagen**: Hier ist zwischen negativen Klagen gegen die Begünstigung eines Dritten einerseits und positiven Klagen auf die eigene Begünstigung andererseits zu unterscheiden. Zu Ersteren gehören die **Konkurrentenabwehrklage** (wenn ein Dritter erst in den Wettbewerb eintritt) und die **Begünstigungsabwehrklage** gegen die sonstige Begünstigung eines Konkurrenten. Zu den positiven Konkurrentenklagen zählen die **Konkurrentenverdrängungsklage**, bei welcher der Kläger eine Begünstigung oder Zulassung an Stelle eines Dritten will, sowie die **Konkurrentengleichstellungsklage**, bei der der Kläger neben dem Dritten ebenfalls begünstigt werden möchte. Bei allen diesen Klagen ist neben der Bestimmung der statthaften Klageart (entscheidend ist, ob nur die eigene Begünstigung erstrebt wird oder ob es auch um die Anfechtung der Begünstigung des Konkurrenten geht) noch die Klagebefugnis (→ Rn. 114 ff.) sorgfältig zu prüfen. Insbesondere bei einer Drittanfechtung ist insoweit ein subjektives Recht des Klägers, das eben auch zu seinen Gunsten bestehen muss, als möglicherweise verletzt zu rügen. **68**

Problematisch ist davor aber schon die Antwort auf die Frage nach der Statthaftigkeit der Anfechtungsklage, wenn der eine ihn begünstigende Verwaltungsentscheidung Begehrende nicht nur einen negativen Ablehnungsbescheid erhalten hat (dann läge die klassische Verpflichtungssituation vor → Rn. 45), sondern auch **über die Begünstigungsanträge der Mitbewerber bereits (positiv) entschieden** wurde. Fraglich ist dann nämlich, ob neben der Klage auf die Verpflichtung (und damit inzident auch die Anfechtung der eigenen Ablehnung → Rn. 45) auch die positiven Bescheide der Konkurrenten angegriffen werden müssen, um die Schaffung vollendeter Tatsachen zu verhindern. Im Unterschied zum Beamtenrecht mit seinem inzwischen allerdings eingeschränkten (hergebrachten) Grundsatz der Ämterstabilität gibt es ansonsten im Verwaltungsrecht regelmäßig Widerrufs-, Rücknahme- **69** und Kündigungsmöglichkeiten (gegebenenfalls allerdings verbunden mit einer Schadensersatzpflicht der Behörde). Daher erscheint eben mit der grundsätzlichen Ausnahme des Beamtenrechts eine Anfechtung der Zulassungsbescheide der Konkurrenten nicht in jedem Fall notwendig, selbst wenn grundsätzlich deren Bestandskraft droht und die Zahl der möglichen Begünstigungen (z. B. bei der Zulassung zu einem Feststandplatz) begrenzt ist. Vielmehr ist ein Vorgehen gegen die an die Konkurrenten gerichteten Verwaltungsakte für den Nichtbegünstigten insbesondere dann unzumutbar, wenn es sich um eine Vielzahl von Bewerbern handelt und die Zugelassenen dem Betroffenen eventuell auch gar nicht bekannt sind.

70 Demgegenüber stellt die Anfechtungsklage unproblematisch die statthafte Klageart dar, wenn ein Dritter seine Rechte durch einen noch nicht bestandskräftigen Verwaltungsakt gefährdet sieht (er also mutmaßlich belastet wird) und sich lediglich gegen die Begünstigung des eigentlichen Adressaten zur Wehr setzt. Besondere Relevanz hat insoweit ebenfalls die so genannte **Drittwirkung eines Verwaltungsaktes** – er ist für den Adressaten begünstigend, für den Dritten belastend; denkbar ist auch die umgekehrte Konstellation, die hier jedoch keine Probleme aufwirft – im Baurecht, wenn der Nachbar geltend macht, durch die einem anderen erteilte Baugenehmigung in seinen (Nachbar-) Rechten verletzt zu sein (→ im Kontext der Klagebefugnis Rn. 115).

III. Fortsetzungsfeststellungsklage gemäß bzw. analog § 113 I 4 VwGO

71 Auszugehen ist gemäß § 88 VwGO auch insoweit vom **Klagebegehren**. Zielte **ursprünglich** der Rechtsbehelf des Klägers entweder auf die Anfechtung eines (belastenden) Verwaltungsaktes oder auf die Verpflichtung der Behörde zum Erlass eines (begünstigenden) Verwaltungsaktes, hat sich dieser Verwaltungsakt bzw. dessen Erlassbegehren jedoch durch Zeitablauf erledigt, so ist **jetzt** nur noch eine Fortsetzungsfeststellungsklage gemäß oder – bei einer Erledigung vor der Klageerhebung bzw. in der Verpflichtungssituation – analog § 113 I 4 VwGO statthaft. Gegebenenfalls müssen insoweit sogar die besonderen Voraussetzungen für eine doppelte Analogie – es geht dann um eine Erledigung vor der Klageerhebung und um die Erledigung einer Verpflichtungsklage – gegeben sein. Hier ist allerdings angesichts des für den Kläger zufälligen Erledigungszeitpunktes und der auch sonst in der VwGO üblichen Gleichsetzung von Anfechtungs- und Verpflichtungsklage (vgl. nur §§ 42 II, 78 I Nr. 1 VwGO) sowohl von einer planwidrigen Regelungslücke als auch von einer vergleichbaren Interessenlage auszugehen. Die Fortsetzungsfeststellungsklagen behalten dabei ausweislich der Verortung des § 113 I 4 VwGO im Kontext des Urteilstenors der Anfechtungs- bzw. Verpflichtungsklage ihre ursprüngliche „Klageart“, so dass deren Sachentscheidungsvoraussetzungen auch direkte Anwendung auf sie finden. Wird hingegen eine besondere Feststellungsklage oder gar eine Klageart sui generis befürwortet, muss die analoge Anwendung der betreffenden Vorschriften jeweils oder einmal vorab (mit gewissen Argumentationsschwierigkeiten) begründet werden.

Den **Streitgegenstand** bildet dabei in allen denkbaren Konstellatio- **72**
nen zunächst ein Verwaltungsakt. Es sind dann folgende Varianten zu unterscheiden:

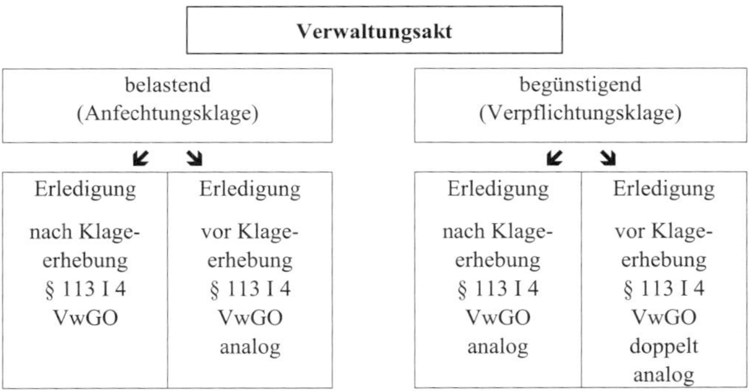

***Grafik 7:** Fortsetzungsfeststellungsklage*

- Der Verwaltungsakt ist **belastend** und hat sich **nach** der Erhebung der Anfechtungsklage erledigt, weshalb der Kläger nun die Feststellung seiner Rechtswidrigkeit begehrt. → Die Fortsetzungsfeststellungsklage ist statthaft nach § 113 I 4 VwGO.
- Der Verwaltungsakt ist **belastend** und hat sich bereits **vor** der Erhebung der Anfechtungsklage erledigt. Der Kläger begehrt die Feststellung seiner Rechtswidrigkeit. → Die Fortsetzungsfeststellungsklage ist analog § 113 I 4 VwGO statthaft.
- Der Verwaltungsakt wäre **begünstigend**, und das Erlassbegehren hat sich **nach** der Erhebung der Verpflichtungsklage erledigt. Der Kläger begehrt die Feststellung der Rechtswidrigkeit der Versagung. → Die Fortsetzungsfeststellungsklage ist analog § 113 I 4 VwGO statthaft.
- Der Verwaltungsakt wäre **begünstigend**, und das Erlassbegehren hat sich schon **vor** der Erhebung der Verpflichtungsklage erledigt. Der Kläger begehrt die Feststellung der Rechtswidrigkeit der Versagung. → Die Fortsetzungsfeststellungsklage ist in doppelt analoger Anwendung des § 113 I 4 VwGO statthaft.

IV. Allgemeine Leistungsklage, insbesondere auch (vorbeugende) Unterlassungsklage/Allgemeine Abwehrklage

73 Die allgemeine Leistungsklage ist in der VwGO nicht ausdrücklich geregelt. Ihre Existenz ergibt sich dennoch aus dem Gesetz (→ §§ 43 II, 111, 113 IV VwGO als „Indizien"). Sie ist statthaft, wenn der Kläger die Durchführung oder die Unterlassung einer Handlung begehrt, die gerade nicht im Erlass eines Verwaltungsaktes besteht und damit ein **schlichthoheitliches Verwaltungshandeln** ist.

Anmerkung: *Besonderes Augenmerk verdient die in der Praxis häufig zu beobachtende Situation, dass die „Leistung" eines Realaktes durch einen Bescheid abgelehnt wurde. Hier würden weder die bloße Leistungsklage „auf" den Realakt (dann würde der ablehnende Bescheid bestandskräftig und stünde jedem Leistungsbegehren dauerhaft entgegen) noch die reine Anfechtungsklage bezüglich der Ablehnung (dann müsste der Beklagte immer noch nicht zwingend und durchsetzbar leisten) zum Ziel führen. Daher bedarf es in dieser Konstellation – ähnlich wie bei der Versagungsgegenklage (→ Rn. 176), wo der Aspekt aber sozusagen bereits „automatisch" in der Verpflichtungsklage enthalten ist – einer Anfechtungsklage mit dem Annexantrag nach § 113 IV VwGO (→ Rn. 408) auf die begehrte Leistung.*

74 Diese allgemeine Leistungsklage ist von der **besonderen Leistungsklage**, konkret der Verpflichtungsklage (→ Rn. 45), zu unterscheiden, die speziell auf den Erlass eines (begünstigenden) Verwaltungsaktes gerichtet ist. Problematisch ist im Kontext der auf einen Realakt zielenden (allgemeinen) Leistungsklage insbesondere die Statthaftigkeit einer **vorbeugenden Unterlassungsklage gegen einen erst noch zu erlassenden Verwaltungsakt**. Insoweit kommt nämlich keine (vorbeugende) Anfechtungsklage in Frage. Die VwGO geht vielmehr grundsätzlich von einem **repressiven Rechtsschutz** gegen schon erfolgte Maßnahmen der Verwaltung aus. Im Hinblick auf Art. 19 IV GG lässt die h. M. jedoch **Ausnahmen** von diesem Grundsatz zu, wenn andernfalls für den Betroffenen irreparable Rechtsschutzlücken mit unzumutbaren Folgen drohen. Verlangt wird in dieser Konstellation allerdings ein besonders qualifiziertes Rechtsschutzbedürfnis (→ Rn. 120).

Beispiel: Die vorbeugende Leistungsklage gegen den Ernennungsverwaltungsakt des Konkurrenten im Beamtenrecht, der wegen des hergebrachten Grundsatzes der Ämterstabilität im Nachhinein prinzipiell nicht mehr beseitigt werden kann, ist statthaft.

75 Demgegenüber fehlt es jedoch am Rechtsschutzbedürfnis für eine solche vorbeugende Unterlassungsklage, wenn ein **anderes Verfahren gleiche Erfolge** „bringt". Das kann etwa die Fortsetzungsfeststellungsklage gegen einen bereits erlassenen und schon erledigten Verwaltungsakt sein, deren gerichtliche Beurteilung die Behörde regelmäßig auch bei ihren zukünftigen (Parallel-)Entscheidungen beachten wird. In

Betracht kommt möglicherweise auch ein Eilrechtsschutzverfahren, das aber meist (hier nach § 123 VwGO) ohnehin noch dieser vorbeugenden Unterlassungsklage vorausgehen wird.

Anmerkung: *Die gerade vorgestellte Einschränkung für vorbeugende Unterlassungsklagen bezüglich künftiger Verwaltungsakte gilt hingegen nicht für Realakte, da hier keine Gefahr der Umgehung besonderer Sachentscheidungsvoraussetzungen droht (so etwa bei der Klage gegen künftige Äußerungen einer staatlichen Stelle). Hier gibt es beim regelmäßig zu bejahenden Vorliegen des entsprechenden Rechtsschutzbedürfnisses mithin immer die Möglichkeit einer vorbeugenden Unterlassungsklage.*

V. Feststellungsklage mit dem Sonderfall der Nichtigkeitsfeststellungsklage, § 43 VwGO

1. Übersicht: „Spielarten" der Feststellungsklage

76

Voraussetzungen	Art der Feststellungsklage	Entscheidung des Gerichts
Bestehendes Rechtsverhältnis + Feststellungsinteresse	Allgemeine Feststellungsklage	Bestehen oder Nichtbestehen des Rechtsverhältnisses
Künftiges Verwaltungshandeln bzw. Rechtsverhältnis + Kein anderer effektiver Rechtsschutz	Vorbeugende Feststellungsklage	Zukünftiges Bestehen oder Nichtbestehen des Rechtsverhältnisses
Tatsächlich vorhandener Verwaltungsakt	Nichtigkeitsfeststellungsklage	Nichtigkeit oder Wirksamkeit des Verwaltungsaktes

Öffentlich-rechtliches Rechtsverhältnis + Rechtsverhältnis streitig im Prozess + Rechtsverhältnis geht über den Streitgegenstand der Hauptsache hinaus + Rechtsstreit hängt vom Bestehen oder Nichtbestehen des Rechtsverhältnisses ab	Zwischen-feststellungsklage	Bestehen oder Nichtbestehen des Rechtsverhältnisses
Rechtsverhältnis zwischen Beklagtem und Drittem + Rechte des Klägers vom Rechtsverhältnis betroffen	Dritt-feststellungsklage	Bestehen oder Nichtbestehen des fremden Rechtsverhältnisses

2. Arten der Feststellungsklage

a) Allgemeine und besondere Feststellungsklage

77 Die allgemeine Feststellungsklage nach § 43 I Fall 1 VwGO setzt das **Bestehen eines hinreichend konkreten Rechtsverhältnisses** sowie das Vorliegen eines **berechtigten Interesses** an dessen **baldiger** Feststellung voraus.

Neben dieser weitreichenden allgemeinen Feststellungsklage gibt es noch die **besondere Feststellungsklage**, die sich nur auf bestimmte Rechtsverhältnisse beziehen kann. Dabei geht es mithin um in einzelnen Gesetzen speziell geregelte Feststellungsklagen und nicht um bestimmte Arten der allgemeinen Feststellungsklage wie die Zwischen- oder die vorbeugende Feststellungsklage (→ Rn. 83, 80).

Beispiel für eine besondere Feststellungsklage: Klage nach § 16 VereinsG zur Feststellung der Rechtmäßigkeit eines Vereinsverbotes.

aa) Feststellungsfähiges Rechtsverhältnis

78 Unter einem Rechtsverhältnis versteht man:
– die sich aus einem **konkreten Sachverhalt** ergebende
– öffentlich-rechtliche **Beziehung**
– **einer Person zu einer anderen Person** oder zu einer **Sache**.

Hierbei kann mit der Klage nach § 43 I VwGO sowohl das **Bestehen** als auch das **Nichtbestehen** eines solchen Rechtsverhältnisses festgestellt werden, das durch einen Rechtssatz, öffentlich-rechtlichen Vertrag oder Verwaltungsakt begründet werden kann. Auch selbstständige Teile eines Rechtsverhältnisses, also einzelne Pflichten oder Berechtigungen aus demselben, sind feststellungsfähig. Nicht statthaft ist die Feststellungsklage dagegen zur Klärung abstrakter Rechtsfragen, rein tatsächlicher Verhältnisse oder unselbstständiger Teile eines Rechtsverhältnisses.

Beispiele für feststellungsfähige Rechtsverhältnisse sind Mitgliedschaftsrechte, die Erlaubnispflicht, Zugangsberechtigung oder Widmung einer Straße.

Nicht feststellbar	Feststellbar
Abstrakte Rechtsfragen	Bestehen oder Nichtbestehen eines Rechtsverhältnisses
Rein tatsächliche Verhältnisse	
Unselbstständige Teile eines Rechtsverhältnisses	Selbstständige Teile eines Rechtsverhältnisses (Pflichten, Rechte daraus)
Beispiele: Wirksamkeit einer Norm, die Rechtsverletzung durch eine Norm	**Beispiele:** Nichtbestehen einer Zwangsmitgliedschaft, Anspruch auf Sozialhilfe

bb) Berechtigtes Interesse an baldiger Feststellung

Das nötige **berechtigte Interesse** ist bereits beim Vorliegen eines jeden vernünftigen Erwägungen entsprechenden Interesses rechtlicher, wirtschaftlicher oder auch ideeller Art zu bejahen. Zur Verdeutlichung dieses weiten Begriffes kann auf Grund des ähnlichen Wortlautes des § 113 I 4 VwGO auch noch auf die für die Fortsetzungsfeststellungsklage entwickelten Fallgruppen (→ Rn. 118) zurückgegriffen werden, was insbesondere bei der „Erledigung" des Rechtsverhältnisses angezeigt erscheint (vgl. → Rn. 122). Ein Interesse an der **baldigen Feststellung** des Rechtsverhältnisses liegt vor, wenn das Interesse gerade im Zeitpunkt des Urteiles oder in unmittelbarer Zukunft besteht. 79

Tipp: Falls sich im Sachverhalt Angaben zur Dringlichkeit bzw. zu nicht rechtzeitigen anderweitigen Rechtsschutzmöglichkeiten finden, spricht das für ein bestehendes Feststellungsinteresse.

b) Vorbeugende Feststellungsklage

Die vorbeugende Feststellungsklage ist auf die Feststellung des zukünftigen (Nicht-)Bestehens eines Rechtsverhältnisses in Gestalt einer Handlungsberechtigung oder des Anspruches eines Bürgers auf die 80 künftige Unterlassung rechtswidrigen hoheitlichen Handelns gerichtet. Auch dabei muss dieses **künftige Rechtsverhältnis** bereits hinreichend konkret sein.

Beispiel: Eine Feststellungsklage gegen die Ernennung eines Konkurrenten im Beamtenrecht ist überhaupt nur dann statthaft, wenn bereits das Besetzungsverfahren läuft.

81 Auf Grund der Statthaftigkeit einer vorbeugenden Leistungs- bzw. Unterlassungsklage (→ Rn. 74) – gerade auch bezüglich des Erlasses eines Verwaltungsaktes – scheitert die vorbeugende Feststellungsklage jedoch meist am **Subsidiaritätsgrundsatz** des § 43 II VwGO (→ Rn. 85). Etwas anderes gilt aber bezüglich der Unterlassung eines Normerlasses, da dort die genannten anderen Klagearten nicht passen.

c) Nichtigkeitsfeststellungsklage

82 Neben dem Bestehen oder Nichtbestehen eines Rechtsverhältnisses kann nach § 43 I Fall 2 VwGO die **Nichtigkeit eines Verwaltungsaktes** Gegenstand der Feststellungsklage sein. Zwar wäre denkbar, die Nichtigkeit inzident im Rahmen einer Klage nach § 43 I Fall 1 VwGO bezüglich des Nichtbestehens des durch den Verwaltungsakt begründeten Rechtsverhältnisses feststellen zu lassen. Jedoch erwüchse diese inzidente Feststellung anders als bei § 43 I Fall 2 VwGO nicht in Rechtskraft. Dadurch ist ein praktisches Bedürfnis für die Nichtigkeitsfeststellungsklage zu rechtfertigen. Diese Klageart besteht neben der Anfechtungsklage und ohne deren besondere Sachentscheidungsvoraussetzungen, da ein nichtiger Verwaltungsakt nicht wirksam (→ § 44 VwVfG; → Rn. 295 ff.) und daher auch nicht bestandskräftig wird, so dass er den besonderen „Schutz" der Anfechtungsklage und ihrer Voraussetzungen (insbesondere der Klagefrist) nicht benötigt.

d) Zwischenfeststellungsklage

83 Nach allgemeiner Auffassung ist die aus dem Zivilprozess bekannte Zwischenfeststellungsklage auch im Verwaltungsverfahren zulässig. Dafür muss das gleichsam als **Zwischenfrage** vor dem endgültigen Urteil schon streitige Rechtsverhältnis dem Öffentlichen Recht angehören und über den Streitgegenstand der eigentlichen Hauptsache hinausgehen. Ein Vorgriff auf die Hauptsache ist demgegenüber nicht möglich.

e) Drittfeststellungsklage

84 Das festzustellende Rechtsverhältnis muss nicht notwendig zwischen den Prozessparteien bestehen, sondern kann auch den Beklagten und einen Dritten betreffen, soweit **Rechte des Klägers** davon berührt sind. Das ist insbesondere dann der Fall, wenn die Feststellung eines solchen Drittrechtsverhältnisses vorgreiflich auf ein Verhältnis zwischen dem Kläger und dem Beklagten wirkt.

Beispiel: Die Klage eines Bürgers auf die Feststellung der Unzulässigkeit der Finanzierung eines Vereines zur Bekämpfung so genannter Jugendsekten durch den Staat rechtfertigt sich aus den möglicherweise betroffenen eigenen Rechten (etwa der Angehörigen dieser „Sekte" hinsichtlich Art. 4 I GG) des Klägers.

3 Subsidiaritätsgrundsatz

In § 43 II 1 VwGO ist der Grundsatz der Subsidiarität der Feststel- **85**
lungsklage normiert. Danach ist diese ausgeschlossen, wenn eine Gestaltungs- oder Leistungsklage in zumindest gleichem Umfang und mit der gleichen Effektivität zur Erreichung des Rechtsschutzzieles des Klägers geführt hätte. Hierbei kommt es lediglich auf die Statthaftigkeit, nicht auf die übrigen Sachentscheidungsvoraussetzungen einer derartigen Klage an. Durch diese Bestimmung soll insbesondere die **Umgehung** der besonderen Voraussetzungen der Gestaltungs- und Leistungsklagen wie gerade der Beschwer bzw. Klagebefugnis (§ 42 II VwGO direkt oder analog), des Vorverfahrens und der Klagefrist nach § 74 VwGO für die Anfechtungs- und Verpflichtungsklage **verhindert** werden. Zudem wird der **Prozessökonomie** Rechnung getragen, da der Kläger durch eine erfolgreiche Anfechtungs-, Verpflichtungs- oder Leistungsklage – anders als über den nicht vollstreckungsfähigen Tenor eines Feststellungsurteiles – direkt (und vollstreckbar) zu seinem Ziel gelangt. Der Grundsatz der Subsidiarität wird allerdings durch verschiedene Ausnahmen durchbrochen:

- Nach der ausdrücklichen Regelung des § 43 II 2 VwGO findet der Subsidiaritätsgrundsatz keine Anwendung bei der **Nichtigkeitsfeststellungsklage** (zur Erläuterung schon oben → Rn. 82).
- Nur die Erhebung gerade einer Feststellungsklage entspricht in besonderem Maße dem **Rechtsschutzziel des Klägers**.

Beispiele: Eine Reihe von Baugenehmigungen soll nach Maßgabe des § 33 BauGB erlassen werden. Da eine vorbeugende Normenkontrolle gegen den noch gar nicht in Kraft getretenen Bebauungsplan unzulässig ist (→ Rn. 94) und die Anfechtung eines jeden einzelnen Verwaltungsaktes ineffizient erscheint, kommt hier die vorbeugende Feststellungsklage in Frage.

Der Kläger begehrt die Feststellung der Erlaubnisfreiheit eines Tuns als „Nichtakt" und eben **nicht** die Erteilung einer Erlaubnis dieses Tuns in Form eines Verwaltungsaktes.

- Eine **juristische Person des Öffentlichen Rechts** wird **verklagt**. Entgegen dem Wortlaut des § 43 II 1 VwGO geht die ständige Rechtsprechung davon aus, dass Bund und Länder sowie andere Träger öffentlicher Gewalt auch ohne Vollstreckungsdruck einem Feststellungsurteil Folge leisten werden. Dieser Auffassung steht allerdings nicht nur der Text des § 43 II 1 VwGO, sondern auch die praktische Erfahrung entgegen. Außerdem ist § 172 VwGO zu beachten, der die staatliche Rechtstreue offenbar ebenfalls nicht als selbstverständlich ansieht. Auch läuft § 43 II VwGO sonst in der Praxis weitgehend leer.

– Eine **beamtenrechtliche Klage** liegt vor. Über §§ 126 II BBG, 54 II BeamtStG und die jeweiligen Regelungen in den Landesbeamtengesetzen gelten grundsätzlich (vgl. aber → Rn. 132) auch für die Feststellungsklage die besonderen Sachentscheidungsvoraussetzungen der Anfechtungs- und Verpflichtungsklage in Form des Vorverfahrens (§ 68 VwGO) und damit auch der Klagefrist (§ 74 I VwGO), so dass auch hier die Subsidiarität der Feststellungsklage entbehrlich erscheint.

VI. Normenkontrollantrag, § 47 VwGO i. V. mit AGVwGO

86 Gemäß § 47 I VwGO entscheidet das OVG bzw. der VGH (zu dieser Bezeichnung → § 184 VwGO) im Rahmen seiner Gerichtsbarkeit auf Antrag über die Gültigkeit von bestimmten abstrakt-generellen Regelungen.

Anmerkung: *Im Hinblick auf den Wortlaut des § 47 I VwGO („im Rahmen seiner Gerichtsbarkeit") ist es gut vertretbar, die Eröffnung des Verwaltungsrechtsweges nur an dieser Norm oder an „§ 47 I i. V. mit § 40 I 1 VwGO" zu messen.*

87 1. Gegenstände eines Normenkontrollverfahrens können nach § 47 I Nr. 1 VwGO zum einen **Satzungen nach dem BauGB** sowie die nach § 246 II BauGB in Berlin, Hamburg und gegebenenfalls Bremen an deren Stelle tretenden Rechtsverordnungen oder Gesetze sein. Der praktisch wichtigste Fall sind insoweit die Bebauungspläne, die gemäß § 10 I BauGB im Regelfall als (gemeindliche) Satzung zu beschließen sind. Weitere Beispiele bauplanungsrechtlicher Satzungen sind die Veränderungssperren (§ 16 I BauGB), die Klarstellungs-, Entwicklungs- und Veränderungssatzungen (§ 34 IV BauGB) sowie die Erschließungssatzungen (§ 132 BauGB). **Flächennutzungspläne** als Form der vorbereitenden Bauleitpläne unterliegen als solche mangels ihrer Außenwirkung hingegen nicht der prinzipalen Normenkontrolle nach § 47 VwGO. Nach der Rechtsprechung des BVerwG können indes Darstellungen im Flächennutzungsplan wegen der Rechtswirkungen des § 35 III 3 BauGB (das betrifft Vorhaben, die den Darstellungen im Flächennutzungsplan widersprechen) in entsprechender Anwendung des § 47 I Nr. 1 VwGO doch ausnahmsweise taugliche Gegenstände der Normenkontrolle sein.

2. Der Normenkontrollantrag ist nach § 47 I Nr. 2 VwGO ebenso statthaft gegen **andere im Rang unter dem Landesgesetz stehende Rechtsvorschriften**, sofern das Landesrecht das bestimmt. Daraus ergeben sich folgende drei **Voraussetzungen**: 88

– Erforderlich ist zunächst eine **Rechtsvorschrift**,
– die im Rang **unter dem Landesgesetz** steht,
– und das **Landesrecht** muss eine **Überprüfung durch das OVG bzw. den VGH** vorsehen.

a) **Rechtsvorschriften** sind alle **abstrakt-generellen Regelungen mit Außenwirkung**. Insofern scheiden rein verwaltungsinterne Vorschriften mangels ihrer Außenwirkung als statthafte Gegenstände einer Normenkontrolle aus. Anerkannt ist demgegenüber, dass etwa die Geschäftsordnung des „Kommunalparlamentes“ (Gemeinderates usw.) im Wege der Normenkontrolle als „Kommunalverfassungsstreit“ (→ Rn. 97) überprüfbar ist. 89

In diesem Zusammenhang bedarf es noch der **Abgrenzung der Rechtsvorschrift gegenüber der Allgemeinverfügung** i. S. von § 35 S. 2 VwVfG. Die Allgemeinverfügung stellt zwar eine generelle Regelung dar, betrifft jedoch jeweils nur einen Einzelfall und ist diesbezüglich konkret (→ Rn. 52, 54 ff.). Fraglich ist in diesem Kontext aber auch, auf welche Kriterien es bei der Statthaftigkeit eines Normenkontrollantrages ankommt: die (formelle) Bezeichnung oder den (materiellen) Inhalt einer (vermeintlichen) Rechtsverordnung? Für Ersteres sprechen die gewichtigsten Argumente. Der Zweck der Normenkontrolle ist die schnelle Schaffung von Rechtsklarheit (vgl. dazu die mittlerweile § 93 III BVerfGG entsprechende Antragsfrist von einem Jahr ab der Normbekanntgabe in § 47 II 1 a. E. VwGO). Weiterhin geht es um die Wahrung des Rechtsstaatsgebotes und des „Rechtsschutzgrundrechts“ aus Art. 19 IV GG, denn jeder Rechtsuchende muss wissen, wie er staatliches Handeln effektiv überprüfen lassen kann. Schließlich dient die Normenkontrolle, dadurch, dass mit ihr einer Vielzahl gleicher Prozesse anderer Betroffener vorgebeugt werden kann, auch der Förderung der Prozessökonomie. 90

91 **Zur Wiederholung:** Übersicht zur Abgrenzung von Verwaltungsakt und Rechtsverordnung (vgl. auch schon Rn. 52)

Merkmal	**Handlungsform**	**Regelungsgehalt**
konkret-individuell	Verwaltungsakt	klassische Einzelfallregelung (für einen konkreten Fall individuell an einen bestimmten Adressaten)

konkret-generell	Verwaltungsakt	Allgemeinverfügung; z. B. Verkehrszeichen (konkreter Fall – etwa das Parkverbot an einer bestimmten Stelle –, aber an eine unbestimmte Zahl von generellen Adressaten)
abstrakt-individuell	Verwaltungsakt	z. B. die Anordnung einer Schneeräumpflicht für einen einzelnen Hauseigentümer, „immer wenn es schneit" (ein individueller Adressat, aber abstrakte Regelung für eine unbestimmte Zahl von Fällen)
abstrakt-generell	Rechtsverordnung	allgemeine Regelung (abstrakt für eine unbestimmte Zahl von Fällen an generell eine unbestimmte Zahl von Adressaten)

Merke: Für eine Rechtsverordnung müssen stets beide Merkmale „offen" sein; sonst handelt es sich immer um einen Verwaltungsakt.

92 b) **Im Rang unter dem Landesgesetz** stehen alle Normen des Landesrechts, die **keine (Landes-)Gesetze im formellen Sinn** sind. Gegenstand der Normenkontrolle können damit grundsätzlich (s. sogleich) insbesondere Landesrechtsverordnungen und Satzungen aller Ebenen sein. Rechtsverordnungen des Bundes fallen demgegenüber von vornherein nicht in den Anwendungsbereich des § 47 I Nr. 2 VwGO, wohl aber landesrechtliche Rechtsverordnungen, die auf einer bundesrechtlichen Rechtsgrundlage basieren.

93 c) Schließlich muss das **Landesrecht** eine **Überprüfung durch das OVG/den VGH** vorsehen. In den meisten Bundesländern ist das der Fall. Besonderheiten gibt es lediglich in Berlin, Hamburg und Nordrhein-Westfalen, wo die AGVwGO gar keine entsprechende Regelung enthalten. Einige Beschränkungen mögen hier als Beispiele genügen: Gemäß Art. 5 S. 2 BayAGVwGO entscheidet der VGH in Bayern über Satzungen nach Art. 6 VII und Art. 81 I BayBO nur, wenn der Antrag von einer Behörde gestellt wird und die Rechtssache grundsätzliche Bedeutung hat. Diese Einschränkung von § 47 II VwGO wird allerdings teilweise als für mit dem Bundesrecht unvereinbar angesehen. In Rheinland-Pfalz sind schließlich gemäß § 4 I 2 AGVwGO Rechtsverordnungen, die Handlungen eines Verfassungsorganes i. S. des Art. 130 Verf RP darstellen, von einer Normenkontrolle nach § 47 VwGO ausgeschlossen.

94 3. Die zur Überprüfung stehende Rechtsnorm muss zudem bereits erlassen worden, jedoch noch nicht notwendigerweise schon in Kraft getre-

ten sein. Eine **vorbeugende Normenkontrolle** vor Abschluss der normativen Willensbildung sieht § 47 VwGO hingegen **nicht** vor. Bereits außer Kraft getretene Normen können noch Prüfungsgegenstand eines Normenkontrollverfahrens nach § 47 VwGO sein, wenn der Antragsteller hierfür ein (besonderes) Rechtsschutzbedürfnis darlegen kann.

Beispiele: Tritt eine Veränderungssperre nach § 14 BauGB während der Anhängigkeit eines nach § 47 II 1 VwGO zulässigen Normenkontrollantrages mit dem Ziel der Feststellung ihrer Ungültigkeit außer Kraft, kann der zuvor von ihr betroffene Antragsteller trotzdem noch die Feststellung begehren, dass die Veränderungssperre ungültig war.

Eine „alte" Norm wirkt durch eine Übergangsvorschrift, die auf sie Bezug nimmt, ebenfalls zumindest noch faktisch fort.

Wegen der Jahresfrist des § 47 II 1 VwGO (→ Rn. 152) dürfte diese Problematik heute allerdings **praktisch kaum mehr bedeutsam** sein.

VII. Normenerlassklage

Vor den Verwaltungsgerichten kann der Bürger lediglich auf den Erlass oder die Ergänzung von **Rechtsverordnungen oder Satzungen** klagen. Bezüglich des Erlasses bzw. der Ergänzung eines formellen Gesetzes fehlt es von vornherein an einem entsprechenden individuellen Anspruch gegenüber dem in seiner Entscheidung (regelmäßig) bezüglich des „Ob", jedenfalls aber des „Wie" freien Gesetzgeber. 95

Anmerkung: Eine verfassungsrechtliche Streitigkeit liegt hingegen mangels doppelter Verfassungsunmittelbarkeit (der Bürger ist kein Verfassungsorgan) in diesem Fall nicht vor (→ Rn. 29).

Die **„Normenerlassklage"** in diesem Sinn ist keine eigenständige Klageart. Vielmehr ist das ein **Sammelbegriff**, der alle Klagen umfasst, die auf den Normerlass oder die -ergänzung durch den Normgeber nach gerichtlicher Aufforderung gerichtet sind. Welche Klageart statthaft ist, hängt vom Einzelfall ab. Unabhängig davon, ob der Normgeber noch gar nicht tätig geworden ist (**echtes** oder **absolutes Unterlassen**) oder aus Sicht des Klägers eine unvollständige Regelung getroffen hat (**unechtes** oder **relatives Unterlassen**), kommen grundsätzlich drei Klagearten in Frage: 96

- **Normenkontrollantrag** analog § 47 VwGO: Dieser ist jedoch auf bereits existierende Normen angelegt (→ Rn. 94) und für die Normenerlassklage daher ungeeignet.
- **Feststellungsklage** nach § 43 VwGO: Sie kommt zwar grundsätzlich in Betracht, tritt aber wegen ihrer Subsidiarität und geringen Rechtsschutzintensivität mangels ihrer Vollstreckbarkeit jedoch hinter der allgemeinen Leistungsklage zurück (→ Rn. 85).

– **Allgemeine Leistungsklage**: Gegen ihre Statthaftigkeit wird teilweise eingewandt, sie ziele nur auf Einzelfallentscheidungen ab, was der VwGO allerdings nicht zu entnehmen ist. Unstatthaft ist demgegenüber jedoch eine allgemeine Leistungsklage bezüglich der Aufhebung einer untergesetzlichen Rechtsnorm, da hier die Normenkontrolle einschlägig ist. Problematisch ist im Rahmen der Sachentscheidungsvoraussetzungen einer solchen Leistungsklage aber in jedem Fall die Klagebefugnis: Der Kläger muss die Möglichkeit eines ihm zustehenden Anspruches auf ein Tätigwerden des Normgebers vortragen. Kann er das, wird es sich trotzdem **nur in Ausnahmefällen** um einen konkreten Anspruch auf den Erlass einer Norm mit einem bestimmten Inhalt handeln. **Im Regelfall** ist hier allenfalls ein **Bescheidungsanspruch** gegeben, der letztlich lediglich ein Tätigwerden des „Gesetzgebers" bis zum Ablauf einer gerichtlich bestimmten Frist zur Entscheidung zur Folge hat.

VIII. Kommunalverfassungsstreit

97 Bei kommunalverfassungsrechtlichen Streitigkeiten geht es um die **Durchsetzung von Organ- oder Organteilrechten.** Der Kommunalverfassungsstreit bildet dabei allerdings keine eigene Klageart. Er beschreibt nur bestimmte Konstellationen, in denen **interne Maßnahmen** den Streitgegenstand bilden (können).

Anmerkung: *Wegen fehlender kassatorischer Wirkung der Leistungsklage wird teilweise für den Kommunalverfassungsstreit eine* ***Klageart sui generis*** *angenommen. Nach einer anderen Auffassung wird der Leistungsklage hingegen ausnahmsweise eine kassatorische Wirkung zugeschrieben, um effektiven Rechtsschutz zu bieten. Das kann jedoch nicht überzeugen, wenn man (ähnlich wie bei der Feststellungsklage → Rn. 85) im Hinblick auf Art. 20 III GG unterstellt, dass der Staat sich ohnehin dem Richterspruch beugen wird. Letztlich sind alle diese „Verrenkungen" aber ohnehin unnötig, wenn (und da) der normale Kanon der Klage- und Antragsarten in der VwGO ausreicht.*

98 Mangels der für Verwaltungsakte charakteristischen Außenwirkung (→ Rn. 53) scheiden in diesen Konstellationen die **Anfechtungs-** und **Verpflichtungsklage** als statthafte Klagearten aus. Die Vornahme von Handlungen ist ebenso wie eine Duldung oder Unterlassung vielmehr im Wege der **allgemeinen Leistungsklage** geltend zu machen. Die Feststellung der Rechtswidrigkeit einer Handlung erfolgt dagegen auch nach ihrer Erledigung mit Hilfe der **Feststellungsklage**. Für die Überprüfung einer Geschäftsordnung des Gemeinderates etc. ist ein **Normenkontrollantrag** nach § 47 I Nr. 2 VwGO statthaft (s. schon oben → Rn. 89). Wird ein Organ oder Organteil zugleich in seinen **Außenrechten betroffen**, so dass ein Verwaltungsakt angenommen werden muss, liegt keine interne Streitigkeit mehr vor; dann gelten die „normalen" Überlegungen zur Bestimmung der statthaften (Anfechtungs-)Klage.

Der Kommunalverfassungsstreit entfaltet damit letztlich (außer in Bayern und Nordrhein-Westfalen, wo auch das nicht immer der Fall ist) nur bei der Ermittlung der Partei- und Prozessfähigkeit bzw. der Bestimmung des richtigen Klagegegners (→ Rn. 154 ff.) eine eigenständige Bedeutung. **99**

IX. Eilrechtsschutz nach §§ 80 V 1, 80a VwGO

Zunächst ist wichtig, dass der Eilrechtsschutz im Grunde nur eine **Beschleunigung der Hauptsache** darstellt; seine Sachentscheidungsvoraussetzungen orientieren sich also maßgeblich an denen der Hauptsache. **100**

1. Abgrenzung von § 123 und § 80 V 1 VwGO

Auch im Kontext des Eilschutzrechts ist zunächst zu fragen: **Was will der Antragsteller** (vgl. §§ 122 I, 88 VwGO)? Das muss man nämlich wissen, um die beiden am häufigsten (§ 47 VI VwGO ist eher selten → Rn. 113) denkbaren Arten des Eilrechtsschutzes nach § 80 V 1 (bzw. § 80a) und § 123 I VwGO voneinander abzugrenzen, wobei Erstere gemäß § 123 V VwGO vorrangig ist. **101**

Merke: §§ 80 V 1, 80a VwGO kommen nach einer „Faustformel" immer dann zur Anwendung, wenn es in der **Hauptsache** um eine **Anfechtungsklage** geht; in allen anderen Konstellationen erfolgt der Eilrechtsschutz über § 123 VwGO.

Einstieg über § 123 VwGO

↓

§ 123 V VwGO

↓

Liegt ein Fall der §§ 80 V 1, 80a VwGO vor?

↓	↓
Hauptsache Anfechtungsklage (+) → §§ 80 V 1, 80a VwGO einschlägig	Hauptsache Anfechtungsklage (–) → § 123 I VwGO einschlägig

Das bedeutet: Begehrt der Antragsteller demgemäß die **Anordnung oder die Wiederherstellung der aufschiebenden Wirkung** seines Widerspruches bzw. seiner Anfechtungsklage, dann richtet sich sein Antrag nach § 80 V 1 bzw. § 80a VwGO (→ zu deren Abgrenzung Rn. 108 ff.). Es besteht insoweit allerdings nur dann ein Rechtsschutzbedürfnis, wenn dem eingereichten Rechtsbehelf nicht ohnehin schon nach dem Grundsatz des § 80 I VwGO aufschiebende Wirkung zukommt, d. h. wenn ein Fall des § 80 II VwGO vorliegt. **102**

Beispiel: Einen wichtigen Fall des gesetzlich angeordneten Wegfalles der aufschiebenden Wirkung von Widerspruch und Anfechtungsklage i. S. des § 80 II 1 Nr. 3 VwGO stellt § 212a I BauGB für die Baugenehmigung dar. Wird hingegen eine andere bauordnungsrechtliche Verfügung angegriffen, für die auch kein Sofortvollzug nach § 80 II 1 Nr. 4 VwGO angeordnet wurde, greift § 80 I 1 VwGO ein, und ein Antrag nach § 80 V 1 VwGO ist mithin unstatthaft (bzw. für ihn fehlt zumindest das Rechtsschutzbedürfnis).

Exkurs: Aufschiebende Wirkung und sofortige Vollziehbarkeit

a) Die aufschiebende Wirkung von Widerspruch und Anfechtungsklage

103 **Grundsätzlich** haben Widerspruch und Anfechtungsklage aufschiebende Wirkung, d. h. nach ihrer Einlegung ist die Vollstreckbarkeit des angefochtenen Verwaltungsaktes bis zum Eintritt seiner Unanfechtbarkeit mit dem Ablauf der Widerspruchs- bzw. Klagefrist gehemmt (§ 80 I VwGO).

Anmerkung: *Nach dem Regelfall des § 80b I 1 VwGO endet die aufschiebende Wirkung mit der Bestandskraft des angefochtenen Verwaltungsaktes, ausnahmsweise aber auch schon einige Zeit nach dem Unterliegen des Klägers in der ersten Instanz. Das erklärt sich damit, dass in dieser Konstellation ein Gericht die Rechtmäßigkeit des angefochtenen Verwaltungsaktes bereits einmal bejaht hat. Nach § 80b I 2 VwGO endet sie dann (d. h.: in gleicher Weise wie nach S. 1) auch im Fall des § 80 IV oder V VwGO, wenn die Behörde bei § 80 IV VwGO nicht explizit eine längere Frist anordnet.*

104 In den Fällen des **§ 80 II 1 VwGO** entfällt allerdings diese aufschiebende Wirkung; der Verwaltungsakt ist bzw. wird mithin sofort vollziehbar, so dass von Seiten des Adressaten ein Eilrechtsschutzantrag auf die Anordnung oder Wiederherstellung der aufschiebenden Wirkung nach § 80 V 1 VwGO zu stellen ist, um die Vollstreckung des Verwaltungsaktes zu verhindern.

b) Der gesetzliche Sofortvollzug nach § 80 II 1 Nr. 1–3 VwGO und die behördliche Anordnung der sofortigen Vollziehbarkeit nach § 80 II 1 Nr. 4 VwGO

105 Die in Abkehr vom Grundsatz des § 80 I VwGO restriktiv auszulegenden Fälle der **gesetzlich angeordneten sofortigen Vollziehbarkeit** sind zunächst die Bescheide zur Anforderung von öffentlichen Abgaben und Kosten (→ § 80 II 1 Nr. 1 VwGO). Darunter fallen zur Sicherung von Einnahmen und zur Kostendeckung der öffentlichen Hand alle Einnahmen, auf die der Staat für seine Funktionsfähigkeit angewiesen ist und die er darum vorab in seinen Haushaltsplan eingestellt hat (sie müssen daher für ihn „planbar" sein). Erfasst werden davon (fast) alle Arten von Steuern und Abgaben, nicht aber einzelne Kos-

tenbescheide. Weiterhin sind die unaufschiebbaren Maßnahmen der Polizeivollzugsbeamten sofort vollziehbar (→ § 80 II 1 Nr. 2 VwGO), wozu aber wieder nicht die Kostenbescheide gehören. Daneben gibt es andere gesetzlich angeordnete Fälle (→ § 80 II 1 Nr. 3 VwGO; vgl. das Beispiel in Rn. 102). Schließlich besteht gemäß § 80 II 1 Nr. 4 VwGO auch die Möglichkeit der **behördlichen Anordnung der sofortigen Vollziehbarkeit** im Einzelfall. Der Erlass einer Anordnung der sofortigen Vollziehbarkeit durch die Ausgangs- oder die Widerspruchsbehörde ist (fast) jederzeit – also sofort beim Erlass des Verwaltungsaktes, aber auch noch später im Prozess – möglich (vgl. § 80b I 2 VwGO als Indiz).

Hierbei müssen folgende **formelle Voraussetzungen** gegeben sein:

- **Behördenzuständigkeit** für die Anordnung der sofortigen Vollziehbarkeit → § 80 II 1 Nr. 4 VwGO: Ausgangs- oder Widerspruchsbehörde,
- **Form** → schriftliche und hinreichende (nicht unbedingt inhaltlich richtige) Begründung des Sofortvollzuges nach § 80 III 1 VwGO,
- **Verfahren** → kein Anhörungserfordernis gemäß/analog § 28 I VwVfG, da es sich bei der Anordnung der sofortigen Vollziehbarkeit nicht um einen Verwaltungsakt handelt. Insoweit besteht ausweislich der im Gesetz aufgestellten formellen Anforderungen auch keine planwidrige Regelungslücke, so dass eine Analogie zu § 28 I VwVfG ebenfalls nicht in Betracht kommt.

Daneben kommt es in allen Fällen des § 80 II 1 VwGO in materiel- **106**
ler Hinsicht zu einer **Interessenabwägung**, bei der das öffentliche Interesse am Sofortvollzug größer sein muss als das Interesse des Adressaten an der Aussetzung des Vollzuges (→ Suspensivinteresse). Dabei ist der Ausnahmecharakter des Sofortvollzuges nach der Systematik des § 80 I, II 1 Nr. 4 VwGO zu bedenken, so dass Zweifel an der Rechtmäßigkeit der angegriffenen Verfügung in der Praxis gerade hier zu Lasten der Behörde gehen (→ zu dieser Prüfung auch Rn. 182 f.).

Anmerkung: *Bei einer Bejahung des öffentlichen Interesses am Sofortvollzug liegt die Anordnung der sofortigen Vollziehbarkeit trotzdem noch im Ermessen der Behörde, es sei denn, dieses ist auf Null reduziert. Besonderheiten können allerdings insoweit auftreten, wenn von deutschen Behörden Europäisches Unionsrecht vollzogen wird. Zur Gewährleistung der Effektivität des Unionsrechts ist dabei im Regelfall von der deutschen Behörde der Sofortvollzug nach § 80 II 1 Nr. 4 VwGO anzuordnen („effet-utile-Gedanke"; umstritten).*

c) Die Aussetzung der Vollziehung nach § 80 IV VwGO

Im Fall der sofortigen Vollziehbarkeit eines Verwaltungsaktes nach **107**
§ 80 II 1 VwGO kann die Behörde **auf Antrag des Betroffenen oder**

von Amts wegen die sofortige Vollziehung gemäß § 80 IV VwGO wieder aussetzen. Dazu nimmt die Behörde ähnlich wie das Gericht im Rahmen des § 80 V 1 VwGO (→ schon oben Rn. 106) eine Abwägung des öffentlichen Interesses am Sofortvollzug und des individuellen Interesses an der Aussetzung vor. Hierbei ist allerdings wie bei der gerichtlichen Prüfung (→ Rn. 106) zu bedenken, dass in § 80 II 1 Nr. 1–3 VwGO der Sofortvollzug auf einer **gesetzgeberischen Grundentscheidung** beruht, bei § 80 II 1 Nr. 4 VwGO hingegen auf eine **Behördenentscheidung im Einzelfall** zurückgeht. Im ersten Fall ist bei Zweifeln daher eher zu Gunsten des Sofortvollzuges, im zweiten eher zu Gunsten der Aussetzung der Vollziehung zu entscheiden. Im Übrigen sind Maßstab für die Abwägung:

- die **Erfolgsaussichten** eines gegen den Verwaltungsakt eingelegten **Widerspruches** bzw. einer **Anfechtungsklage** und damit im Hinblick auf § 113 I 1 VwGO als Maßstab hierfür letztlich die Wahrscheinlichkeit der Rechtswidrigkeit des angefochtenen Verwaltungsaktes,
- (bei unklaren Ergebnissen auch noch:) das **Ausmaß der Belastungen des Sofortvollzuges** für den Betroffenen.

In den Fällen des § 80 II 1 Nr. 1 VwGO ist der Antrag nach § 80 IV VwGO sogar regelmäßig (zur Ausnahme S. 2) **zwingend** vor der Anrufung des VG geboten (→ § 80 VI 1 VwGO); ansonsten ist er **fakultativ**.

Merke: Auch bezüglich eines Verwaltungsaktes mit Doppelwirkung, der den Adressaten begünstigt und einen anderen belastet (oder umgekehrt), kann die Behörde die **sofortige Vollziehbarkeit** gemäß § 80 II 1 Nr. 4 VwGO **anordnen** bzw. die sofortige Vollziehbarkeit nach § 80 IV VwGO **aussetzen** (→ Rn. 110 zu § 80a VwGO).

2. Die Abgrenzung der Varianten des § 80 V 1 von denen des § 80a VwGO

108 Fraglich ist in „eiligen Anfechtungssituationen" weiterhin, ob ein Antrag auf § 80 V 1 VwGO oder § 80a VwGO zu stützen ist. Eine Anwendung von § 80a VwGO ist statthaft bei **Verwaltungsakten mit Dritt- oder Doppelwirkung**, d. h., wenn durch denselben Verwaltungsakt ein Rechtsträger begünstigt und ein anderer belastet wird.

109 a) Ist eine **Doppel-** bzw. **Drittwirkung nicht** gegeben, bietet § 80 V 1 VwGO insgesamt vier Varianten:

- die erstmalige **Anordnung** der aufschiebenden Wirkung gemäß § 80 V 1 Fall 1 VwGO, wenn diese kraft Gesetzes von vornherein nach § 80 II 1 Nr. 1–3 VwGO entfallen (bzw. nie entstanden) ist;
- die **Wiederherstellung** der aufschiebenden Wirkung gemäß § 80 V 1 Fall 2 VwGO, wenn sie durch die behördliche Anordnung der soforti-

gen Vollziehbarkeit des Verwaltungsaktes nach § 80 II 1 Nr. 4 VwGO entfallen ist (aber im Unterschied zu oben für eine „logische Sekunde" bestand; deshalb geht der Antrag auf ihre *Wieder*herstellung);

- die **Vollziehungsaufhebung** bei der möglichen Rückgängigmachung eines bereits erfolgten Vollzuges nach § 80 V 3 VwGO;
- die **Feststellung**, dass ein Widerspruch oder eine Anfechtungsklage aufschiebende Wirkung haben, analog § 80 V 1 VwGO.

Anmerkung: *In dem zuletzt genannten Fall der Feststellung erfolgt ausnahmsweise keine Interessenabwägung (→ Rn. 106, 182 f.), sondern es wird nur geprüft, ob ein Fall des § 80 II 1 VwGO vorliegt oder die aufschiebende Wirkung der Hauptsacherechtsbehelfe besteht.*

b) Ist hingegen eine **Doppel-** bzw. **Drittwirkung des angefochtenen Verwaltungsaktes** zu bejahen, so ist weiter zu klären, nach welcher Variante des § 80a VwGO einstweiliger Rechtsschutz begehrt wird. § 80a I, II VwGO gelten dabei unmittelbar nur für Anträge bei der **Behörde**, finden aber über § 80a III VwGO auch für das Verfahren vor dem **Verwaltungsgericht** Anwendung. Sie enthalten drei Varianten: 110

- Nach **§ 80a I Nr. 1 VwGO** kann der Begünstigte die Anordnung der sofortigen Vollziehung eines an ihn gerichteten begünstigenden Verwaltungsaktes nach § 80 II 1 Nr. 4 VwGO (→ Rn. 105) beantragen, wenn ein (belasteter) Dritter ihn angefochten hat.
- Nach **§ 80a I Nr. 2 VwGO** kann der durch den Verwaltungsakt belastete Dritte die Aussetzung der sofortigen Vollziehung des den Adressaten begünstigenden Verwaltungsaktes beantragen (Fall 1) und einstweilige Maßnahmen zur Sicherung seiner Rechte begehren (Fall 2).
- Nach **§ 80a II VwGO** kann auf Antrag des begünstigten Dritten und nach Einlegen eines Rechtsbehelfes mit aufschiebender Wirkung durch den belasteten Adressaten die sofortige Vollziehung des Verwaltungsaktes mit Doppelwirkung nach § 80 II 1 Nr. 4 VwGO (→ Rn. 105) angeordnet werden.

Anmerkung: *Der Unterschied zwischen § 80a I Nr. 1 und II VwGO liegt darin,* ***wer Adressat des Verwaltungsaktes*** *ist: im ersten Fall der Begünstigte, im zweiten der Belastete (Ersteres ist auch bei § 80a I Nr. 2 VwGO der Fall; vgl. Grafik 8 in → Rn. 111).*

Zu beachten ist in der Klausur insbesondere der Fall, dass der Antragsteller gar nicht Adressat des von ihm angefochtenen, den Adressaten begünstigenden Verwaltungsaktes (beispielsweise: der Baugenehmigung), sondern bloß „Dritter" ist, der von der Verwaltungsentscheidung allenfalls mittelbar in eigenen Rechten berührt wird. Es geht dann in der Sache um die Konstellation des **§ 80a I Nr. 2 Fall 1 VwGO**. Wenn nicht (mehr) die Behörde, sondern nach §§ 80a III 2, 80 V 1 VwGO 111 das VG tätig werden soll, ist die Paragraphenkette für den Rechtsbehelf streitig, das Ergebnis jedoch nicht. Statthaft ist in dieser Konstellation ein **Antrag auf Anordnung bzw. Wiederherstellung der aufschiebenden Wirkung des Hauptsacherechtsbehelfes** nach § 80a III 1, I Nr. 2 Fall 1 bzw. nach §§ 80a III 2, 80 V 1 Fall 1 bzw. 2 VwGO (deren Prüfung ist identisch; möglich erscheint auch eine Verbindung beider „Normketten").

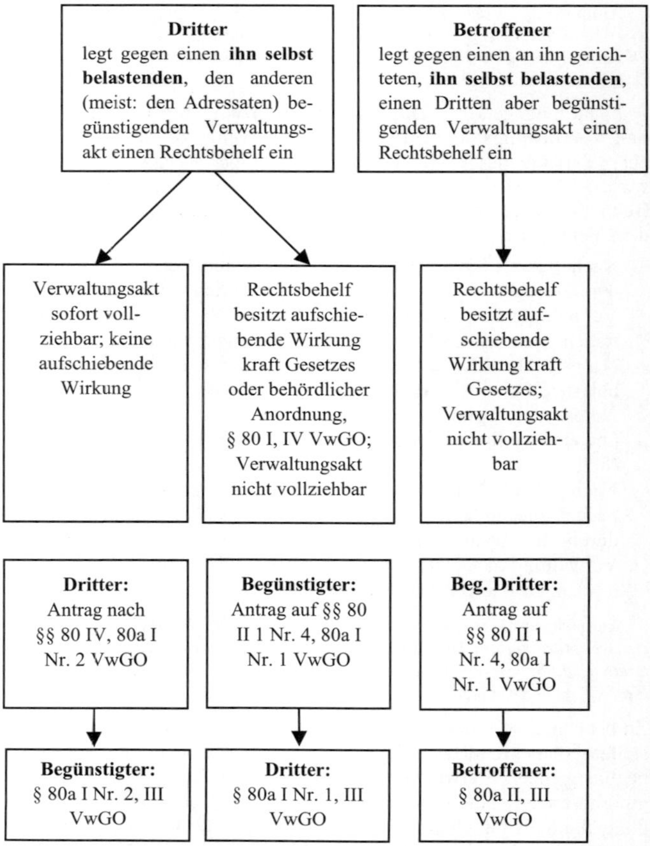

Grafik 8: *§ 80a I, II VwGO*

X. Eilrechtsschutz nach § 123 I VwGO

Im Rahmen des Eilrechtsschutzes kommt § 123 VwGO nur in Frage, wenn die spezielleren **§§ 80, 80a VwGO nicht einschlägig** sind (→ Rn. 101 ff.). Innerhalb des § 123 I VwGO ist zwischen der Regelungs- und der Sicherungsanordnung zu unterscheiden: 112

– Die **Sicherungsanordnung** nach § 123 I 1 VwGO kommt zur Anwendung, wenn der Antragsteller **Störungen** seines Rechtskreises **abwehren** will (→ Sicherung des status quo).
– Die **Regelungsanordnung** gemäß § 123 I 2 VwGO ist dagegen einschlägig, wenn der Antragsteller die (vorläufige) **Erweiterung seines Rechtskreises** begehrt.

XI. Unionsrechtlicher Einfluss auf §§ 80 V 1 und 123 I VwGO

Die Anwendung der Vorschriften der §§ 80 V 1, 123 I VwGO kann durch das vorrangige Unionsrechts beeinflusst werden. So mag insbesondere im Einzelfall eine unionsrechtskonforme Auslegung erforderlich sein (→ unionsrechtliche Grundsätze der Äquivalenz und der Effektivität). 112a

Besonders problematisch sind dabei Fälle, in denen ein nationales Gericht die aufschiebende Wirkung eines Verwaltungsaktes wegen Zweifeln an seiner unionsrechtlichen Ermächtigungsgrundlage wiederherstellen oder deswegen eine einstweilige Verfügung erlassen will. Die Entscheidung über die Ungültigkeit abgeleiteten Unionsrechts obliegt an sich allein dem EuGH und steht damit in Widerspruch zu Beschlüssen nach §§ 80 V 1, 123 I VwGO. Laut dem EuGH darf aber in folgenden Fällen trotzdem von der nationalen (Verwaltungs-)Gerichtsbarkeit in solchen Konstellationen Eilrechtschutz gewährt werden,
– wenn erhebliche Zweifel an der Gültigkeit der Handlung der Europäischen Union bestehen,
– wenn die Entscheidung dringlich ist, d. h., wenn dem Antragssteller schwerwiegende Nachteile drohen,
– wenn das Interesse der EU an der Vollziehung angemessen berücksichtigt wurde und
– wenn das nationale (Verwaltungs-)Gericht die bisherigen Entscheidungen des EuGH und des EuG zu dem jeweiligen Rechtsbereich beachtet.

XII. Eilrechtsschutz nach § 47 VI VwGO

Auch in Bezug auf das **Normenkontrollverfahren** vor dem OVG bzw. dem VGH kann auf Antrag eine einstweilige Anordnung ergehen, 113 wenn sie zur Abwehr schwerer Nachteile oder aus anderen dringenden Gründen geboten ist (→ Rn. 128 zur entsprechenden Antragsbefugnis).

Für die Frage, ob der Antrag nach § 47 VI VwGO schon **vor der Stellung des Antrages in der Hauptsache** zulässig ist, muss auf die Parallele zu § 123 I VwGO zurückgegriffen werden (→ Rn. 162a im Kontext des Rechtsschutzbedürfnisses), so dass eine einstweilige Anordnung bereits vor dem Normenkontrollantrag statthaft ist.

Zwar muss die Norm, auf die sich der Antrag bezieht, noch nicht in Kraft getreten, die Willensbildung des Gesetzgebers aber bereits abgeschlossen (= Normerlass) und ein Normenkontrollverfahren in der Hauptsache damit (→ Rn. 94) statthaft sein.

D. Klage- bzw. Antragsbefugnis

114 Um **„Popularklagen" auszuschließen**, setzt die VwGO grundsätzlich für (fast) alle Rechtsbehelfe eine Klage- bzw. Antragsbefugnis voraus. Dabei ist nach den einzelnen Rechtsbehelfen zu unterscheiden:

I. Anfechtungs-/Verpflichtungsklage, § 42 II VwGO

115 1. Ein **belastender Verwaltungsakt** verletzt den **Adressaten** mit Ausnahme eines nicht grundrechtsberechtigten Hoheitsträgers zumindest – wenn kein spezielleres Recht erkennbar ist – möglicherweise in seinem Grundrecht auf Allgemeine Handlungsfreiheit aus Art. 2 I GG (so genannte Adressatentheorie). Ein **Dritter** ist hingegen nur klage- bzw. antragsbefugt, wenn er durch den ihn belastenden Verwaltungsakt möglicherweise in einem gerade auch ihn betreffenden Recht verletzt ist. Dazu muss die Norm, deren Nichtbeachtung zur Rechtswidrigkeit des Verwaltungsaktes führt, drittschützend sein. Das ist regelmäßig bei so genannten Verwaltungsakten mit Doppel- oder Drittwirkung genau zu prüfen; die bloße Berufung des Dritten auf die Adressatentheorie genügt hingegen nicht. Vielmehr muss eben die Möglichkeit einer Verletzung in *eigenen* subjektiven Rechten dargelegt werden. Das subjektive öffentliche Recht unterscheidet sich vom objektiven Recht dadurch, dass nicht nur allgemeine Rechtspflichten aufgestellt, sondern dem Einzelnen auch entsprechende Ansprüche eingeräumt werden. Subjektive drittschützende Rechte gewährt eine Vorschrift daher nur dann, wenn sie **zumindest auch dem Schutz von Individualinteressen dienen soll** (→ „**Schutznormtheorie**").

Beispiele: Die bloße (**objektive**) Rechtswidrigkeit der Baugenehmigung genügt nicht zur Begründung der Klagebefugnis des Nachbarn. Grundsätzlich dient das öffentliche Baurecht dem Allgemeininteresse und nicht dem Einzelnen. Wird aber mit dem Erlass der Baugenehmigung gegen Festsetzungen im Bebauungsplan über die **Art** der baulichen Nutzung nach §§ 1 III, 2–10, 12–14 BauNVO verstoßen, so ist die Klagebefugnis des Dritten zu bejahen, da diese Normen zumindest auch dem Schutz des Nachbarn zu dienen bestimmt und somit drittschützend sind. Es bestehen insoweit nämlich ein so genannter **Gebietserhaltungsanspruch** und eine Art „Schicksalsgemeinschaft" (alle im Gebiet Ansässigen müssen sich daran halten, auch der Nachbar des Bauherrn, der das dann aber auch von diesem verlangen darf). Bezüglich der übrigen Festsetzungen des Bebauungsplanes fehlt es hingegen regelmäßig am Drittschutz. Dieser ist jedoch wiederum zu bejahen bei bauordnungsrechtlichen Vorschriften über die Abstandsflächen (sie dienen auch dem Schutz der Nachbargrundstücke vor Brandgefahren oder übermäßiger Verschattung etc.) und etwa bei den Vorgaben des § 45 StVO zu den Verkehrszeichen. Hingegen kommt Art. 14 GG insoweit nur subsidiär zur Anwendung, da in der Regel schon das (drittschützende) einfache Recht als Inhalts- und Schrankenbestimmung einen Grundrechtsverstoß verhindert (andernfalls würde über diesen Weg des Eigentumsgrundrechts als „Allzweckwaffe" das Erfordernis des Drittschutzes „eingeebnet").

2. Bei einem **Verpflichtungsbegehren** liegt die Klagebefugnis vor, wenn **möglicherweise** ein **Anspruch** auf den Erlass des begehrten Verwaltungsaktes besteht (bzw. – i. S. des § 113 V 1 VwGO – dessen Ablehnung rechtswidrig und dadurch rechtsverletzend war, was gleichbedeutend dann insgesamt einen solchen Anspruch voraussetzt). **116**

Beispiel: Dieser Anspruch kann sich als ein solcher auf ein behördliches Einschreiten etwa auch aus der polizeirechtlichen Generalklausel ergeben, sofern das dort regelmäßig bestehende Ermessen bezüglich des „Ob" des Einschreitens ausnahmsweise – etwa bei Gefahren für Individualrechtsgüter oder bei der Verletzung einer drittschützenden Norm (→ Rn. 115) – auf Null reduziert ist (→ Rn. 320; vgl. auch § 113 V 2 VwGO: „Spruchreife").

II. Fortsetzungsfeststellungsklage, §§ 42 II, 113 I 4 VwGO (analog)

Da es bei der Fortsetzungsfeststellungsklage um die Fortsetzung einer Anfechtungs- bzw. Verpflichtungsklage nach der Erledigung des Streitgegenstandes bzw. der Beschwer oder des Begehrens geht (→ Rn. 71), ist die **Klagebefugnis** i. S. des § 42 II VwGO bei einer Erledigung sowohl vor als auch nach der Klageerhebung **erforderlich**. **117**

Zusätzlich ist aber jeweils noch ein so genanntes **Fortsetzungsfeststellungsinteresse** gemäß bzw. – im Fall der Erledigung schon vor der Erhebung der Anfechtungs- bzw. Verpflichtungsklage (→ Rn. 71 f.) – analog § 113 I 4 VwGO zu fordern, das in folgenden Fallgruppen vorliegt: **118**

– **Rehabilitationsinteresse:** Erforderlich ist ein diskriminierender Charakter der angefochtenen Maßnahme bzw. der Nichtgewährung einer begehrten Vergünstigung. Relevant wird das insbesondere bei nachhaltigen oder diskriminierenden (Grund-)Rechtseingriffen etwa im Polizei- und Sicherheits- bzw. Gefahrenabwehrrecht.

– **Bedeutung für einen Schadensersatzprozess:** Der Kläger soll nicht um die „Früchte" des bereits vor den Verwaltungsgerichten begonnenen Prozesses gebracht werden. Diese Fallgruppe greift damit im Hinblick auf § 17 II 1 GVG und den darin zum Ausdruck kommenden Gedanken der Gleichwertigkeit aller Rechtswege und der Kenntnis des jeweiligen Gerichts von allen Rechtsnormen (→ „iura novit curia") nicht bei einer Erledigung bereits *vor* dem Beginn des verwaltungsgerichtlichen Prozesses. Es gibt keinen Anspruch auf den „sachnächsten Richter". Auch bei einer evidenten Aussichtslosigkeit des Schadensersatzprozesses etwa wegen *offensichtlicher* Verjährung des Anspruches oder *offensichtlich* fehlenden Verschuldens des Amtswalters liegt insoweit kein ausreichendes Fortsetzungsfeststellungsinteresse vor.
– **Wiederholungsgefahr:** Diese muss hinreichend konkret sein; die bloß theoretische Möglichkeit einer Wiederholung des Vorgefallenen genügt insoweit nicht.
– **Fälle typischer schneller Erledigung** gibt es insbesondere im Polizei- und Sicherheits- bzw. Gefahrenabwehrrecht. Sie erklären sich vor allem aus in der Norm selbst liegenden Gründen (etwa wegen der Heimlichkeit der Maßnahme), wenn sie eine für den Betroffenen regelmäßig erst nach ihrer Erledigung überhaupt erkennbare und damit auch erst dann gerichtlich angreifbare Telefonüberwachung, Observation, den Einsatz von verdeckten Ermittlern oder von Kennzeichenlesegeräten (sofern darin ein Verwaltungsakt gesehen wird) regeln.

Anmerkung: *Die letzte Fallgruppe ist allerdings tendenziell restriktiv zu verstehen. Sie greift nicht bei allen polizeilichen Maßnahmen, da gegen sie sonst immer ein nachgängiger fachgerichtlicher Rechtsschutz möglich wäre. Das BVerfG lässt bei neuen Ermächtigungsgrundlagen für derartige Maßnahmen allerdings regelmäßig auch direkte Rechtssatzverfassungsbeschwerden (noch ohne unmittelbare und gegenwärtige Betroffenheit bzw. Beschwer) gegen dieselben zu, so dass auch auf diesem Wege Rechtsschutz möglich ist. Der „fair-trial-Gedanke" rechtfertigt jedoch auch beide Ausnahmen.*

Zudem werden oft das Rehabilitationsinteresse bezüglich einer Diskriminierung und der ***schwer wiegende Grundrechtseingriff*** *als zwei getrennte Fallgruppen behandelt. Beiden wohnt aber der Gedanke der „Sühne" oder Wiedergutmachung inne (im letzteren Fall folgt er aus der Abwehrfunktion der Grundrechte, von denen auch die regelmäßig „zu rehabilitierende" Ehre erfasst wird; vgl. Art. 2 I i. V. mit Art. 1 I GG). Die Diskriminierung kommt allerdings als Grund für ein berechtigtes Fortsetzungsfeststellungsinteresse nur in Betracht,* *wenn sie in Gegenwart von Dritten erfolgt ist (zwei handelnde Polizeibeamte reichen dafür nicht).*

III. Allgemeine Leistungsklage, § 42 II VwGO analog

Nach h. M. findet bei der Leistungsklage **grundsätzlich** § 42 II VwGO analoge Anwendung. Einen **Sonderfall** stellen allerdings Beamte dar: Bei innerdienstlichen Weisungen (→ mangels Außenwirkung kein Verwaltungsakt; daher passt die Leistungsklage) wird wegen des kollidierenden Verfassungsgutes „Funktionsfähigkeit der Verwaltung“ der Schutzbereich des Art. 2 I GG reduziert: Hier bedarf es zur Bejahung der Klagebefugnis einer Diskriminierung oder einer Fürsorgepflichtverletzung, die etwa bei einer reinen Arbeitsanweisung fehlt. Die Anforderungen sind insoweit aber letztlich trotzdem eher gering. 119

Für eine vorbeugende Unterlassungsklage gegen den zukünftigen Erlass eines Verwaltungsaktes als Unterfall der Leistungsklage (→ Rn. 74) benötigt der Kläger hingegen ein **qualifiziertes Rechtsschutzbedürfnis**: Dieses liegt vor, wenn 120

– nachgängiger Rechtsschutz für den Betroffenen unzumutbar,
– der Erlass des Verwaltungsaktes bereits klar ist,
– ein Rechtsbehelf keinen Suspensiveffekt hat oder
– Die Begehung einer Ordnungswidrigkeit droht (dann ist es unzumutbar für den Bürger, sein Bußgeld erst im Nachhinein zurückzufordern).

IV. Allgemeine Feststellungsklage, §§ 42 II analog, 43 I VwGO

Grundsätzlich ist bei der **allgemeinen Feststellungsklage** ein (einfaches) Feststellungsinteresse nach § 43 I VwGO zu fordern. Hierfür reicht jedes anzuerkennende schutzwürdige Interesse rechtlicher, wirtschaftlicher oder ideeller Art aus (→ Rn. 79). 121

Bei einer **nachträglichen Feststellungsklage** bedarf es darüber hinaus eines qualifizierten Feststellungsinteresses, das ähnlich wie bei der Fortsetzungsfeststellungsklage (→ Rn. 118) zu bestimmen ist. 122

Bei einer **vorbeugenden Feststellungsklage** (→ Rn. 80) wird hingegen ein qualifiziertes Rechtsschutzbedürfnis verlangt. Demnach müssen mit dem Abwarten der Maßnahme, d. h. mit dem nachträglichen Rechtsschutz unter Berücksichtigung der Möglichkeiten des Eilrechtsschutzes Nachteile verbunden sein, die dem Kläger nicht zugemutet werden können. Diese Voraussetzung ist trotz § 47 I Nr. 2 VwGO in Verbindung mit dem jeweiligen Landesausführungsgesetz zur VwGO bei Klagen gegen den **Erlass künftiger untergesetzlicher Normen** erfüllt, da es gegen einen erst noch bevorstehenden Normer- 123 lass auch keine einstweilige Anordnung nach § 47 VI VwGO gibt (→ Rn. 113).

124 Umstritten ist, ob es im Rahmen der allgemeinen Feststellungsklage neben dem (teilweise besonderen – s. soeben Rn. 122 f.) Feststellungsinteresse auch noch des Vorliegens der Voraussetzungen einer **Klagebefugnis** analog § 42 II VwGO bedarf. Um „Popularfeststellungsklagen" zu vermeiden, spricht zumindest bei **Drittfeststellungsklagen** (→ Rn. 84) einiges dafür, eine Klagebefugnis analog § 42 II VwGO zu fordern. Schließlich knüpft die Rechtsschutzgarantie des Art. 19 IV GG auch nur an die Verletzung eigener Rechte an. Im Rahmen der **Nichtigkeitsfeststellungsklage** kann insoweit zudem auf die sachliche Nähe zur Anfechtungsklage verwiesen werden: Wird mit ihr ein Verwaltungsakt angegriffen, ist stets die Möglichkeit einer Verletzung in eigenen Rechten geltend zu machen. Ist eine derartige Möglichkeit bei der (unterstellten) Wirksamkeit des Verwaltungsaktes zu verneinen, so erscheint auch die Option der Feststellung seiner Nichtigkeit durch den Kläger als fraglich. **Gegen** die Anwendung des § 42 II VwGO überhaupt auf Feststellungsklagen lässt sich demgegenüber jedoch der Gesetzeswortlaut des § 43 I VwGO anführen, der für eine Feststellungsklage lediglich ein „berechtigtes Interesse" fordert, während sich § 42 II VwGO ausschließlich auf Gestaltungs- und (zumindest über seine analoge Anwendung auch) auf Leistungsklagen bezieht. Das Erfordernis einer Rechtsverletzung entspricht damit nicht dem Streitgegenstand der allgemeinen Feststellungsklage, den eben nur die Feststellung eines Rechtsverhältnisses bildet. Vor allem aber werden „Popularfeststellungsklagen" bereits durch das von § 43 I VwGO verlangte berechtigte Interesse vermieden; es fehlt mithin die für eine Analogie nötige planwidrige Regelungslücke.

Anmerkung: *Des Weiteren kann in diesem Kontext auch noch § 43 II VwGO geprüft werden, demzufolge die Feststellungsklage subsidiär ist (→ Rn. 85), was im Verhältnis zum Staat trotz der Möglichkeit einer vorbeugenden Unterlassungsklage nicht zwingend der Fall sein muss, da der Staat sich kraft seiner „Rechtstreuepflicht" aus Art. 20 III GG regelmäßig auch einem Feststellungsurteil beugen wird (→ Rn. 85 am Ende).*

V. Normenkontrollantrag: § 47 II 1 VwGO

125 **Natürliche und juristische Personen** sind beim Normenkontrollverfahren antragsbefugt, wenn sie durch die angegriffene Rechtsvorschrift, deren Anwendung oder Vollzug möglicherweise in ihren eigenen Rechten verletzt sind oder in absehbarer Zeit verletzt werden. Eine drohende Rechtsverletzung muss hierzu bei vorhersehbarem Entwicklungsverlauf in nächster Zeit zu erwarten sein. Der Maßstab entspricht

damit in etwa dem bei § 42 II VwGO (→ Rn. 115 f.). **Behörden** hingegen können nicht in eigenen Rechten verletzt werden, da sie lediglich für juristische Personen des Öffentlichen Rechts handeln und keine eigenen Rechte haben. Sie sind dementsprechend im Hinblick auf den von ihnen zu beachtenden Grundsatz der Gesetzmäßigkeit der Verwaltung (→ Rn. 272) schon antragsbefugt, wenn die angegriffene Rechtsvorschrift möglicherweise rechtswidrig und sie von der Behörde bei der Wahrnehmung ihrer Aufgaben zu beachten (nicht unbedingt zu vollziehen) ist.

VI. Eilrechtsschutz nach §§ 80 V 1, 80a VwGO, § 42 II VwGO analog

Wegen der **Akzessorietät** des einstweiligen Rechtsschutzes nach §§ 80 V 1, 80a VwGO zur Anfechtungsklage ist hier nur antragsbefugt, wer auch im Hauptsacheverfahren klagebefugt wäre. Deshalb ist bei § 80 V 1 und § 80a VwGO die Möglichkeit einer Verletzung des Antragstellers in eigenen Rechten analog § 42 II VwGO zu prüfen. 126

VII. Eilrechtsschutz nach § 123 I VwGO, § 42 II VwGO analog

Die im Eilrechtsschutz nach § 123 VwGO bezüglich einer „beschleunigten" Verpflichtungs- oder Leistungsklage wegen der auch insoweit bestehenden **Akzessorietät** zur Hauptsache zu fordernde Antragsbefugnis analog § 42 II VwGO setzt voraus, dass ein Anordnungsanspruch und ein Anordnungsgrund derart geltend gemacht werden können, dass ihr Vorliegen zumindest als möglich erscheint (zum Maßstab im Kontext der Begründetheit → Rn. 185 f.). 127

VIII. Eilrechtsschutz nach § 47 VI VwGO

Im Rahmen des besonderen Eilrechtsschutzes im Normenkontrollverfahren nach § 47 VI VwGO hat der Antragsteller geltend zu machen, dass die einstweilige Anordnung möglicherweise (in der Begründetheit ist dieser Anordnungsgrund dann vollumfänglich zu prüfen) **zur Abwehr schwerer Gefahren oder aus anderen wichtigen Gründen dringend geboten** ist. Diese Norm wird dabei sehr restriktiv interpretiert, so dass der Maßstab hier im Ergebnis schon ohne die (ebenfalls mögliche) zusätzliche Prüfung dieser Vorschrift strenger als bei § 47 II 1 (→ Rn. 125) bzw. als bei § 42 II VwGO (→ Rn. 115 f.) ist. 128

Anmerkung: *Bei allen Arten des Eilrechtsschutzes ist darauf zu achten, dass es sich **nicht** um eine **Klage, sondern immer** um einen **Antrag** handelt. Entsprechend ist vom Vorliegen der „Antrags-" und nicht einer (gegebenenfalls modifizierten) „Klagebefugnis" zu sprechen.*

E. Vorverfahren, §§ 68 ff. VwGO

129 Eine weitere grundsätzlich (zu Ausnahmen → Rn. 132 ff.) in jedem Hauptsacheverfahren einer Anfechtungs- oder Verpflichtungssituation zu beachtende Sachentscheidungsvoraussetzung ist die **ordnungsgemäße**, aber **erfolglose Durchführung eines Vorverfahrens** nach §§ 68 ff. VwGO.

Anmerkung: *Im Eilrechtsschutz ist das Vorverfahren hingegen (noch) keine Sachentscheidungsvoraussetzung. Hier spielt es allenfalls im Rahmen des allgemeinen Rechtsschutzbedürfnisses eine Rolle (→ Rn. 159). Das Vorverfahren liegt zwar zeitlich noch vor dem Prozess und gehört damit an sich zum Verwaltungsverfahren (vgl. deshalb auch § 79 VwVfG). Der Bundesgesetzgeber durfte in den §§ 68 ff. VwGO aber trotzdem – gestützt auf seine Kompetenz für die Regelung des Prozessrechts aus Art. 74 I Nr. 1 GG – wesentliche Aspekte regeln, da das Vorverfahren eben eine Sachentscheidungsvoraussetzung des nachfolgenden gerichtlichen Verfahrens bildet. Im Übrigen gilt insoweit zum „Lückenschluss" aber das VwVfG nach dessen § 79, der ansonsten auch die Regelungen zum Widerspruchsverfahren in der VwGO „legitimiert".*

I. Übersicht: Das Widerspruchsverfahren

130 Die **Erforderlichkeit des Vorverfahrens** hängt von den einzelnen Klagearten ab. Sodann ist auf seine **Zulässigkeits-** (oder Sachentscheidungs-)**voraussetzungen** einzugehen.

Prüfungsschema 2: Erfolgsaussichten eines Widerspruches

A. Zulässigkeit (Sachentscheidungsvoraussetzungen) des Widerspruches

- I. Eröffnung des Verwaltungsrechtsweges (mangels Spezialgesetzes analog § 40 I 1 VwGO)
- II. Statthaftigkeit des Widerspruches
- III. Widerspruchsbefugnis analog § 42 II VwGO
- IV. Beteiligtenfähigkeit, § 11 VwVfG
- V. Handlungsfähigkeit, § 12 VwVfG
- VI. Widerspruchsform und -frist, § 70 I VwGO

B. Begründetheit des Widerspruches

I. Anfechtungswiderspruch: Der angefochtene Verwaltungsakt ist rechts- oder zweckwidrig und der Widerspruchsführer dadurch in seinen Rechten verletzt (§ 68 I 1 i. V. mit § 113 I 1 VwGO analog).

II. Verpflichtungswiderspruch: Die Ablehnung des begehrten Verwaltungsaktes ist rechts- oder zweckwidrig und dadurch rechtsverletzend, bzw. der Widerspruchsführer hat Anspruch auf den begehrten Verwaltungsakt (§ 68 I 1 i. V. mit § 113 V 1 VwGO analog).

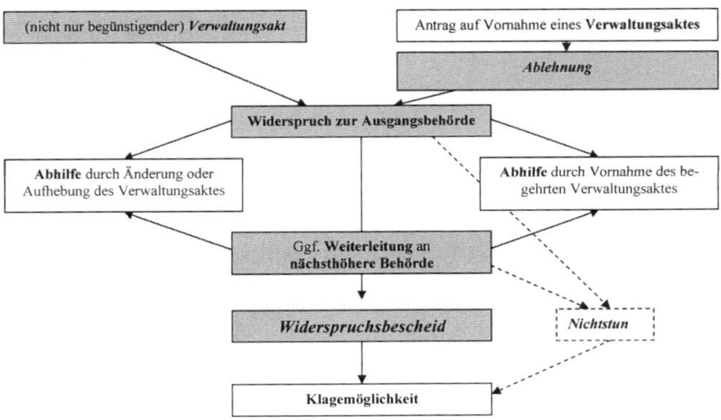

Grafik 9: *Das Widerspruchsverfahren*

II. Anfechtungs- und Verpflichtungsklage

1. **Erforderlichkeit.** Grundsätzlich muss nach § 68 I 1 VwGO vor der Erhebung einer Anfechtungsklage und über § 68 II VwGO auch vor einer Verpflichtungsklage ein Vorverfahren ordnungsgemäß und erfolglos durchgeführt worden sein. In den Fällen des § 68 I 2 VwGO besteht dieses Erfordernis allerdings nicht: **131**

a) Fall 1: Ein **Ausschluss kraft Bundesgesetzes** erfolgt etwa durch §§ 70, 74 I VwVfG, 11 AsylVfG, 15a IV 7 AufenthG oder 16 VII GenTG. Entsprechende **Landesgesetze** sind neben §§ 70, 74 I LVwVfG beispielsweise auch Art. 15 I, II BayAGVwGO, § 8a NdsAGVwGO, § 6 I AGVwGO NRW, § 15 BWAGVwGO, § 6 II HbgAGVwGO. **132**

Anmerkung: *In den Bundesländern mit einer entsprechenden landesrechtlichen Klausel zum Entfall des Vorverfahrens sollte bezüglich dieser Sachentscheidungsvoraussetzung trotzdem nicht komplett „auf Lücke" gelernt werden. Die Kenntnis des Widerspruchsverfahrens ist zum einen für das Systemverständnis hilfreich, und zum anderen bleiben dort auch Klausuren mit einer handelnden Bundesbehörde, bei der es dann grundsätzlich ein Vorverfahren gibt (zu Ausnahmen → Rn. 133, 137), möglich und gar nicht so selten.*

133 b) Fall 2 Nr. 1: Kein Vorverfahren gibt es ferner bei der Entscheidung einer **obersten Bundes-** oder **Landesbehörde**. Ausnahmen (also mit einem zwingenden Vorverfahren) hiervon sind jedoch wiederum etwa die § 54 II 2 (Ausnahmen nach S. 3 bleiben allerdings immer noch möglich) BeamtStG, § 55 PBefG.

Anmerkung: ***Hintergrund*** *dieser Ausnahmeregelung ist, dass ein Ministerium als oberste Behörde keiner weiteren verwaltungsinternen Kontrolle unterliegt (zur anderen Begründung beim Ministerium als möglicher Widerspruchsbehörde → Rn. 140).*

134 c) Fall 2 Nr. 2: In dieser Konstellation der **erstmaligen Beschwer durch den Widerspruchs- oder Abhilfebescheid** wurde ein Widerspruchsverfahren schon durchgeführt, oder es ist zumindest eine Abhilfeentscheidung ergangen, so dass ein (erneutes) Vorverfahren unterbleibt.

135 2. Die **Besonderheit des § 79 VwGO zum Klagegegenstand**: Der Regelfall ist § 79 I Nr. 1 VwGO, d. h., der **Ausgangsbescheid in der Gestalt des Widerspruchbescheides** bildet bei der Anfechtungsklage den alleinigen Gegenstand (bei der Verpflichtungsklage ist es der begehrte Verwaltungsakt und „inzident" auch dessen Ablehnung durch die Behörde → Rn. 45). Eine obligatorische Ausnahme dazu bildet § 79 I Nr. 2 VwGO, wonach **nur der erstmals belastende Widerspruchs- oder Abhilfebescheid** angefochten (und vom Gericht überprüft) wird. Eine fakultative Ausnahme enthält dagegen § 79 II 1 VwGO mit der gegenüber dem Ausgangsbescheid **zusätzlichen Beschwer durch den Widerspruchsbescheid**. In diesen Ausnahmefällen ist laut § 79 II 2 VwGO die formelle (§§ 71–73 VwGO) und die materielle Rechtmäßigkeit des Widerspruchsbescheides zu prüfen. Formelle Fehler sind dabei aber nur beachtlich, wenn sonst eine andere Sachentscheidung zu treffen wäre (ähnlich wie bei § 46 VwVfG → Rn. 300 ff.).

Anmerkung: *Die Abgrenzung von § 79 I Nr. 2 und II VwGO bereitet in der Praxis Schwierigkeiten, nachdem der zuvor explizit in Abs. 1 Nr. 2 genannte „Dritte" dort vor einigen Jahren vom Gesetzgeber ohne erkennbaren Sinn gestrichen worden ist. Trotzdem (oder gerade deshalb) tendieren viele immer noch dazu, § 79 I Nr. 2 VwGO nur auf Verwaltungsakte mit Drittwirkung anzuwenden.*

III. Fortsetzungsfeststellungsklage

Die Frage, ob ein **Widerspruchsverfahren** bei einer Anfechtungs- bzw. Verpflichtungsklage in Gestalt der Fortsetzungsfeststellungsklage **(noch) durchzuführen** ist, bedarf einer differenzierenden Antwort: 136

1. Erledigung vor Klageerhebung

a) **Erledigung innerhalb der Widerspruchsfrist**: Ein Vorverfahren nach § 68 VwGO ist hier nach h. M. **nicht erforderlich**, da ein Widerspruch mangels einer von der Verwaltung im Rahmen des Widerspruchsverfahrens selbst auf ihre Rechtmäßigkeit zu kontrollierenden (→ Normzweck) Regelung unstatthaft wäre, liegt doch kein angreifbarer Verwaltungsakt mehr vor; es wäre damit eine bloße (und sinnlose) „Förmelei", für die das Rechtsschutzbedürfnis fehlt. Außerdem käme einer dann nur möglichen Feststellung der Rechtswidrigkeit eines erledigten Verwaltungsaktes durch die Widerspruchsbehörde keine der Rechtskraft fähige Wirkung wie einem Urteil des Verwaltungsgerichts nach einer Fortsetzungsfeststellungsklage zu. 137

b) Bei einer **Erledigung nach dem Ablauf der Widerspruchsfrist** ist demgegenüber grundsätzlich ein Widerspruchsverfahren **erforderlich** (gewesen), da der Verwaltungsakt sonst trotz seiner mittlerweile eingetretenen Erledigung bestandskräftig geworden ist. Eine Ausnahme davon besteht allerdings (natürlich) dann, wenn das Vorverfahren gemäß den Vorschriften der AGVwGO der Länder ohnehin unstatthaft ist (→ Rn. 132). 138

2. Erledigung nach Klageerhebung

Bei einer Erledigung nach der Klageerhebung ist ein Widerspruchsverfahren **erforderlich**, da die Fortsetzungsfeststellungsklage nur die „normale" Anfechtungs- bzw. Verpflichtungsklage fortsetzt (→ Rn. 71), in deren Rahmen bereits die gängigen Sachentscheidungsvoraussetzungen und damit grundsätzlich (zu den Ausnahmen schon → Rn. 132 ff.) auch die des erfolglosen Vorverfahrens erfüllt sein müssen. Ist zum Zeitpunkt der Erledigung (nach der quasi „vorzeitigen" Klageerhebung) die Widerspruchsfrist noch nicht verstrichen, so soll nach einer durchaus überzeugenden Sichtweise auch dann die Fortsetzungsfeststellungsklage statthaft sein. In diesem Fall fehlen die Sachentscheidungsvoraussetzungen der ursprünglichen Anfechtungs-/ Verpflichtungsklage nämlich noch nicht endgültig. 139

IV. Zulässigkeits-/Sachentscheidungsvoraussetzungen und Besonderheiten des Widerspruches

1. Bindung der Aufsichtsbehörde bei der Entscheidung über den Widerspruch

		Rechtmäßigkeit	**Zweckmäßigkeit**
Ausgangsbehörde		eigene Entscheidung	eigene Entscheidung
Nächsthöhere Behörde	als **Fachaufsichtsbehörde**	eigene Entscheidung	eigene Entscheidung
	als **Rechtsaufsichtsbehörde**	eigene Entscheidung	an Entscheidung der Ausgangsbehörde gebunden

140 Die Aufsichtsbehörde darf im Rahmen des Vorverfahrens – außer bei einer reinen Rechtsaufsicht insbesondere in Selbstverwaltungsangelegenheiten der Gemeinden (→ Rn. 141) – in jeder Hinsicht eine **eigene Entscheidung** über den Widerspruch treffen und ist nicht an die (Ermessens-)Erwägungen der Ausgangsbehörde gebunden. Sie hat insoweit grundsätzlich ein vollumfängliches Selbsteintrittsrecht (vgl. z. B. Art. 3b BayVwVfG). Nach § 73 I 2 VwGO bestimmt sich die zuständige Behörde wie folgt: **Zuständig im Rahmen des Widerspruchverfahrens** ist zunächst die Ausgangsbehörde. Sodann wird bei fehlender Abhilfe durch sie nach § 73 I 2 Nr. 1 VwGO grundsätzlich die nächsthöhere Behörde mit dem Fall befasst (→ **Devolutiveffekt**). Zur Bestimmung der nächsthöheren Behörde ist auf das jeweilige Organisationsrecht unter Beachtung etwaigen Sonderrechts abzustellen, wobei es unerheblich ist, ob die Ausgangsbehörde im Grundfall zuständig war. **Ausnahmsweise** bleibt die Zuständigkeit der Ausgangsbehörde gemäß § 73 I 2 Nr. 2 VwGO aber auch für den Erlass des Widerspruchsbescheides bestehen, wenn es sich bei der nächsthöheren Behörde um eine oberste Bundes- oder Landesbehörde handelt. Davon können jedoch erneut abweichende Regelungen getroffen werden (vgl. § 185 II VwGO, ferner z. B. § 54 III 1 BeamtStG).

Anmerkung: *Hintergrund für die partielle Aufhebung des Devolutiveffektes ist, dass das Ministerium als oberste Behörde des Landes bzw. des Bundes regelmäßig nur grundsätzliche Entscheidungen und nicht solche in Einzelfällen wie in Bezug auf Widersprüche treffen soll.*

141 Eine weitere Besonderheit ergibt sich im Hinblick auf **Selbstverwaltungsangelegenheiten**, denn auch in diesen Fällen sind Ausgangs-

und Widerspruchsbehörde im Grundsatz identisch (§ 73 I 2 Nr. 3 VwGO), wenn Landesgesetze nichts anderes bestimmen.

2. Entscheidung über den Widerspruch nach dessen Verfristung

Die **Widerspruchsbehörde** darf auch noch **nach seiner Verfristung über einen Widerspruch entscheiden**, wenn kein bestandskräftiger begünstigender Verwaltungsakt betroffen ist, weil in diesem Fall der Vertrauensschutz zu Gunsten des Begünstigten zu berücksichtigen wäre (→ § 49 VwVfG; diese Frage ist allerdings insgesamt streitig). Nutzt die Behörde diese Möglichkeit, ist dem Vorverfahrenserfordernis trotz der Verfristung Genüge getan, und der Bürger kann den Klageweg gegen den Verwaltungsakt beschreiten. 142

3. Wahrung der Widerspruchsform und -frist

a) Nach § 70 I 1 VwGO ist der Widerspruch **schriftlich oder zur Niederschrift bei der Behörde** zu erheben. Dabei gilt **grundsätzlich** eine **Monatsfrist** ab der Bekanntgabe des Verwaltungsaktes. Bei **fehlender Bekanntgabe** läuft hingegen überhaupt keine Frist an. 143

Anmerkung: *Eine wirksame Bekanntgabe der Verwaltungsakte durch ihre Übermittlung* ***in elektronischer Form*** *setzt voraus, dass die Übermittlung elektronischer Dokumente nach den Vorgaben des § 3a VwVfG überhaupt zulässig war. Dazu muss nach § 3a I VwVfG ein* ***Zugang für die elektronische Kommunikation eröffnet*** *worden sein. Im Hinblick auf Privatpersonen ist es dabei jedenfalls derzeit noch nicht als ausreichend anzusehen, dass diese eine E-Mail-Adresse besitzen, auch wenn sie die E-Mail-Adresse gegenüber der Behörde etwa in einem Briefkopf angeben. Bei geschäftlichen Nutzern ist allerdings, wenn nichts Gegenteiliges geäußert wird, davon auszugehen, dass sie mit der Angabe ihrer geschäftlichen E-Mail-Adresse gegenüber einer Behörde oder im Rahmen ihres öffentlichen Internetauftrittes auch einen Zugang für eine elektronische Kommunikation im Rechtsverkehr zur Verfügung stellen wollen. Im Fall der elektronischen Übermittlung nach § 3a II 2 i. V. mit S. 1 VwVfG muss der so übermittelte Bescheid zudem mit einer* ***qualifizierten elektronischen Signatur*** *nach dem Signaturgesetz versehen worden sein.*

b) Bei einer **fehlenden oder fehlerhaften Rechtsbehelfsbelehrung** greift demgegenüber die **Jahresfrist** der §§ 70 II, 58 VwGO. 144

c) Daneben kommt im Einzelfall bei unverschuldeter Fristversäumnis auch ein Antrag auf **Wiedereinsetzung in den vorigen Stand** nach § 60 I–IV VwGO in Betracht. 145

d) Überdies (insbesondere bei Anhaltspunkten im Sachverhalt) ist schließlich auch noch eine **Verwirkung des Widerspruchsrechts analog § 242 BGB** (hinsichtlich Zeit und Umstand) zu prüfen. Im Nach- 146 barbaurecht, wo es regelmäßig an der Bekanntgabe etwa der Baugenehmigung an Dritte fehlt, orientiert sich die Bemessung dabei hinsichtlich des Merkmales „Zeit" wegen der dort bestehenden **„Schicksalsgemeinschaft"** mit gegenseitigen Rücksichtnahmepflichten (→ Rn. 115) an der Jahresfrist in § 58 II VwGO analog. Zum Teil wird sogar von der insoweit teilweise noch strengeren Rechtsprechung aus den genannten Gründen eine Bekanntmachung des Verwaltungsaktes mit einer Rechtsbehelfsbelehrung fingiert (bzw. die Berufung des Klägers auf ihr Fehlen als verwirkt angesehen). Diese Frist läuft in jedem Fall ab der zuverlässigen Kenntniserlangung vom Baubeginn, denn aus dem Charakter der Nachbarschaft als „Schicksalsgemeinschaft" ergibt sich auch noch die Obliegenheit des betroffenen Dritten, ab der Kenntnis binnen der jeweiligen Frist über das Einlegen von Rechtsbehelfen zu entscheiden.

147 e) Die **Fristberechnung** erfolgt bei förmlicher Zustellung nach § 57 II VwGO, LandesVwZG bzw. § 4 I VwZG, im Übrigen nach §§ 57 II VwGO, 222 I ZPO, 187 ff. BGB (oder – im Ergebnis gleichbedeutend – nach §§ 79, 31 VwVfG, 187 ff. BGB). Das die **Frist auslösende Ereignis** ist dabei, wie erwähnt, die **Bekanntgabe** des anzufechtenden Verwaltungsaktes. Auf die (vorrangige; vgl. § 41 V VwVfG) **Drei-Tages-Fiktion** des VwZG (z. B. in § 4 II 2 VwZG) ist insoweit allerdings nur abzustellen, wenn die förmliche Zustellung generell gesetzlich oder behördlich durch eine entsprechende (Einzelfall-)Entscheidung angeordnet ist (vgl. § 1 II VwZG; ein Beispiel für die gesetzlich angeordnete förmliche Zustellung ist die des Widerspruchsbescheids nach § 73 III 1 VwGO). Ansonsten ergibt sich eine ebensolche (Drei-Tages-)Fiktion, die sich bei einem tatsächlich späteren Zugang „verlängert" (aber umgekehrt nicht zu Lasten des Bürgers verkürzt), aus § 41 II VwVfG. Das fristauslösende Ereignis liegt damit grundsätzlich drei Tage nach der Aufgabe des Verwaltungsaktes zur Post, wobei dieses Datum laut § 187 I BGB nicht mitgezählt wird, der **Fristbeginn** also erst am Folgetag erfolgt.

148 Bei einer **Fristdauer** von einem Monat berechnet sich das **Fristende** auch ohne ausdrücklichen Verweis in § 70 I 1 VwGO gemäß §§ 57 II VwGO, 222 I ZPO, 187 I, 188 II BGB oder – wieder mit gleichem Ergebnis – nach §§ 31, 79 VwVfG, 187 I, 188 II BGB. Insoweit wird der Tag des Fristbeginnes zwar an sich (→ Rn. 147) nicht mitgerechnet. Nach § 188 II Fall 1 BGB endet die Frist aber dennoch an dem mit dem den Fristbeginn auslösenden Ereignis zahlengleichen bzw. entsprechenden Tag des Folgemonates um Mitternacht (bei einer Bekanntgabe am 31.01. also am 28. oder im Schaltjahr am 29.02., hingegen bei einer Bekanntgabe am 09.04. regulär am 09.05.).

149 **Ausnahmen** hiervon begründen allerdings die §§ 57 II VwGO, 222 II ZPO (der § 193 BGB verdrängt) oder § 31 III 1 VwVfG für den

Fall, dass das Fristende auf Samstage, Sonn- oder allgemeine Feiertage fällt. Dann endet die Frist mit Ablauf des folgenden Werktages. Beachtlich ist dabei immer die Rechtslage (und damit die Frage, ob es dort ein Feiertag ist) an dem Ort, wo der Rechtsbehelf einzulegen ist (also am Behörden- oder Gerichtssitz).

4. Ablauf des Widerspruchsverfahrens

Der **Ablauf des Widerspruchsverfahrens** weist gegenüber den „normalen" Verwaltungsverfahren zunächst wenige Abweichungen auf. Eine Besonderheit stellt nur das **Abhilfeverfahren** dar, bei dem die Ausgangsbehörde vor der Entscheidung der Widerspruchsbehörde (→ Rn. 140) die Gelegenheit erhält, dem Widerspruch durch ein „Nachgeben" abzuhelfen (→ § 72 VwGO; zur erstmaligen Beschwer durch den so genannten Abhilfebescheid → Rn. 135). Da das Widerspruchsverfahren noch zum Verwaltungsverfahren gehört, ist hier auch noch prinzipiell eine **Heilung von Form- und Verfahrensfehlern** nach § 45 VwVfG möglich. Umstritten ist allerdings zum einen, ob die bloße Einlegung des Widerspruches (mit der Möglichkeit seiner Begründung und damit der des Vortrages der eigenen Argumente) schon die Nachholung einer fehlenden Anhörung i. S. des § 45 I Nr. 3 VwVfG ist, und zum anderen, ob es ausreicht, wenn die Anhörung durch die Widerspruchsbehörde erfolgt. Bei gebundenen Verwaltungsakten (also ohne Ermessensspielraum) sind beide Fragen zu bejahen, bei **Ermessensverwaltungsakten** hingegen grundsätzlich nicht. Dort verlöre der Widerspruchsführer bei der Ausgangsbehörde eine „Ebene", auf der er sonst mit seinem Vortrag die Ermessensausübung beeinflussen können hätte. Eine Ausnahme (und damit die Heilungsmöglichkeit) besteht daher nur beim Entfallen des Vorverfahrens bzw. bei der Identität von Ausgangs- und Widerspruchsbehörde nach §§ 73 I 2 Nr. 2 und 3, 3 VwGO (→ Rn. 140 f.). 150

5. Reformatio in peius im Widerspruchsverfahren

Eine „Verböserung" ist im Widerspruchsverfahren nach h. M. grundsätzlich möglich. Zwar gibt es insoweit prinzipiell ebenfalls nach dem Rechtsgedanken der §§ 48, 49 VwVfG Vertrauensschutz für den Widerspruchsführer; er greift jedoch in der Regel dann nicht ein, wenn dieser nicht auf den Bestand des ursprünglichen Bescheides vertrauen darf, weil er selbst Widerspruch gegen ihn eingelegt hat. Zur **Begründung der Zulässigkeit** der reformatio in peius wird in der Literatur und Rechtsprechung teilweise auf §§ 68 I 2 Fall 2 Nr. 2, 71, 78 II, 79 I Nr. 2, II VwGO abgestellt, die von einer „zusätzlichen selbstständigen" 151 bzw. „erstmaligen Beschwer" sprechen. Außerdem diene das Widerspruchsverfahren der Selbstkontrolle der Verwaltung, so dass die Verböserung zwar nicht in der VwGO geregelt sei, ihre Zulässigkeit und ihre Voraussetzungen sich aber aus dem VwVfG ergäben. Dabei – so eine mögliche Sichtweise – liege die materiell-rechtliche Grundlage in den §§ 48, 49 VwVfG, die aber einen bereits bestandskräftigen Verwaltungsakt voraussetzen und auch nicht unbedingt anwendbar sind (→ Rn. 328 ff.). Nach h. M. ist die reformatio in peius dagegen im Widerspruchsverfahren immer unter zwei Voraussetzungen zulässig:

- Es muss formell ein **Selbsteintrittsrecht der Widerspruchsbehörde** bestehen (hier ist aber noch nicht ihre Zuständigkeit zu prüfen → dazu Rn. 140). Das ist immer dann der Fall, wenn es bezüglich der Ermessensausübung nicht um eine Selbstverwaltungsangelegenheit geht, weil in diesem Fall eine bloße Rechts- und keine Fachaufsicht durch die Widerspruchsbehörde gegeben wäre (→ Rn. 140).
- Es müssen zudem materiell **Gesichtspunkte des Vertrauensschutzes** nach §§ 48 ff. VwVfG berücksichtigt werden, die im Widerspruchsverfahren auch wegen §§ 68 ff. VwGO als leges speciales allerdings nicht direkt anwendbar sind (zur a. A. schon oben). Solche Gesichtspunkte des Vertrauensschutzes – beachtlich ist dabei etwa auch dessen Ausschluss selbst bei Rechtmäßigkeit des Verwaltungsaktes nach § 49 II Nr. 3 VwVfG – greifen in der vorliegenden Konstellation der Verböserung jedoch nicht zu Gunsten des Widerspruchsführers ein. Er hat vielmehr den insoweit allein für den Vertrauensschutz erheblichen ursprünglichen Leistungsbescheid (bei belastenden rechtswidrigen Verwaltungsakten gilt ohnehin nur § 48 I 1 VwVfG) durch seinen Widerspruch selbst zur Disposition gestellt (→ s. dazu bereits eingangs).

Anmerkungen: *Wurde nach dem Landesrecht das Widerspruchsverfahren weitgehend abgeschafft (so z. B. in Bayern und Nordrhein-Westfalen), so bedeutet das für die Zulässigkeit der reformatio in peius im Rahmen des verwaltungsbehördlichen Verfahrens (dann eben durch die Ausgangsbehörde, wenn diese etwa im Nachhinein erkennt, dass sie zunächst zu „milde" war) Folgendes: Bei* ***begünstigenden Verwaltungsakten*** *bleibt es nach ihrer Bestandskraft wie bisher bei den Grenzen der §§ 48, 49 VwVfG, selbst wenn zuvor erfolglos eine Verpflichtungsklage erhoben wurde. Es ist hier mithin durch den Wegfall des Vorverfahrens keine Erleichterung bezüglich der reformatio in peius eingetreten. Bei der Anfechtung* ***belastender Verwaltungsakte*** *ist eine Verböserung mangels schutzwürdigen Vertrauens (bei einem Selbsteintrittsrecht der Widerspruchsbehörde → Rn. 140) hingegen weiterhin immer möglich.*

Bei der ***Berufung*** *und der* ***Revision*** *wird eine reformatio in peius durch das explizite Verbot in §§ 129, 141 S. 1 VwGO ausgeschlossen.*

*Das **Europäische Unionsrecht** modifiziert zwar an manchen Stellen das deutsche Verwaltungsverfahrensrecht (→ Rn. 346); es bzw. seine gebotene Effektivität (→ "effet-utile"-Gedanke) zwingen den nationalen Richter aber nicht zum Verstoß gegen ein etwaiges nationales Verbot der Verböserung durch die Anwendung des Unionsrechts. Sonst würden nicht nur die Rechtssicherheit und der Vertrauensschutz, die auch Schutzgüter des Unionsrechts sind, beeinträchtigt, sondern überdies der Kläger dadurch „bestraft", dass er sich letztlich schlechter als ohne seine Klage stünde.*

F. Klage- bzw. Antragsfrist

Um dem rechtsstaatlichen Gebot der Rechtssicherheit und -klarheit 152
Genüge zu tun, werden Verwaltungsakte bestands- und gerichtliche Entscheidungen rechtskräftig. Das bedeutet, dass insoweit auch **Ausschlussfristen** für die Erhebung (zur zusätzlich fristgebundenen Begründung von Rechtsmitteln wie der Berufung → Rn. 197) von Rechtsbehelfen bestehen. Einmonatige **Klagefristen** bestehen für die Anfechtungs- (§ 74 I 1 VwGO bzw. bei Wegfall des Vorverfahrens [→ Rn. 132 ff.] § 74 I 2 VwGO) und ebenso für die Verpflichtungsklage (§ 74 II VwGO), mangels zu schützender Bestandskraft eines Verwaltungsaktes hingegen nicht für die Leistungs- und die Feststellungsklage (zum Sonderfall der Nichtigkeitsfeststellungsklage bei einem Verwaltungsakt → Rn. 82). **Antragsfristen** kennt die VwGO hingegen nur beim Normenkontrollantrag (§ 47 II 1 VwGO: ein Jahr).

Anmerkungen: *Zwischen den **Begriffen der „Klage-" und der „Antragsfrist"** ist genau zu differenzieren. Während Ersterer bei Gestaltungs- und Leistungsklagen verwendet wird, ist bei Normenkontrollanträgen (§ 47 VwGO) auf den Terminus der „Antragsfrist" zu rekurrieren. Gleiches gilt im Übrigen auch für die anderen Sachentscheidungsvoraussetzungen wie etwa die Klage- bzw. Antragsbefugnis (Letztere heißt dann auch im Rahmen des einstweiligen Rechtsschutzes so oben → Rn. 126 ff., insbesondere Rn. 128).*

*Für den **Eilrechtsschutz erster Instanz** gibt es demzufolge keine „Antragsfristen"; allerdings fehlt für einen Antrag nach § 80 V 1 VwGO nach dem Eintritt der Bestandskraft des Verwaltungsaktes mit dem Ablauf der einmonatigen Widerspruchs- bzw. Klagefrist das allgemeine Rechtsschutzbedürfnis (→ Rn. 159 ff.) Zu den Fristen der Beschwerde im Eil- bzw. der Berufung und Revision im Hauptsacheverfahren → Rn. 226, 196, 208.*

Die Klage- bzw. Antragsfrist **berechnet sich** wie beim Wider- 153
spruchsverfahren (→ Rn. 147 ff.). Sie beginnt bei der **Anfechtungs- bzw. Verpflichtungsklage** nach § 74 I 1 bzw. 2 und II VwGO am Folgetag nach der förmlichen Zustellung des Widerspruchsbescheides bzw. der formlosen oder im Einzelfall auch förmlichen Bekanntgabe des Verwaltungsaktes als fristauslösendem Ereignis zu laufen. Beim

Normenkontrollantrag ist nach § 47 II 1 VwGO demgegenüber insoweit auf die Bekanntgabe der angegriffenen Rechtsvorschrift abzustellen.

G. Klage-/Antragsgegner, Beteiligten- und Prozess- bzw. Handlungsfähigkeit, §§ 61 f. VwGO, 11 f. VwVfG

I. Beteiligten- und Prozessfähigkeit

154 Im **Verwaltungsprozess** ist an dieser Stelle zu prüfen, ob die Verfahrensbeteiligten i. S. des § 63 VwGO **beteiligten- und prozessfähig** nach §§ 61 f. VwGO sind, d. h., ob sie als solche selbst am Verfahren beteiligt sein (§ 61 VwGO) und wirksam Prozesshandlungen vornehmen können (§ 62 VwGO).

Anmerkung: *Ein etwaiger **Beigeladener** (§ 65 VwGO differenziert zwischen der **einfachen** [I] und der **notwendigen** [II] Beiladung) kann dabei entweder schon hier elegant mit „eingeflochten" oder, da die Beiladung (ähnlich wie die subjektive und objektive Klagehäufung → Rn. 164 ff.) keine klassische Sachentscheidungsvoraussetzung ist, als „zwischengeschalteter" Punkt danach und vor der Begründetheit in die Prüfung eingeführt werden. Dann muss dort aber gesondert noch – jedoch nur, wenn es problematisch ist, ausführlicher – die Beteiligten- und Prozessfähigkeit des Beigeladenen angesprochen werden.*

155 Bereits an dieser Stelle muss dabei das in § 78 I Nr. 1 VwGO (für die Anfechtungs- und Verpflichtungsklage direkt, für die anderen Klagearten nach dessen Rechtsgedanken; nur § 47 II 2 VwGO enthält insoweit eine entsprechende Sonderregel für das Normenkontrollverfahren) zum Ausdruck kommende **Rechtsträgerprinzip** im Rahmen der §§ 61 f. VwGO beachtet werden. Zur Beurteilung der Partei- und Prozessfähigkeit auf „staatlicher Seite" ist auf den Rechtsträger der jeweils handelnden Behörde zurückzugreifen. In Brandenburg besteht allerdings nach § 8 BrbgVwGG, im Saarland nach § 19 SaarlGVwGO, in Mecklenburg-Vorpommern nach § 14 II AGGerStrG M-V i. V. mit § 78 I Nr. 2 VwGO insoweit auch die Möglichkeit, unmittelbar die jeweilige Behörde zu verklagen (dann gelten diesbezüglich §§ 61 Nr. 3, 62 III VwGO i. V. mit LVwVfG → **„Behördenprinzip"**). In Niedersachsen (§ 8 NdsAGVwGO), Sachsen-Anhalt (§ 8 AGVwGO LSA) und in Schleswig-Holstein (§ 6 AGVwGO SH) ist diese Option nur bezüglich landesunmittelbarer Behörden gegeben.

Anmerkung: *Nach dem so genannten **bayerischen Aufbau**, der die Frage des richtigen Klage- bzw. Antragsgegners bzw. der **Passivlegitimation** traditionell erst eingangs der Begründetheit des Rechtsbehelfes prüft, bedeutet das, dass an dieser Stelle die Beteiligten- und Prozessfähigkeit des formell als „Be-*

klagten" (usw.) Bezeichneten zu prüfen ist. In der Begründetheit wird dann untersucht, ob dieser auch tatsächlich (materiell) passivlegitimiert ist. Fehler sind in diesem Kontext regelmäßig allenfalls als „Falle" bei den „janusköpfigen" Behörden wie dem bayerischen Landratsamt bzw. dem Landrat und der dortigen Regierung mit verschiedenen Rechtsträgern zu erwarten.

Beispiel: Die C-GmbH als Verkäuferin ficht die vom Gemeinderat (der Gemeindevertretung usw.) ausgesprochene Ausübung des Vorkaufsrechts nach §§ 24 I Nr. 6, 28 II 1 BauGB an. Die C-GmbH ist dabei als Klägerin nach §§ 61 Nr. 1 Fall 2 VwGO, 13 I GmbHG beteiligten- und (nur) bei Vertretung durch ihren Geschäftsführer als gesetzliches Organ nach §§ 62 III VwGO, 35 I 1 GmbHG auch prozessfähig. „Auf der anderen Seite" steht als Rechtsträger des handelnden Gemeinderates (usw.) die jeweilige Gemeinde als Gebietskörperschaft, die nach § 61 Nr. 1 Fall 2 VwGO i. V. mit der jeweiligen Gemeindeordnungsregelung zu ihrer Rechtspersönlichkeit beteiligten- und nach § 62 III VwGO (nur) bei Vertretung durch ihren gesetzlichen Vertreter (nach der jeweiligen Gemeindeordnung ist das regelmäßig der Bürgermeister) auch prozessfähig ist. In den Bundesländern, die eine Regelung i. S. des § 78 I Nr. 2 VwGO getroffen haben, ist der „Gemeinderat" dagegen direkt zu verklagen (§ 61 Nr. 3 VwGO), der dann regelmäßig durch seinen Vorsitzenden vertreten wird.

Ist das jeweilige **Bundesland** als Rechtsträger „seiner" (oft: Auf- **156**
sichts-)Behörden am verwaltungsgerichtlichen Verfahren beteiligt, regelt häufig eine landesrechtliche (Spezial-)Vorschrift, wer dann für seine Vertretung zuständig ist.

Beispiel: In Bayern bestimmt etwa die auf Art. 16 BayAGVwGO gestützte Verordnung über die Landesanwaltschaft Bayern (LABV), wer im Einzelfall den Freistaat vertritt. Vor den Verwaltungsgerichten ist das regelmäßig noch die Ausgangsbehörde (§ 3 I 1 Nr. 1, II 1 LABV); erst in den weiteren Instanzen wird die so genannte Landesanwaltschaft tätig (§ 3 III 1 LABV). Umstritten ist dabei allerdings, ob es sich bei Art. 16 AGVwGO um eine in der ureigenen Landesgesetzgebungskompetenz liegende Regelung handelt oder sie die „Öffnungsklausel" des § 36 I 2 VwGO für abweichende Vertretungsregeln im verwaltungsgerichtlichen Verfahren nutzt.

II. Beteiligten- und Handlungsfähigkeit

Im **Widerspruchsverfahren** (wie schon im gesamten vorangehen- **157**
den Verwaltungsverfahren) sind die **Beteiligten- und die Handlungsfähigkeit** hingegen anhand der §§ 11, 12 VwVfG zu prüfen. Sie sind über § 79 VwVfG anwendbar, während §§ 61, 62 VwGO hier noch nicht greifen, da im Verwaltungsverfahren noch auf gar keinen Fall das so genannte Rechtsträger- (§ 78 I Nr. 1 VwGO), sondern aus Vereinfachungsgründen – die handelnde Behörde ist am „sachnächsten" – immer das „Behördenprinzip" (→ Rn. 155) gilt. Im Übrigen ergeben sich bei §§ 11 f. VwVfG aber wenig Unterschiede zu §§ 61 f. VwGO.

H. Allgemeines und besonderes Rechtsschutzbedürfnis

I. Allgemeines Rechtsschutzbedürfnis

158 Zunächst gilt generell und für **alle Rechtsbehelfe**, dass das **allgemeine Rechtsschutzbedürfnis** fehlt, wenn das Begehren des Klägers (usw.) anderweitig leichter und mit gleichem Erfolg zu erreichen oder der eingelegte Rechtsbehelf für ihn völlig sinnlos ist.

Anmerkung: *Insoweit kann auch erst an dieser Stelle das Problem der* ***Konkurrentenklage*** *diskutiert werden, bei der zu entscheiden ist, ob neben der Verpflichtung auf die eigene Begünstigung auch die Anfechtung der Begünstigung des Konkurrenten klageweise geltend gemacht werden muss (→ Rn. 68 ff.).*

II. Das allgemeine Rechtsschutzbedürfnis in den Fällen der §§ 80 V 1, 80a und 123 I VwGO

159 1. Ein Eilantrag nach **§ 80 V 1 VwGO** setzt nach einer häufig geäußerten Ansicht grundsätzlich voraus, dass zuvor schon der **Hauptsacherechtsbehelf eingelegt** wurde; sonst fehle dafür das Rechtsschutzbedürfnis. Das betrifft insbesondere die Fälle, in denen vor der Einlegung des gerichtlichen Hauptsachrechtsbehelfes noch ein **Widerspruchsverfahren** nach § 68 I 1 VwGO (→ Rn. 140 ff.) durchzuführen ist. Für diese Sichtweise spricht, dass im Verfahren nach § 80 V 1 VwGO das Verwaltungsgericht die aufschiebende Wirkung des Widerspruches anordnen bzw. wiederherstellen soll, was ohne dessen Einlegung schon begrifflich nicht möglich erscheint. Dem steht aber der Einwand gegenüber, dass die Einlegung des Widerspruches (im Extremfall nur dieses eine Wort) als eine bloße und sinnlose „Förmelei" anmutet. Die Einlegung eines Hauptsacherechtsbehelfes in Fällen der reinen **Anfechtungsklage**, also bei Unstatthaftigkeit des Vorverfahrens (→ Rn. 132 ff.), kann dagegen auf Grund der klaren Formulierung des § 80 V 2 VwGO offenbar nicht gefordert werden. Allerdings stammt diese Vorschrift aus der Zeit, als das Widerspruchsverfahren noch die Regel war und die *zusätzliche* Erhebung der Anfechtungsklage nicht gefordert werden sollte, so dass eine teleologische Reduktion durchaus möglich erscheint, wenngleich der Gesetzgeber die Vorschrift bei der „Öffnung" von § 68 I 1 VwGO durch dessen S. 2 anscheinend bewusst nicht verändert hat. Im Ergebnis sind daher sowohl bezüglich des Widerspruches als auch bezüglich der Anfechtungsklage beide Positionen begründbar.

160 2. Nach h. M. fehlt für einen Eilantrag nach § 80 V 1 (und auch § 80a) VwGO überdies das allgemeine Rechtsschutzbedürfnis, wenn es dem schon eingelegten (bzw. wegen § 80 V 2 VwGO noch einzulegenden → Rn. 159) **Hauptsacherechtsbehelf offensichtlich** an einer seiner **Sachentscheidungsvoraussetzungen fehlt**. Das lässt sich damit begründen, dass ein solcher Hauptsacherechtsbehelf schon seinem Wesen nach keine aufschiebende Wirkung gemäß § 80 I VwGO (mehr) entfalten kann, so dass es einem Eilantrag auf deren Anordnung bzw. Wiederherstellung jedenfalls am Rechtsschutzbedürfnis mangelt. Am deutlichsten wird das am Beispiel des offensichtlich (also nicht nur „knapp", denn das müsste im Einzelnen vom Gericht geprüft werden) **verfristeten** Widerspruches bzw. der offensichtlich verfristeten Anfechtungsklage. Es ist gerade auch im Hinblick auf den rechtsstaatlichen Sinn des Rechtsklarheit und -sicherheit schaffenden Institutes der Bestandskraft, die dann eingetreten ist, nicht begründbar, warum hier ein Rechtsbehelf noch aufschiebende Wirkung entfalten sollte. Der Schutz im Eilverfahren kann letztlich nicht weiter gehen als im Hauptsacheverfahren, das bei einer Verfristung keinen Erfolg (mehr) hätte.

Anmerkung: *Die wichtigste in diesem Kontext zu prüfende Sachentscheidungsvoraussetzung des Hauptsacherechtsbehelfes ist damit seine fristgerechte Einlegung (→ **Klagefrist**, Rn. 152, 147 ff.), zumal die anderen Sachentscheidungsvoraussetzungen der Anfechtungsklage unter anderem „Namen", aber mit gleichem Inhalt bereits im Rahmen des Antrages nach § 80 V 1 VwGO angesprochen und untersucht wurden. Bei einem derartigen Prüfungsaufbau ist es daher dann auch gerechtfertigt, bei der späteren Interessenabwägung am Maßstab der „Erfolgsaussichten in der Hauptsache" (→ Rn. 183) hinsichtlich der Sachentscheidungsvoraussetzungen der Anfechtungsklage nach oben auf die des Eilantrages und auf die Prüfung der Klagefrist im Kontext von dessen Rechtsschutzbedürfnis zu verweisen, wodurch sich Zeit sparen (und eine „doppelte" Prüfung vermeiden) lässt.*

Positiv formuliert heißt das, der **Hauptsacherechtsbehelf** darf nicht **161**
nur wegen offensichtlich fehlender Sachentscheidungsvoraussetzungen, sondern muss **auf Grund eines der Fälle des § 80 II 1 Nr. 1–4 VwGO keine aufschiebende Wirkung** haben, damit das allgemeine Rechtsschutzbedürfnis für den Eilantrag vorliegt. Der jeweils einschlägige Fall des § 80 II 1 VwGO sollte dabei dann zumindest hier kurz genannt werden.

3. Bei einem Eilantrag nach **§ 80 V 1 VwGO** wird in § 80 VI 1 (mit **162**
einer Ausnahme in S. 2) VwGO durch den Verweis auf § 80 II 1 Nr. 1 VwGO insoweit zwar ein enger Ausnahmefall benannt. Insbesondere für einen Eilantrag nach **§ 80a VwGO** ist im Rahmen des allgemeinen Rechtschutzbedürfnisses jedoch noch zu klären, ob es wegen des Verweises in § 80a III 2 VwGO auf § 80 VI und damit (mittelbar) auf § 80 IV VwGO immer eines **vorherigen Antrages auf Aussetzung der Vollziehung bei der Behörde** bedarf. Dann dürfte erst danach das Verwaltungsgericht mit dem Eilantrag befasst werden. Die Frage ist

mit Hilfe einer Normauslegung (→ Rn. 4) zu klären. **Gegen** diese Anforderung spricht neben der Entstehungsgeschichte wie schon bei § 80 V 1 VwGO vor allem, dass § 80 VI VwGO als eng auszulegende Ausnahmevorschrift explizit nur für Fälle des § 80 II 1 Nr. 1 VwGO gilt. Nichts streitet jedoch dafür, dass (und warum) in Fällen der Doppelwirkung des Verwaltungsaktes daran etwas geändert werden sollte, weshalb es sich bei dieser Vorschrift um eine Rechtsgrund- und nicht um eine bloße Rechtsfolgenverweisung handelt. **Für** die gegenteilige Sichtweise ließe sich allenfalls anführen, dass diese Norm ein „Redaktionsversehen" des Gesetzgebers darstellt. Wenig überzeugend kann man insoweit auch noch darauf verweisen, der Gesetzgeber habe auf kräftige Vorwürfe ihm gegenüber nicht reagiert, und eine Rechtsgrundverweisung hätte einen bloß minimalen Anwendungsbereich der Norm zur Folge; Sinnloses regele der Gesetzgeber aber nicht.

162a Bei **§ 123 I VwGO** stellen sich zunächst dieselben Fragen. Allerdings hat der Gesetzgeber für die Sicherungsanordnung in § 123 I 1 VwGO bestimmt, dass sie „auch schon vor Klageerhebung" möglich ist. Dieser Befund kann auf Grund ihrer Vergleichbarkeit auf die Regelungsanordnung nach § 123 I 2 VwGO übertragen werden. Ein vorheriger Antrag an die Behörde ist hingegen im Regelfall (außer in Fällen ganz besonderer Eile oder bei einem erkennbaren Beharren der Behörde auf ihrer Position) schon vor dem Eilantrag als potenziell einfacherer Weg zu verlangen. In „Verpflichtungskonstellationen" fehlt im Übrigen auch das Rechtsschutzbedürfnis für einen Eilantrag nach § 123 I VwGO, wenn die Hauptsache offensichtlich verfristet ist.

III. Besonderes Rechtsschutzbedürfnis

163 Als eine Sonderform des allgemeinen Rechtsschutzbedürfnisses oder eben auch als **„besonderes Rechtschutzbedürfnis"** kann das für die **Fortsetzungsfeststellungsklage** erforderliche besondere Feststellungsinteresse gemäß bzw. analog § 113 I 4 VwGO angesehen werden (→ Rn. 118). Gleiches gilt für das besondere Rechtsschutzbedürfnis bei der **vorbeugenden Feststellungsklage** (→ Rn. 80 f.).

I. Subjektive und objektive Klage- bzw. Antragshäufung

164 Bei zwei oder mehr Klageanträgen (Klagegegenständen) gegen denselben Beklagten, die in sachlichem Zusammenhang stehen und für die das gleiche Gericht zuständig ist, handelt es sich um eine zulässige **objektive Klagehäufung** gemäß § 44 VwGO.

Bei zwei oder mehr Klägern in einem Verfahren – also bei einem einheitlichen Klagegegenstand, etwa einem Verwaltungsakt an mehrere Adressaten – handelt es sich um eine **subjektive Klagehäufung**, deren Zulässigkeit sich nach § 64 VwGO i. V. mit §§ 59 ff. ZPO (→ Streitgenossenschaft) beurteilt. Die subjektive Klagehäufung umfasst – streng genommen – zumindest bei der Anfechtungsklage wegen der an zwei (oder mehr) Personen gerichteten Regelungen mehrere Verwaltungsakte und damit immer zugleich auch eine objektive Klagehäufung nach § 44 VwGO, deren gesetzliche **Voraussetzungen** – gleicher Beklagter, gleicher rechtlicher Zusammenhang, sprich: Streitgegenstand, und identische Gerichtszuständigkeit – jeweils ebenfalls vorliegen müssen (und das in einer Klausur auch zumeist tun). 165

Da es sich bei der objektiven und der subjektiven Klagehäufung bei genauer Betrachtung weder um eine echte Sachentscheidungsvoraussetzung noch um eine Frage der Begründetheit handelt, ist dieser Punkt am besten getrennt **zwischen diesen beiden Prüfungsebenen** (als „B.") abzuhandeln. Zumindest die objektive Klagehäufung kann aber wegen ihrer sachlichen Nähe dazu auch schon bei der statthaften Klageart im Rahmen der Sachentscheidungsvoraussetzungen „verortet" werden, die subjektive gegebenenfalls bei der Beteiligten- und Prozessfähigkeit. Denkbar ist schließlich aber auch eine Prüfung am Ende der Sachentscheidungsvoraussetzungen. 166

Im einstweiligen Rechtsschutz und bei § 47 VwGO mit ihren Anträgen spricht man von entsprechenden **Antragshäufungen**. 167

Anmerkung: *Es gibt demgegenüber* ***keine „Beklagtenhäufung"****, da insoweit, abhängig vom „Sitz" der unterschiedlichen Beklagten, regelmäßig verschiedene Gerichte zuständig sind (vgl. etwa § 52 Nr. 2–5 VwGO → Rn. 41), so dass eine Zusammenfassung solcher Klagen zur Veränderung der Gerichtszuständigkeit führen würde, was bei der objektiven und subjektiven Klage- bzw. Antragshäufung wegen ihrer auch darauf bezogenen (→ Rn. 164 f.) Voraussetzungen gerade nicht der Fall ist.*

§ 5. Begründetheitsprüfung erstinstanzlicher Verfahren

An dieser Stelle sollen zum Einstieg in die jeweilige Begründetheitsprüfung primär nur die **Obersätze** sowie die **Besonderheiten der einzelnen Verfahrensarten** im Überblick aufgeführt werden. Die eigentlichen materiell-rechtlichen Fragen werden sodann im 2. Teil im jeweils passenden Zusammenhang erläutert. 168

A. Vorab: Entscheidungserheblicher Zeitpunkt im Prozess

Je nach Klageart sind im Verwaltungsprozess für die **Beurteilung der Sach- und Rechtslage** unterschiedliche Zeitpunkte maßgeblich, so dass eine (spätere) Veränderung noch Berücksichtigung findet oder nicht. 169

- Bei der **Anfechtungsklage** kommt es regelmäßig auf die Sach- und Rechtslage bei der letzten Behördenentscheidung, also beim **Erlass** des **Ausgangs- oder** – bei dessen Erforderlichkeit (→ Rn. 131 ff.) – des **Widerspruchsbescheides**, an, da zu diesem Zeitpunkt ein Ge- oder Verbot aufgestellt wird, dessen Rechtmäßigkeit überprüft wird. 170

Anmerkung: *Sehr gut merken lässt sich dieser Grundsatz mit der „Rückausnahme zu seiner Ausnahme" in § 35 GewO. Die Gewerbeuntersagung nach dieser Vorschrift ist ein Dauerverwaltungsakt, da dessen Regelung (das Verbot, ein Gewerbe auszuüben) dauerhaft gilt, weshalb es in diesen Fällen – ebenso wie bei noch nicht vollzogenen Ge- und Verboten – an sich* ***ausnahmsweise*** *auf den* ***Zeitpunkt der letzten mündlichen Verhandlung vor Gericht*** *ankommt. Allerdings enthält § 35 VI GewO ein besonderes Verfahren für die Wiedergestattung der Gewerbeausübung, wenn nach dem Verbotserlass die das Verbot tragende Unzuverlässigkeit des Gewerbetreibenden wieder entfallen ist (→ spätere Änderung von Tatsachen). Daher bleibt es in dieser speziellen Konstellation letztlich doch bei der obigen Grundregel für Anfechtungsklagen, und der* ***Erlasszeitpunkt*** *des Verbotsbescheides ist maßgeblich. Umstritten ist allerdings die Rechtslage bei einer Änderung zu Lasten des Adressaten.*

- Bei der **Verpflichtungsklage**, die auf das Begehren des Klägers, dass ein (ihn begünstigender) Verwaltungsakt erlassen wird, gerichtet ist, kommt es hingegen grundsätzlich auf **die letzte mündliche Verhandlung im Prozess** an, da zu diesem Zeitpunkt der Urteils- 171 findung der Anspruch bestehen muss. **Ausnahmsweise** kann jedoch auch schon auf die **letzte behördliche Entscheidung** abgestellt werden. Das ist etwa der Fall bei der Entscheidung über schon erfolgte Handlungen (wie z. B. bei einer bereits abgelegten Prüfung), bei Geldleistungen für einen vergangenen Zeitraum und überhaupt bei Ermessensverwaltungsakten.

172 – Gleiches gilt auch für die **Leistungs-** und die **allgemeine Feststellungsklage** (→ Rn. 73 ff., 77 ff.) mit ihren auf eine Leistung bzw. gerichtliche Feststellung gerichteten Begehren.

173 – Die **Fortsetzungsfeststellungs-** und die **Nichtigkeitsfeststellungsklage** (→ Rn. 71 f., 82) sind hingegen Sonderfälle der Anfechtungsklage bzw. ähneln ihr zumindest und sind daher insoweit auch wie sie zu behandeln.

174 – Schließlich ist auch bei der **Normenkontrolle** nach § 47 VwGO die aktuelle Sach- und Rechtslage maßgeblich, so dass es auf sie im Zeitpunkt der **letzten mündlichen Verhandlung im Prozess** ankommt.

B. Anfechtungs- bzw. Verpflichtungsklage

175 Die **Anfechtungsklage** ist nach § 113 I 1 VwGO begründet, wenn und soweit der angefochtene Verwaltungsakt rechtswidrig ist und den Kläger dadurch in seinen Rechten verletzt.

Anmerkung: *In Bayern ist zusätzlich im Rahmen der so genannten Passivlegitimation (bei allen, also auch allen nachfolgenden Klagen und Eilanträgen) vorab zu prüfen, ob der Beklagte materiell der richtige ist (→ Rn. 155 f.). Zur weiteren Prüfung der Rechtmäßigkeit des Verwaltungsaktes → Rn. 270 ff.*

176 Die **Verpflichtungsklage** ist gemäß § 113 V 1 VwGO begründet, wenn die Ablehnung oder Unterlassung des vom Kläger begehrten Verwaltungsaktes rechtswidrig ist, ihn dadurch in seinen Rechten verletzt und die Sache spruchreif ist. Das ist, positiv gewendet, der Fall, wenn der Kläger einen Anspruch auf den begehrten Verwaltungsakt hat (→ **Vornahmeklage**). Im Übrigen ist die Klage (mangels so genannter Spruchreife jedenfalls als **Bescheidungsklage**) begründet, wenn der Kläger einen Anspruch auf seine erneute Verbescheidung hat (→ § 113 V 2 VwGO).

Anmerkung: *Die Begriffe werden in diesem Kontext uneinheitlich verwendet. Die h. M. unterscheidet aber in Anknüpfung an die Formulierung des § 42 I Fall 2 VwGO als Unterformen der Verpflichtungsklage weiter die* ***Versagungsgegenklage*** *(→ Verpflichtung auf Erlass eines zuvor per Bescheid abgelehnten Verwaltungsaktes) und die* ***Untätigkeitsklage*** *(→ Verpflichtung zu einer unter-*

lassenen Verwaltungsaktserteilung), für welche die Sondervorschrift des § 75 VwGO gilt. Sie erklärt in dieser Konstellation das Vorverfahren und die Klagefrist für entbehrlich, stellt dafür jedoch eine eigene (Dreimonats-)Frist auf. Ferner wird hinsichtlich des ***Klageantrages*** *der Verpflichtungsklage noch gemäß § 113 V VwGO zwischen dem* ***Vornahmeurteil*** *(→ § 113 V 1 VwGO; auf den abgelehnten bzw. unterlassenen Verwaltungsakt besteht ein Anspruch) und dem* ***Bescheidungsurteil*** *(→ § 113 V 2 VwGO; hinsichtlich des abgelehnten bzw. unterlassenen Verwaltungsaktes besteht ein Ermessen der Verwaltung) differenziert.*

Einen solchen Neubescheidungsanspruch hat der Kläger, wenn die Ablehnung des begehrten Verwaltungsaktes (nur) ermessensfehlerhaft ist und den Kläger dadurch in seinen Rechten verletzt.

Anmerkung: *Der oben zuerst genannte Obersatz bei der Versagungsgegenklage bezieht sich auf den Wortlaut des § 113 V 1 VwGO und stellt den so genannten* ***Rechtswidrigkeitsaufbau*** *dar, bei dem an sich – konsequenterweise – die komplette Rechtmäßigkeit des Versagungsbescheides zu prüfen ist (→ es geht um die inzidente Anfechtung der Ablehnung; Rn. 45). Verkürzt, aber im Ergebnis nicht anders, greift der* ***„Anspruchsaufbau"*** *direkt auf die allein für das Obsiegen des Klägers entscheidende Voraussetzung zu, den materiellen Anspruch auf Erlass des begehrten Verwaltungsaktes. Das gilt umso mehr, als eine formell rechtswidrige Ablehnung dem Kläger noch keinen einklagbaren Anspruch auf den begehrten Verwaltungsakt gibt, und seine Klage demgemäß auch nicht begründet ist (umgekehrt hindert eine formell rechtmäßige Ablehnung nicht den „Gewinn" der Klage; dieser Punkt ist mithin nicht entscheidungserheblich, so dass bei der Prüfung letztlich auch ganz auf ihn verzichtet werden kann). Zur weiteren Prüfung der Rechtmäßigkeit der Ablehnung des Verwaltungsaktes → Rn. 270 ff.*

C. Fortsetzungsfeststellungsklage

Die Fortsetzungsfeststellungsklage in Form der **Anfechtungsklage** 177
ist bei ihrer Erledigung nach der Klageerhebung gemäß, sonst analog § 113 I 4 VwGO begründet, wenn der angefochtene (nun erledigte) Verwaltungsakt rechtswidrig war und den Kläger dadurch in seinen Rechten verletzt hat. In Gestalt der **Verpflichtungsklage** ist sie bei einer Erledigung nach der Klageerhebung analog, sonst in doppelter Analogie zu § 113 I 4 (→ Rn. 71) i. V. mit V VwGO begründet, wenn die Ablehnung oder Unterlassung des vom Kläger begehrten Verwaltungsaktes rechtswidrig war und ihn dadurch in seinen Rechten verletzt hat (und gegebenenfalls die Sache spruchreif war). Das ist der Fall, wenn der Kläger den Erlass des begehrten Verwaltungsaktes beanspruchen konnte.

Anmerkung: *Theoretisch ist neben dieser Konstellation einer erledigten Versagungsgegenklage auch die einer erledigten bloßen Bescheidungsklage denkbar (→ Problem des Fortsetzungsfeststellungsinteresses; Rn. 118); dann ist entsprechend Rn. 176 zu formulieren.*

D. Leistungsklage

178 Die Leistungsklage ist begründet, wenn dem Kläger der geltend gemachte **Anspruch** auf das begehrte behördliche Handeln (in Form eines Realaktes) **tatsächlich zusteht**.

Anmerkung: *Beim Spezialfall der Unterlassungsklage ist darauf abzustellen, ob dem Kläger der geltend gemachte Unterlassungsanspruch tatsächlich zusteht (zu dessen „Bezugspunkt" → Rn. 73 ff.).*

E. Feststellungsklage

179 Die **allgemeine Feststellungsklage** ist begründet, wenn – je nach Klageantrag – das vom Kläger geltend gemachte Rechtsverhältnis tatsächlich besteht oder nicht besteht.

180 Die **Nichtigkeitsfeststellungsklage** ist begründet, wenn der angegriffene Verwaltungsakt tatsächlich nichtig ist.

F. Normenkontrollantrag

181 Der Normenkontrollantrag ist nach § 47 V 2 VwGO begründet, wenn die angegriffene **Rechtsvorschrift tatsächlich rechtswidrig** und deswegen für **unwirksam zu erklären** ist.

Anmerkungen: *Wegen des Vorhandenseins eines Antragsgegners (→ Rn. 154 ff.) ist das Normenkontrollverfahren nach § 47 VwGO im Unterschied zur abstrakten und konkreten Normenkontrolle vor dem BVerfG nach Art. 93 I Nr. 2 bzw. 100 I GG ein* ***kontradiktorisches****, zugleich aber eben* ***auch*** *ein* ***objektives Verfahren****. Es führt nämlich bei der Begründetheit des Antrages zu einer „Vernichtung" der angefochtenen Norm mit Wirkung „erga" bzw. „inter omnes" (gegen bzw. für alle). Deshalb ist in der Begründetheit die* ***Rechtsverletzung*** *des Antragstellers* ***nicht*** *mehr zu prüfen. Bei den Sachentscheidungsvoraussetzungen wird demgegenüber insoweit immerhin die entsprechende Möglichkeit einer Rechtsverletzung verlangt (→ Rn. 125), um Popularanträge auszuschließen.*

Die obige Einschränkung des Halbsatzes, dass die Norm ***„deswegen" für unwirksam zu erklären*** *sein muss, zielt auf Vorschriften wie §§ 214, 215 BauGB ab, wonach etwa die Rechtswidrigkeit eines Bebauungsplanes nicht* *immer zu seiner Unwirksamkeit führt, sondern unter bestimmten Voraussetzungen geheilt werden bzw. unbeachtlich sein kann (→ ähnlich §§ 45, 46 VwVfG beim Verwaltungsakt; dazu Rn. 292 ff.).*

G. Eilrechtsschutz nach §§ 80 V 1, 80a VwGO

Der Antrag nach § 80 V 1 bzw. § 80a VwGO ist begründet, wenn bei ihrem Vorhandensein die **Anordnung der sofortigen Vollziehbarkeit formell rechtswidrig** (→ Rn. 105) ist oder eine Interessenabwägung ergibt, dass das **Suspensivinteresse des Antragstellers das öffentliche Sofortvollzugsinteresse überwiegt**. 182

Anmerkung: *Streitig ist insoweit allerdings, welche* ***Rechtsfolge*** *die* ***formelle Rechtswidrigkeit einer Sofortvollzugsanordnung*** *hat. Überdies ist unklar, ob sich der Antragsteller als Dritter überhaupt darauf berufen kann. In der Praxis setzt das VG das Verfahren im „Zweipersonenverhältnis" bei formeller Rechtswidrigkeit der Sofortvollzugsanordnung lediglich aus und gibt der Behörde Gelegenheit zu einem formgerechten Ersatz der Sofortvollzugsanordnung. Ein Dritter kann sich mangels eines ihn schützenden Charakters des § 80 II 1 Nr. 4, III VwGO hingegen nicht auf einen entsprechenden Fehler berufen. Ebenso wenig führt ein materieller Verstoß gegen eine nicht drittschützende Norm zu Erfolgsaussichten in der Hauptsache für ihn (dazu sogleich;→ es geht um eine Drittanfechtungssituation; Rn. 115) und damit auch nicht zu einer Interessenabwägung zu seinen Gunsten. Insgesamt sollte die Frage nach den Folgen einer formellen Rechtswidrigkeit der Sofortvollzugsanordnung aber – um unnötige Ausführungen zu vermeiden – überhaupt nur diskutiert werden, wenn es auf sie ankommt; sonst sollte man sich die für ihre Beantwortung nötige Zeit sparen.*

Die nunmehr anzustellende **Interessenabwägung** orientiert sich im Rahmen einer „summarischen Prüfung" – das bedeutet: nur nach dem Akteninhalt, also ohne Beweiserhebung etc. – an den Erfolgsaussichten in der Hauptsache. Nur bei einem danach noch offenen Ausgang des Hauptsacheverfahrens werden die Folgen der Entscheidung mit in die Betrachtung einbezogen. Im studentischen Gutachten müssen die Erfolgsaussichten in der Hauptsache allerdings regelmäßig umfassend geprüft werden; eine „freie" Abwägung verbietet sich. Zu fragen ist mithin nach dem **Maßstab des § 113 I 1 VwGO**, ob der vom Antragsteller in der Hauptsache angefochtene Verwaltungsakt rechtswidrig ist und ihn deswegen in seinen Rechten verletzt. 183

Anmerkung: *Zu den allenfalls kurz zu erwähnenden Sachentscheidungsvoraussetzungen des Hauptsacherechtsbehelfes → Rn. 19 ff. Im Rahmen des Eilantrages nach § 80a VwGO ist bei § 113 I 1 VwGO sogar nur zu prüfen, ob eine den Antragsteller als Dritten schützende Norm verletzt wurde (→ Rn. 126, 115).*

H. Eilrechtsschutz nach § 123 I VwGO

184 Der Eilrechtsschutzantrag ist nach §§ 123 III VwGO, 920 II, 294 ZPO begründet, wenn der Antragsteller einen **Anordnungsgrund** und einen **Anordnungsanspruch** für die begehrte einstweilige Regelung **glaubhaft** (→ dazu die genannten ZPO-Normen) **gemacht** hat.

185 Die **Glaubhaftmachung des Anordnungsanspruches** bedeutet dabei, dass der Antragsteller die für die Begründung des Anspruches nötigen und von ihm behaupteten Tatsachen substanziiert vorträgt und derart belegt, dass das Gericht von einer **überwiegenden Wahrscheinlichkeit** ausgeht (sie müssen mithin nicht wie im Hauptsacheverfahren bewiesen werden; in der Klausurbearbeitung macht das jedoch regelmäßig keinen Unterschied). Bei der Prüfung des Anordnungsanspruches ist damit im Wesentlichen in der Sache auf die **Erfolgsaussichten des Hauptsacheverfahrens** in der Begründetheit abzustellen, die an dieser Stelle inzident zu prüfen sind.

186 Die **Glaubhaftmachung des Anordnungsgrundes** meint die Darlegung einer **besonderen Eilbedürftigkeit**. Der Antragsteller muss mithin erläutern, dass ihm ein Abwarten der Entscheidung im Hauptsacheverfahren nicht zuzumuten ist, weil einer der in § 123 I 1 VwGO (für die Sicherungsanordnung) bzw. § 123 I 2 VwGO (für die Regelungsanordnung → Rn. 112) genannten Fälle vorliegt.

I. Eilrechtsschutz nach § 47 VI VwGO

187 Der Antrag auf Eilrechtsschutz nach § 47 VI VwGO ist begründet, wenn die einstweilige Anordnung **tatsächlich zur Abwehr schwerer Nachteile oder aus anderen wichtigen Gründen dringend geboten** ist. Für die Feststellung der „Gebotenheit" ist eine Interessenabwägung vorzunehmen. Dabei kommt es im Unterschied zu § 80 V 1 (und § 123 I) VwGO regelmäßig nicht auf die Erfolgsaussichten in der Hauptsache (→ Rn. 183, 185) an. Die einstweilige Anordnung nach § 47 VI VwGO wird nämlich schon nach dem Normwortlaut nur im Ausnahmefall erlassen, wirkt dabei aber trotzdem für alle (wenn das ausnahmsweise nicht der Fall ist, bleibt es beim Maßstab wie für § 80 V 1 VwGO). Zu vergleichen ist daher vielmehr ähnlich wie im Regelfall bei der einstweiligen Anordnung im bundesverfassungsgerichtlichen Verfahren nach § 32 BVerfGG – einerseits – die Situation bei tatsächlicher Rechtswidrigkeit der Norm und dem Unterbleiben der einstweiligen Anordnung mit – andererseits – der Lage, die sich ergäbe, wenn die einstweilige Anordnung erlassen und im Nachhinein festgestellt würde, dass die Norm rechtmäßig und gültig war, die Anordnung also

nicht hätte ergehen dürfen. Zu fragen ist damit letztlich, **welche Fehlentscheidung die gravierenderen Folgen hätte**. Ob daneben bzw. ergänzend auch noch der summarischen Prüfung der Erfolgsaussichten im Hauptsacheverfahren Bedeutung für die Interessenabwägung zukommt, ist umstritten, letztlich aber meistens nicht entscheidungserheblich.

J. Widerspruch

Der Einstieg in den Obersatz erfolgt beim **Anfechtungswiderspruch** analog § 113 I 1 VwGO bzw. beim **Verpflichtungswiderspruch** (→ jeweils Rn. 130 ff.) analog § 113 V VwGO. Auf Grund der weiteren Fassung des § 68 I 1 VwGO bedarf es jedoch noch der Ergänzung, dass der Widerspruch begründet ist, wenn der angefochtene Verwaltungsakt bzw. die Versagung des begehrten Verwaltungsaktes rechtswidrig oder **unzweckmäßig** ist und den Widerspruchsführer dadurch in seinen Rechten verletzt. 188

Anmerkung: *Im Klausurgutachten spielt die Zweckmäßigkeit der Entscheidung, mithin die Prüfung – durch die Widerspruchsbehörde –, ob die Ausgangsbehörde ihr Ermessen sachgerecht (→ „zweckmäßig") ausgeübt hat, keine Rolle. Im Obersatz sollte der Prüfungspunkt jedoch der Vollständigkeit halber zumindest Erwähnung finden. Zur weiteren Prüfung der Rechtmäßigkeit des Verwaltungsaktes (bzw. seiner Ablehnung) → Rn. 270 ff.*

§ 6. Sachentscheidungsvoraussetzungen von Rechtsmitteln

A. Berufung

Prüfungsschema 3: Berufung 189

I. Statthaftigkeit der Berufung

1. Berufungsfähige Entscheidung
2. Zulassung der Berufung

II. Berufungsberechtigung

III. Beschwer des Rechtsmittelführers

IV. Ordnungsmäßigkeit der Berufung

1. Einlegungsfrist
2. Postulationsfähigkeit
3. Berufungsbegründungsfrist
4. Form

V. Beteiligten- und Prozessfähigkeit

VI. Kein Ausschluss der Berufung

Anmerkung: *Wegen §§ 83 S. 1, 173 S. 1 VwGO, 17a V GVG sind der **Verwaltungsrechtsweg** und die **Gerichtszuständigkeit** hier nicht zu prüfen.*

I. Statthaftigkeit der Berufung

1. Berufungsfähige Entscheidung

Nach § 124 I VwGO ist die Berufung unter anderem „gegen Endurteile“ statthaft, außerdem gegen Zwischenurteile nach §§ 109, 111 VwGO und Teilurteile nach § 110 VwGO. **Nicht** erfasst werden von § 124 I VwGO damit nur **Beschlüsse** (→ gegen sie ist regelmäßig die Beschwerde nach §§ 146 ff. VwGO statthaft; Rn. 221 ff.) und **Verfügungen** (→ sie sind regelmäßig unanfechtbar). 190

2. Zulassung der Berufung

191 Eine Berufung muss vor ihrer Einlegung vom VG oder vom OVG/VGH zugelassen werden (§ 124 I VwGO). Die Zulassungsgründe finden sich in § 124 II VwGO. Wenn das VG die Berufung bereits selbst für das OVG/den VGH bindend (→ § 124a I 2 VwGO) zugelassen hat, ist die Zulassung nur noch als Unterpunkt der Statthaftigkeit und nicht mehr als eigener Gliederungspunkt zu prüfen.

192 Bei Vorliegen der Voraussetzungen von § 124 II Nr. 3 und 4 VwGO **muss** das VG nach § 124a I 1 VwGO die Berufung zulassen; bei den Nr. 1, 2 und 5 **kann** es das schon vom Inhalt dieser Gründe her nicht tun. In keinem Fall darf es jedoch die Nichtzulassung aussprechen (vgl. § 124a I 3 VwGO; also bleibt ihm nur die Zulassung oder das „Schweigen"). Lässt das VG die Berufung nicht zu, muss das OVG/der VGH auf Antrag des Betroffenen selbst über die Zulassung entscheiden (vgl. § 124a IV, V VwGO).

Anmerkung: *In dieser Konstellation ist nicht die Berufung selbst, sondern ein* ***Antrag auf Zulassung der Berufung*** *zu prüfen. Folglich müssen dann an dieser Stelle die Zulassungsgründe gemäß § 124 II VwGO und das weitere Verfahren gemäß § 124a IV, V VwGO angesprochen werden.*

II. Berufungsberechtigung

193 Nach § 124 I VwGO steht die Berufung nur **„den Beteiligten"** zu. Diese sind in § 63 VwGO definiert. Zu ihnen gehören insbesondere die Prozessbeteiligten des vorinstanzlichen Verfahrens, also Kläger, Beklagter und Beigeladener (→ Rn. 154 ff.).

III. Beschwer des Rechtsmittelführers

194 Beschwert sein muss der **Berufungskläger** – diese Bezeichnung orientiert sich daran, wer die Berufung einlegt, nicht an der „Stellung" in der Vorinstanz. Demjenigen, der in der Vorinstanz ein für sich günstiges Urteil erreicht hat, fehlt die notwendige Beschwer. Bei Kläger und Beklagtem des Ausgangsverfahrens ist dabei nach h. M. allerdings lediglich eine **formelle Beschwer** erforderlich. Das bedeutet, ihrem jeweiligen Antrag darf in der Vorinstanz nicht vollumfänglich entsprochen worden sein. Legt dagegen der Beigeladene das Rechtsmittel (hier die Berufung) ein, so muss er eine **materielle Beschwer** aufweisen, also durch die Entscheidung möglicherweise in seinen Interessen oder Rechten verletzt sein.

IV. Ordnungsmäßigkeit der Berufung

Es gelten hier die Vorgaben des **§ 124a II, III VwGO** zu den Fristen für die Einlegung und die Begründung der Berufung, zum bestimmten Antrag und zum „Adressaten" der einzelnen Schritte. 195

Anmerkung: *Wie bei der Revision (→ Rn. 202 ff.) und der Beschwerde (→ Rn. 221 ff.) ist auch hier zwischen der Einlegung und der Begründung des Rechtsmittels der Berufung zu trennen.*

1. Die **Einlegungsfrist** beträgt nach § 124a II 1 VwGO einen Monat ab der Zustellung des vollständigen Urteiles (samt der Entscheidungsgründe). „**Einlegungsort**" ist dabei das VG. 196

Anmerkung: *Die Einlegung beim VG dient dem Zweck, dass dieses weiß, dass sein Urteil nicht in Rechtskraft erwächst (und vollstreckt werden kann), und es nach der Einlegung die gesamten Akten des Vorprozesses zusammen mit der Berufung dem OVG/VGH zuleitet. Bei der getrennt davon nachgereichten Begründung besteht dieses Erfordernis nicht mehr, so dass sie direkt beim Berufungsgericht einzulegen ist (→ Rn. 197).*

2. Die (verlängerbare; vgl. § 124a III 3 VwGO) **Berufungsbegründungsfrist** beträgt laut § 124a III 1 VwGO zwei Monate ab der Zustellung des vollständigen Urteiles (samt der Entscheidungsgründe). „**Einlegungsort**" ist hier – je nach dem Zeitpunkt der Begründung – das VG oder das OVG/der VGH (→ § 124a III 2 VwGO; siehe oben). 197

3. Zur nötigen **Form** bei der Einlegung und der Begründung → § 124a II 2 und III 4 VwGO. 198

Anmerkung: *Bei fehlender Zulassung der Berufung durch das VG (sondern erst durch das OVG/den VGH) gelten insoweit die besonderen Vorgaben in § 124a V 5, VI VwGO (→ Rn. 192).*

4. Für die Einlegung und die Begründung ist der Rechtsmittelführer nach § 67 IV 1, 2 VwGO nur mit einem Rechtsanwalt **postulationsfähig**, d. h. fähig, in eigener Person vor einem Gericht rechtswirksame Handlungen vorzunehmen. Der Staat wird insoweit allerdings durch § 67 IV 4 VwGO privilegiert. 199

V. Beteiligten- und Prozessfähigkeit

Die Verfahrensbeteiligten müssen (wie schon vor dem VG) die persönlichen Sachentscheidungsvoraussetzungen der **Beteiligten- und Prozessfähigkeit** gemäß §§ 61, 62 VwGO (→ Rn. 154) erfüllen. 200

VI. Kein Ausschluss der Berufung

201 Es darf keinen **Ausschluss der Berufung**, etwa durch Verzicht, Zurücknahme oder Verwirkung – Letztere kommt allerdings nur selten vor – geben. Dieser Punkt ist damit letztlich eine Frage des (allgemeinen) **Rechtsschutzbedürfnisses**.

B. Revision

202 **Prüfungsschema 4: Revision**

I. Statthaftigkeit der Revision
1. Revisionsfähige Entscheidung
2. Zulassung der Revision

II. Revisionsberechtigung

III. Beschwer des Rechtsmittelführers

IV. Ordnungsmäßigkeit der Revision
1. Einlegungsfrist
2. Revisionsbegründungsfrist
3. Form
4. Postulationsfähigkeit

V. Beteiligten- und Prozessfähigkeit

VI. Kein Ausschluss der Revision

Anmerkung: *Wegen §§ 83 S. 1, 173 S. 1 VwGO, 17a V GVG sind der **Verwaltungsrechtsweg** und die **Gerichtszuständigkeit** auch hier nicht zu prüfen.*

I. Statthaftigkeit der Revision

Hier sind zwei Aspekte zu untersuchen (ähnlich wie bei der Berufung → Rn. 190 f.):

1. Revisionsfähige Entscheidung

203 Nach § 132 I VwGO ist die Revision statthaft gegen **Urteile des OVG/VGH**, wobei unerheblich ist, ob dieses Gericht erstinstanzlich oder in der Berufungsinstanz entschieden hat. Im Gegensatz dazu können **Urteile des VG** nur Gegenstand einer Revisionsentscheidung

sein, wenn die Berufung von Gesetzes wegen ausgeschlossen ist (§ 135 VwGO) oder eine Sprungrevision (§ 134 VwGO) in Betracht kommt. Zu beachten ist, dass nicht nur Endurteile, sondern auch Teil-, Zwischen- und Ergänzungsurteile sowie den Urteilen gleichgestellte Entscheidungen (z. B. nach §§ 125 II, 130a VwGO) grundsätzlich mittels der Revision angreifbar sind.

2. Zulassung der Revision

Gemäß § 132 VwGO muss das Rechtsmittel der Revision vor seiner Einlegung beim BVerwG vom OVG/VGH oder vom BVerwG (→ dazu Rn. 214 ff.) zugelassen werden. Dabei sind die in § 132 II VwGO abschließend genannten **Revisionsgründe** zu berücksichtigen, die vor dem Hintergrund der Wahrung des Rechtsfriedens nicht extensiv ausgelegt werden dürfen. Im Rahmen der Zulassungsentscheidung steht dem Gericht keinerlei Ermessen zu, was bedeutet, dass bei Vorliegen des Zulassungsgrundes ein Anspruch auf die Zulassung besteht. Hierbei ist jedoch darauf zu achten, dass im Prinzip bezüglich jedes das Urteil stützenden Grundes ein Zulassungsgrund gegeben sein muss. 204

Im Hinblick auf den Revisionsgrund des § 132 II Nr. 1 VwGO ist festzustellen, dass eine Rechtssache **„grundsätzliche Bedeutung"** hat, wenn für die Entscheidung der Vorinstanz eine konkrete, jedoch fallübergreifende Rechtsfrage von Relevanz war, deren noch ausstehende höchstrichterliche Klärung im Revisionsverfahren zu erwarten ist und zur Erhaltung der Einheitlichkeit der Rechtsprechung oder zu einer bedeutsamen Weiterentwicklung des Rechts geboten erscheint.

Auf den Revisionsgrund des **§ 132 II Nr. 2 VwGO** ist abzustellen, wenn die Vorinstanz einen inhaltlich bestimmten, die angefochtene Entscheidung tragenden abstrakten Rechtssatz aufgestellt hat, mit dem sie einem in der Rechtsprechung des BVerwG, des Gemeinsamen Senates der obersten Gerichtshöfe des Bundes oder des BVerfG aufgestellten ebensolchen Rechtssatz in Anwendung derselben Rechtsvorschrift widersprochen hat. Hierfür soll das bloße Übersehen oder die falsche Anwendung jener höchstrichterlichen Rechtsprechung allerdings nicht ausreichen.

§ 132 II Nr. 3 VwGO verlangt schließlich einen für die Entscheidung der Vorinstanz ursächlichen **Verfahrensmangel**.

II. Revisionsberechtigung

Nach § 132 VwGO steht die Revision nur den **Beteiligten** (§ 63 VwGO) des vorinstanzlichen Verfahrens sowie den tatsächlich gemäß § 65 VwGO **Beigeladenen** zu. 205

III. Beschwer des Rechtsmittelführers

206 Zur Ermittlung der Beschwer ist auf die **formelle Beschwer** abzustellen, d. h., dass der Entscheidungsausspruch der Vorinstanz hinter dem zuletzt Beantragten zurückgeblieben sein muss (→ Rn. 194).

IV. Ordnungsmäßigkeit der Revision

207 Zu beachten sind hier die Vorgaben des § 139 I, III VwGO im Hinblick auf die **Einlegungsfrist**, die **Revisionsbegründungsfrist**, die **Form** der Einlegung und die **zuständige Stelle**.

1. Einlegungsfrist

208 Die Einlegungsfrist beträgt gemäß § 139 I VwGO **einen Monat** ab der Zustellung des vollständigen Urteiles oder des Beschlusses über die Zulassung nach § 134 III 2 VwGO. Dabei ist diese Frist sowohl durch eine Einreichung bei dem Gericht, dessen Entscheidung angegriffen wird, als auch durch die Einlegung beim BVerwG gewahrt.

2. Revisionsbegründungspflicht

209 Im Gegensatz zur Einlegungsfrist beträgt die (verlängerbare → § 139 III 3 VwGO) Revisionsbegründungsfrist nach § 139 III 1 VwGO **zwei Monate** ab der Zustellung des vollständigen Urteiles bzw. des Beschlusses über die Zulassung nach § 134 III 2 VwGO. Die Begründung ist gemäß § 139 III 2 VwGO beim BVerwG einzureichen.

3. Form

210 Während für die Einlegung der Revision lediglich das **Schriftformerfordernis** des § 139 I 1 VwGO zu beachten ist, normiert § 139 III 4 VwGO **inhaltliche Anforderungen** bezüglich der Revisionsbegründung.

4. Postulationsfähigkeit

211 Vor dem BVerwG ist der Rechtsmittelführer nach § 67 IV 1, 2, 3 VwGO nur mit einem **Rechtsanwalt** bzw. einem Rechtslehrer einer deutschen Hochschule postulationsfähig. Für den Staat greift aber auch hier die Privilegierung nach § 67 IV 4 VwGO.

V. Beteiligten- und Prozessfähigkeit

Die Verfahrensbeteiligten müssen den Anforderungen der **§§ 61, 62 VwGO** gerecht werden. 212

VI. Kein Ausschluss der Revision

Die Revision darf nicht auf Grund eines **Verzichtes**, einer **Zurücknahme** oder einer **Verwirkung** ausgeschlossen sein. Im Ergebnis handelt es sich hierbei (in Parallele zur Berufung → Rn. 201) um einen Gesichtspunkt des (allgemeinen) Rechtsschutzbedürfnisses. 213

C. Nichtzulassungsbeschwerde

Prüfungsschema 5: Nichtzulassungsbeschwerde 214

I. Statthaftigkeit der Nichtzulassungsbeschwerde

II. Beschwerdeberechtigung

III. Beschwer des Beschwerdeführers

IV. Ordnungsmäßigkeit der Nichtzulassungsbeschwerde

1. Einlegungsfrist
2. Beschwerdebegründungsfrist
3. Form
4. Postulationsfähigkeit

V. Beteiligten- und Prozessfähigkeit

VI. Kein Ausschluss der Nichtzulassungsbeschwerde

Lässt das OVG/der VGH die Revision nicht zu (→ Rn. 204), kann das mit dem Rechtsmittel der **Nichtzulassungsbeschwerde** nach § 133 VwGO angefochten werden. 215

Die Nichtzulassungsbeschwerde ist statthaft, wenn das Tatsachengericht die Revision gegen eine Entscheidung, die ihrem Wesen nach den Gegenstand einer Revision bilden kann, nicht zulässt. Damit ist Gegenstand dieses Verfahrens die abgelehnte oder **nicht erfolgte Zulassung der Revision**, nicht allerdings die Ablehnung der Zulassung einer Sprungrevision. 216

Als eigenständiges Rechtsmittel kann die Nichtzulassungsbeschwerde nur von den **Beteiligten** eingelegt werden, die im Fall ihrer Zulassung auch Revision einlegen könnten. 217

218 Ferner muss der Rechtsmittelführer durch die Urteilsformel selbst und nicht lediglich durch die Gründe der Entscheidung in der Hauptsache **beschwert** sein.

219 Zur ordnungsgemäßen Einlegung dieses Rechtsmittels ist zunächst zu berücksichtigen, dass es zur Wahrung der **Monatsfrist** des § 133 II 1 VwGO unbedingt bei dem Gericht, dessen Entscheidung angegriffen wird (→ „iudex a quo") – d. h. regelmäßig beim OVG/VGH – **einzulegen** ist. Des Weiteren ist die Nichtzulassungsbeschwerde innerhalb der **Zweimonatsfrist** des § 133 III 1, 2 VwGO ebenfalls zumeist gegenüber dem OVG/VGH zu **begründen**. Überdies sind das (konkludente) **Schriftformerfordernis** sowie die Anforderungen des § 133 II 2 und III 3 VwGO zu beachten. Sowohl die Einlegung als auch die Begründung müssen schließlich durch einen **Rechtsanwalt** (vgl. § 67 IV 1, 2 VwGO) erfolgen, um die Postulationsfähigkeit zu gewährleisten, sofern sich der Staat nicht auf § 67 IV 4 VwGO berufen kann.

220 Auch bei der Nichtzulassungsbeschwerde müssen zuletzt die Vorschriften der **§§ 61, 62 VwGO** gewahrt werden, und das Rechtsmittel darf **nicht ausgeschlossen** sein.

D. Beschwerde

221 **Prüfungsschema 6: Beschwerde**

I. Statthaftigkeit der Beschwerde

II. Beschwerdeberechtigung

III. Beschwer des Rechtsmittelführers

IV. Ordnungsmäßigkeit der Beschwerde

1. Einlegungsfrist
2. Beschwerdebegründungsfrist
3. Form
4. Postulationsfähigkeit

V. Beteiligten- und Prozessfähigkeit

VI. Kein Ausschluss der Beschwerde

Anmerkung: *Nach §§ 83 S. 1, 173 S. 1 VwGO, 17a V GVG analog sind der **Verwaltungsrechtsweg** und die **Gerichtszuständigkeit** auch hier nicht zu prüfen (zur analogen Anwendung des § 17a GVG im Eilverfahren trotz fehlender „Hauptsacheentscheidung" → Rn. 35).*

I. Statthaftigkeit der Beschwerde

Nach § 146 I VwGO ist die Beschwerde gegen die Entscheidungen des VG (oder einzelner seiner Richter) statthaft, die nicht Urteile (→ Rn. 190, 203) oder Gerichtsbescheide (das ist nach § 84 VwGO im Grunde ein Urteil, das allein im schriftlichen Verfahren, also ohne mündliche Verhandlung, ergeht → Rn. 12) sind. Erfasst werden davon mithin alle **Beschlüsse** und **Verfügungen** des Gerichts, wobei Letztere durch § 146 II und III VwGO jedoch wieder weitgehend ausgenommen werden (→ sie sind in der Regel unanfechtbar). Hauptanwendungsfall für das Rechtsmittel ist daher der verwaltungsgerichtliche Beschluss. Im Unterschied zur Berufung (→ Rn. 189 ff.) und Revision (→ Rn. 202 ff.) muss die Beschwerde nicht zugelassen werden, was der Beschleunigung des Verfahrens dient, zumal es **regelmäßig** um **Beschlüsse im Eilverfahren** nach §§ 80 V 1, 80a, 123 I VwGO geht (→ Rn. 100 ff.). **222**

II. Beschwerdeberechtigung

Nach § 146 I VwGO steht die Beschwerde nur „den **Beteiligten**" zu. Diese sind in § 63 VwGO definiert. Zu ihnen gehören insbesondere die Prozessbeteiligten des vorinstanzlichen Verfahrens, also Antragsteller, Antragsgegner und Beigeladener (→ Rn. 154 ff.). **223**

III. Beschwer des Rechtsmittelführers

Bei der Beschwer ist abzustellen auf den **Beschwerdeführer** – die Bezeichnung orientiert sich daran, wer die Beschwerde einlegt, nicht an der „Stellung" in der Vorinstanz. Wer in der Vorinstanz einen für sich günstigen Beschluss erreicht hat, weist nicht die notwendige Beschwer auf (→ Rn. 194 zur Berufung). **224**

IV. Ordnungsmäßigkeit der Beschwerde

Es ist zwischen den angegriffenen Beschlüssen zu **unterscheiden**: Nur für die in Eilverfahren nach §§ 80 V 1, 80a, 123 I VwGO ergangenen gelten die Vorgaben des § 146 IV VwGO für die **Begründung der Beschwerde**, für alle hingegen die des § 147 VwGO zur **Form und Frist der Beschwerdeeinlegung** (→ Rn. 226 ff.). **225**

Anmerkung: *Wie bei der Berufung (→ Rn. 196 f.) und Revision (→ Rn. 208 f.) ist auch hier zwischen der **Einlegung** und der **Begründung** des Rechtsmittels, vorliegend der Beschwerde, zu trennen.*

1. Die **Einlegungsfrist** beträgt nach § 147 I 1 VwGO zwei Wochen ab der Bekanntgabe der Entscheidung i. S. des § 146 I VwGO – in der **226**

Regel also ab der Zustellung des Beschlusses. **„Einlegungsort"** ist dabei das VG, wobei allerdings auch die Einlegung beim OVG/VGH als Beschwerdegericht die Frist wahrt (→ § 147 II VwGO).

Anmerkung: *Wegen der regelmäßigen Eilbedürftigkeit der Sache kann hier das Rechtsmittel im Unterschied zur Berufung (→ Rn. 196) sowohl beim „iudex a quo" als auch beim „iudex ad quem" eingelegt werden. Insofern besteht hier eine Parallele zum Widerspruch nach § 70 I 1 und 2 VwGO.*

227 2. Die nicht verlängerbare **Begründungsfrist** für Beschwerden gegen Beschlüsse im Eilverfahren (→ Rn. 222) beträgt laut § 146 IV 1 VwGO einen Monat ab der Bekanntgabe des Beschlusses. **„Einlegungsort"** ist hier – je nach dem Zeitpunkt der Begründung – das VG oder das OVG/der VGH (→ § 146 IV 2 VwGO).

228 3. Die nötige **Form** bei der Einlegung und der Begründung regeln § 147 I 1 VwGO sowie mit weiteren inhaltlichen Vorgaben zum Antrag usw. § 146 IV 3 VwGO. Für nicht Vorgetragenes begründet § 146 IV 6 VwGO überdies eine – in der Klausur regelmäßig nicht erhebliche – „Präklusion".

229 4. Umstritten war früher, ob ein Beschwerdeführer die Beschwerde wirksam selbst einlegen kann oder ob er dafür eines Rechtsbeistandes bedarf (→ **Postulationsfähigkeit**). § 147 I 2 VwGO verweist heute jedoch auf § 67 IV VwGO, der in S. 1 für Verfahren vor dem OVG/VGH einen Anwaltszwang begründet, was nach S. 2 auch für Prozesshandlungen zur Einleitung eines dortigen Verfahrens gilt. Damit ist seit einer Gesetzesänderung vor einigen Jahren auch schon die Beschwerdeeinlegung (obwohl sie beim VG erfolgen kann → Rn. 226) anwaltspflichtig (sonst liefe das Erfordernis bei der Beschwerde mangels mündlicher Verhandlung ohnehin fast völlig leer). Für den Staat besteht allerdings auch hier wieder das Privileg des § 67 IV 4 VwGO.

V. Beteiligten- und Prozessfähigkeit

230 Die Verfahrensbeteiligten müssen (wie schon vor dem VG) außerdem die persönlichen Sachentscheidungsvoraussetzungen der **Beteiligten- und Prozessfähigkeit** gemäß §§ 61, 62 VwGO erfüllen.

VI. Kein Ausschluss des gewählten Rechtsmittels

231 Auch bei der Beschwerde darf es schließlich keinen **Ausschluss des gewählten Rechtsmittels**, etwa durch Verzicht, Zurücknahme oder Verwirkung – Letztere kommt allerdings nur selten vor –, geben. Dieser Punkt ist damit letztlich wiederum eine Frage des (allgemeinen) Rechtsschutzbedürfnisses.

§ 7. Begründetheitsprüfung bei Rechtsmitteln

Auch hier werden wie bei den erstinstanzlichen Klagen (→ Rn. 168 ff.) nur die **Obersätze der Prüfung** aufgeführt; zu den materiellen Fragen unten im 2. Teil. 232

A. Berufung

Die Berufung des im Vorprozess unterlegenen **Klägers** ist begründet, wenn das Urteil des VG falsch ist, also seine Klage zu Unrecht abgewiesen wurde, d. h., wenn ihre Sachentscheidungs- und Begründetheitsvoraussetzungen gegeben waren. 233

Die Berufung des im Vorprozess unterlegenen **Beklagten** ist begründet, wenn das Urteil des VG falsch ist, also der Klage zu Unrecht stattgegeben wurde, d. h., wenn ihre Sachentscheidungs- oder Begründetheitsvoraussetzungen nicht gegeben waren. 234

Anmerkung: *Wurde die Berufung aus dem Grund des **§ 124 II Nr. 5 VwGO** zugelassen, kann der Obersatz noch ergänzt werden: „... oder wenn ein wesentlicher Verfahrensfehler des VG vorliegt." Letzteres ist in der Ersten Juristischen Staatsprüfung allerdings mangels entsprechender Angaben im Sachverhalt in der Regel nicht zu prüfen.*

B. Revision

Die Revision des im Vorprozess unterlegenen **Klägers** ist begründet, wenn das Berufungsurteil des OVG/VGH bzw. dessen erstinstanzliches Urteil (→ §§ 47 V 1, 48 VwGO) falsch ist, also seine Klage bzw. sein Antrag zu Unrecht abgewiesen wurde, d. h., wenn ihre/seine Sachentscheidungs- und Begründetheitsvoraussetzungen vorlagen. 235

Anmerkung: *In Ausnahmefällen sind auch Entscheidungen des VG revisionsfähig (→ so genannte **Sprungrevision** gemäß § 134 VwGO; vgl. Rn. 203).*

Die Revision des im Vorprozess unterlegenen **Beklagten** ist begründet, wenn das Berufungsurteil des OVG/VGH bzw. dessen erstinstanzliches Urteil (→ §§ 47 V 1, 48 VwGO) falsch ist, also der Klage bzw. dem Antrag zu Unrecht stattgegeben wurde, d. h., wenn ihre/seine Sachentscheidungs- oder Begründetheitsvoraussetzungen nicht gegeben waren. 236

Anmerkung: *Wurde die Revision auf Grund von **§ 132 II Nr. 3 VwGO** zugelassen (→ Rn. 204), kann ebenso wie bei der Berufung der Obersatz entsprechend ergänzt werden (→ Rn. 234).*

237 Wichtig ist dabei, dass bei der **Revision** im Unterschied zur Berufung nur noch eine **beschränkte Prüfung** erfolgt: Lediglich die **rechtlichen Aspekte**, jedoch nicht mehr die Tatsachenfeststellung der vorgelegten Entscheidung, unterliegen der Überprüfung durch das BVerwG (→ § 137 II VwGO). Ferner werden insoweit auch nur die Verletzung revisiblen (Bundes-)Rechts (→ § 137 I VwGO) und das Vorliegen bestimmter Verfahrensfehler (→ § 137 II, III VwGO) geprüft.

C. Nichtzulassungsbeschwerde

238 Die Beschwerde gegen die Nichtzulassung der Revision ist begründet, wenn die Nichtzulassungsentscheidung falsch war, d. h., wenn ein **Zulassungsgrund des § 132 II VwGO vorliegt** (→ § 133 III 3 VwGO).

D. Beschwerde

239 Die Beschwerde des im Vorprozess unterlegenen **Antragstellers** gegen den angefochtenen Beschluss des VG ist begründet, wenn dieser zu Unrecht in seiner ablehnenden Form erging, was der Fall ist, wenn für den ursprünglichen Eilrechtsschutzantrag die Sachentscheidungsvoraussetzungen vorlagen und er auch begründet war.

240 Die Beschwerde des im Vorprozess unterlegenen **Antragsgegners** gegen den angefochtenen Beschluss des VG ist begründet, wenn dieser zu Unrecht in der vom Antragsteller beantragten Form erging, was der Fall ist, wenn bei dem ursprünglichen Eilrechtsschutzantrag entweder die Sachentscheidungsvoraussetzungen fehlten oder er unbegründet war.

Anmerkung: *Bezüglich eines verwaltungsgerichtlichen Beschlusses (und einer Verfügung) gibt es nur eine weitere Instanz zu deren gerichtlicher Überprüfung durch das OVG/den VGH. Darüber wölbt sich dann der redensartliche „blaue Himmel“, während das Hauptsacheverfahren mit seinem Urteil, der Berufung und der Revision regelmäßig drei Instanzen kennt (Ausnahmen gelten nur für die erstinstanzliche Zuständigkeit des OVG/VGH und des BVerwG → Rn. 40).*

2. Teil: Materiell-rechtliche Fragen aus dem Allgemeinen Verwaltungsrecht

§ 8. Die Verwaltung und ihre Träger

A. Der Begriff der „Verwaltung“

Unter der **Verwaltung** versteht man diejenige Staatstätigkeit, die weder Gesetzgebung noch Rechtsprechung, die also vollziehende Gewalt ist, ohne dabei spezifische Regierungstätigkeit auszuüben. **241**

Herkömmlicherweise lässt sich das **Verwaltungshandeln** wie folgt kategorisieren: **242**
- nach dem **Verwaltungsgegenstand** (z. B. Gewerbe-, Schul-, Bau-, Sozial-, Finanz- und Umweltverwaltung);
- nach den **Verwaltungsaufgaben** (etwa Ordnungs-, Leistungs-, Lenkungs-, Abgaben-, Bedarfs- oder Gewährleistungsverwaltung);
- nach der **Wirkung** des Verwaltungshandelns (z. B. Eingriffs- oder Leistungsverwaltung);
- nach dem **Grad der Gesetzesbindung** (gebundene Verwaltung oder Ermessensverwaltung, gesetzesvollziehende oder „gesetzesfreie“ Verwaltung).

B. Die unmittelbare Staatsverwaltung

Die unmittelbare Staatsverwaltung ist dadurch gekennzeichnet, dass der **Staat** seine **Verwaltungsaufgabe selbst erfüllt** und sich dazu eigener (Bundes- oder Landes-)Behörden bedient. Das führt zu einer klaren Hierarchie mit (im Regelfall drei: Unter-, Mittel- und Oberbehörde bzw. untere, obere und oberste Behörde) Behördenstufen und uneingeschränkten Weisungsrechten „von oben nach unten“. Letztlich wird dadurch die parlamentarische Verantwortlichkeit (→ auf Bundesebene Art. 65 S. 2 GG) des jeweiligen Fachministers gegenüber dem Bundestag bzw. Landtag als Repräsentanten des Souveräns sichergestellt. **243**

Beispiele für den dreistufigen Behördenaufbau: Bundesministerium der Finanzen als oberste Bundesbehörde – Bundesfinanzdirektionen als Mittelbehörden – Hauptzollämter als untere Behörden. In bestimmten Fällen gibt es aber auch einen nur zweistufigen Behördenaufbau, z. B. in der „Kette" Bundesverkehrsministerium als oberste Bundesbehörde – Eisenbahn-Bundesamt als Bundesoberbehörde (und zugleich niederste Stufe, da diese Aufgabe bundesweit vom Bund erfüllt wird; vgl. Art. 87e I, II GG).

C. Die mittelbare Staatsverwaltung

244 Im Unterschied zur unmittelbaren erfüllt der Staat bei der mittelbaren Staatsverwaltung „seine" Aufgaben nicht selbst, sondern **bedient sich insoweit eigenständiger Rechtspersonen**. Der Grund dafür sind regelmäßig Praktikabilitäts- und Kostenerwägungen (man nutzt eine möglicherweise schon bestehende Einrichtung, deren Sachkunde und Personal und spart dadurch Parallelstrukturen ein). Nachteile sind jedoch das Fehlen einer klaren Hierarchie und Probleme bei den **Weisungen**, da diese möglicherweise (insbesondere bei den Kommunen im Hinblick auf Art. 28 II 1, 2 GG) in fremde Rechtskreise eingreifen.

245 Träger der mittelbaren Staatsverwaltung sind regelmäßig **juristische Personen des Öffentlichen Rechts** in Gestalt von Körperschaften, Anstalten oder Stiftungen. Bei einer juristischen Person des Öffentlichen Rechts handelt es sich um ein Rechtsgebilde mit eigener Rechtspersönlichkeit, also um einen selbstständigen Träger von Rechten und Pflichten, dessen Rechtsgrundlagen im Öffentlichen Recht liegen. Unterschieden wird dabei zwischen drei Arten von juristischen Personen des Öffentlichen Rechts:

246 – **Körperschaften des Öffentlichen Rechts** sind Organisationen, die mitgliedschaftlich verfasst sind, jedoch unabhängig vom Wechsel der **Mitglieder** bestehen. Im Hinblick auf die „Art der Mitglieder" lässt sich sodann folgende weitere Unterteilung vornehmen:
  - **Gebietskörperschaften** zeichnen sich durch alle in einem bestimmten Gebiet dauerhaft lebenden Bürger, die dort ihren Wohnsitz haben, aus.

    Beispiele: Bund, Länder und Gemeinden.

  - **Personalkörperschaften** erfassen alle Personen, die ein bestimmtes Merkmal aufweisen bzw. eine bestimmte Voraussetzung erfüllen.

    Beispiele: Handwerkskammern (→ § 90 I Hs. 2 HwO), Universitäten, Allgemeine Ortskrankenkassen, Rechtsanwaltskammern auf Landesebene.

  - **Realkörperschaften**: Die Mitgliedschaft ergibt sich hier aus dem Eigentum an einem bestimmten Grundstück bzw. aus einer damit verknüpften Berechtigung.

    Beispiele: Deichverband, Wasserschutzverband, Jagdgenossenschaft.

– **Verbandskörperschaften** sind dadurch gekennzeichnet, dass ihre Mitglieder ausschließlich juristische Personen des Öffentlichen Rechts sein dürfen.

Beispiel: Bundesrechtsanwaltskammer – Mitglieder sind (nur) die Rechtsanwaltskammern auf Landesebene als Personalkörperschaften.

– **Anstalten des Öffentlichen Rechts** sind Organisationen, die mit Personal- und Sachmitteln ausgestattet sind und keine Mitglieder, sondern **Benutzer** haben. 247

Beispiele: Bundesanstalt Technisches Hilfswerk (THW), Landesrundfunkanstalten.

– **Stiftungen des Öffentlichen Rechts** sind Organisationen, denen ein Stifter Vermögenswerte zweckgebunden zur Erfüllung bestimmter öffentlicher Aufgaben übertragen hat und die weder Mitglieder noch Benutzer, sondern **Nutznießer** haben. Es handelt sich mithin um „rechtlich verselbstständigte Vermögensmassen". 248

Beispiel: Stiftung Preußischer Kulturbesitz.

D. Der Beliehene

Der Beliehene ist stets eine (natürliche oder juristische) Privatperson, der Hoheitsaufgaben zur Erledigung in den Handlungsformen des Öffentlichen Rechts übertragen wurden. Der Beliehene wird dabei jedoch im eigenen Namen tätig. Für die Beleihung ist ein **staatlicher Übertragungsakt** erforderlich, wobei die Vornahme einer Beleihung unmittelbar durch Gesetz oder auf gesetzlicher Grundlage durch Rechtsverordnung, durch mitwirkungsbedürftigen Verwaltungsakt oder durch einen öffentlich-rechtlichen Beleihungsvertrag erfolgt. Der Beliehene tritt nach außen zwar als selbstständiger Hoheitsträger auf, ist zugleich aber auch Behörde i. S. des § 1 IV VwVfG. Soweit der Beliehene als solcher handelt, sind von ihm hervorgerufene Streitigkeiten öffentlich-rechtlicher Natur. Ist Hintergrund hingegen ein verwaltungsprivatrechtliches Handeln, liegen damit verbundene Streitigkeiten wie beim Staat im Zuständigkeitsbereich der ordentlichen Gerichte. 249

Beispiele: Bezirksschornsteinfegermeister, Feld- und Forstaufseher, Fischerei- und Jagdaufseher, die Deutsche Flugsicherungs-GmbH, der TÜV, Kfz-Sachverständige, Notare, Schiffskapitäne, Sicherheitsdienste zur Personen- und Gepäckkontrolle an Flughäfen.

E. Der Verwaltungshelfer

250 Die Abgrenzung des Verwaltungshelfers, der ebenfalls eine (regelmäßig natürliche) Privatperson ist, zum Beliehenen erfolgt danach, ob der Betreffende die ihm übertragene (Hilfs-)Tätigkeit im Rahmen der öffentlichen Verwaltung ohne – dann Verwaltungshelfer – oder mit **eigene(r) Entscheidungskompetenz „nach außen"** – dann Beliehener – ausübt. Verwaltungshelfer sind damit nicht selbst hoheitlich tätig, sondern lediglich für die Verwaltung. Gemeinsam haben Verwaltungshelfer und Beliehene allerdings den staatlichen Übertragungsakt. So sind etwa der Abschleppunternehmer, der Schülerlotse, der Schüler als Helfer für seine Mitschüler im Schulturnunterricht oder auch der so genannte Notstandspflichtige im Polizeirecht bloße „Werkzeuge" und damit Verwaltungshelfer, während die TÜV- oder die Luftfahrtsachverständigen auf Grund ihrer eigenen „Entscheidungsmacht" etwa für den selbstständigen Erlass von Verwaltungsakten als Beliehene eingeordnet werden (→ Rn. 249). Wie der Beliehene ist auch der Verwaltungshelfer **Beamter im haftungsrechtlichen Sinn** (→ Rn. 431).

F. Privatrechtlich organisierte „Verwaltungsträger"

251 Schließlich gibt es (selten) auch noch privatrechtlich organisierte „Verwaltungsträger". Das sind juristische Personen des Privatrechts, die von einem staatlichen Verwaltungsträger gegründet oder übernommen und denen Verwaltungsaufgaben übertragen werden, so dass man sie – materiell – noch als „Verwaltungsträger" bezeichnen kann. Sie handeln grundsätzlich privatrechtlich, werden aber von dem staatlichen Verwaltungsträger beherrscht und beeinflusst. Sie haben vor allem im Bereich des **Verwaltungsprivatrechts** (→ Rn. 256, 268 f.) Bedeutung. Keine Verwaltungsaufgaben erfüllen sie hingegen mehr bei der **erwerbswirtschaftlichen Betätigung** des Staates (→ Rn. 265 ff.).

Beispiel: Die Stadtwerke-GmbH hat von der Stadt für deren Hoheitsgebiet die öffentliche Aufgabe der Abwasserversorgung übertragen bekommen (→ Verwaltungsprivatrecht). Daneben tritt sie aber auch noch als Energieversorgerin in Nachbarkommunen auf, um ihre Marktchancen zu nutzen und Einnahmen zu erzielen (→ erwerbswirtschaftliche Betätigung).

§ 9. Die Handlungsmöglichkeiten der Verwaltung

In Anknüpfung an den ersten Teil, wo bereits im Rahmen der Eröffnung des Verwaltungsrechtsweges und im Kontext der Rechtsbehelfe einige Handlungsmöglichkeiten der Verwaltung vorgestellt wurden, sollen die verschiedenen **Reaktionsalternativen der Verwaltung** an dieser Stelle nochmals näher in den Blick genommen werden. Dabei ist zunächst zwischen den verschiedenen **Handlungsformen** (öffentlich-rechtlich oder privatrechtlich) und dann zwischen den dabei jeweils denkbaren **Handlungsmöglichkeiten** zu differenzieren. 252

A. Öffentlich-rechtliches (hoheitliches) Handeln der Verwaltung

Wenn der Staat zur Erfüllung der ihm zugewiesenen Aufgaben handelt, greift er regelmäßig auf die „Instrumente" zurück, die ihm das **Öffentliche Recht** bietet (Verwaltungsakt, öffentlich-rechtlicher Vertrag, Realakt usw. → Rn. 46 ff.). In diesem Bereich unterscheidet man – ausgehend vom „Handlungsziel" der Verwaltung – im Übrigen folgende **zwei Bereiche**: 253

- Greift der Staat mit seinem Handeln hoheitlich in Rechte der Bürger ein – wie z. B. mit dem gefahrenabwehrrechtlichen Verbot, sich als Störer an einem bestimmten Ort aufzuhalten –, handelt es sich um die so genannte **Eingriffsverwaltung** mit strenger Geltung des Vorranges und des Vorbehaltes des Gesetzes (→ Rn. 272). 254
- Davon zu unterscheiden ist die **Leistungsverwaltung**, bei welcher der Staat zur Erfüllung einer ihm obliegenden Aufgabe Leistungen gegenüber dem Bürger erbringt. Hierzu zählen z. B. die Eröffnung und der Betrieb von (freiwillig) öffentlichen Einrichtungen wie Schwimmbädern, aber auch (zwingend) von Schulen. Hier ist die strenge Geltung der Grundsätze vom Vorrang und Vorbehalt des Gesetzes umstritten. 255

In den Zeiten knapper öffentlicher Kassen stellt sich an dieser Stelle vermehrt die Frage, nach einem „Ausweichen" des Staates in das (vermeintlich) flexiblere Zivilrecht bei der Erfüllung der staatlichen Aufgaben (→ **Verwaltungsprivatrecht** → Rn. 268 f.) und zudem die nach der Möglichkeit bzw. den Grenzen einer teilweisen oder gar vollständigen **Privatisierung** der jeweiligen Organisation bzw. der Aufga- 256 be und ihrer Erfüllung. Im Hinblick auf die Grenzen der Einschaltung Privater zur Erfüllung von Tätigkeiten des Staates hat sich als ein Konsens der Gerichte und der Gelehrten die Unterscheidung nach der Art des staatlichen Handelns herausgebildet: Bei der **Eingriffsverwaltung** darf der Staat grundsätzlich **nur selbst durch seine Organe** auf öffentlich-rechtlicher Grundlage aktiv werden und nicht Private mit einer Aufgabe betrauen, die unter Umständen auch den Einsatz der bei ihm monopolisierten Gewalt erforderlich macht. Ausnahmen hiervon gelten für Beliehene (→ Rn. 249) und für Verwaltungshelfer (→ Rn. 250), die dann aber insoweit zu einem „Teil" des Staates werden.

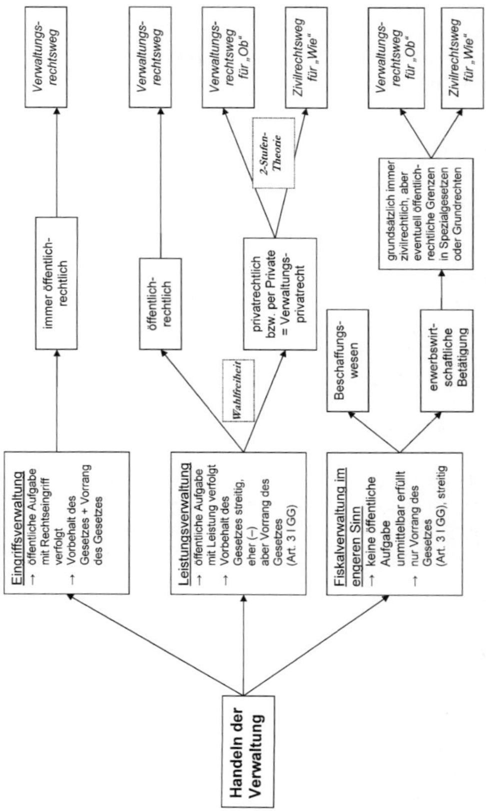

***Grafik 10:** Handlungsmöglichkeiten der Verwaltung*

Anders stellt sich die Lage dagegen bei der so genannten **Leistungsverwaltung** dar. Nach heute ganz herrschender Auffassung besteht in diesem Bereich ein **Wahlrecht der Verwaltung**, wie (zivil- oder öffentlich-rechtlich) und damit dann auch mit wessen Hilfe (selbst oder durch Dritte nach der Privatisierung der Tätigkeit) sie die entsprechenden Aufgaben erfüllt; sie darf sich nur nicht völlig derselben entledigen. **257**

Beispiel: Die Beförderung der Schülerinnen und Schüler vom und zum Unterricht ist eine klassische öffentliche (und zwingend zu erbringende) Aufgabe des Schulträgers im Rahmen der Leistungsverwaltung. Ihre Erfüllung ist jedoch seit Langem schon auf private Busunternehmen übertragen worden. Seit einigen Jahren wird z. B. auch über die Privatisierung der Schulgebäudeunterhaltung und -bewirtschaftung nachgedacht, die grundsätzlich möglich ist.

Die soeben genannte Wahlfreiheit z. B. der Kommunen und Landkreise im Bereich der Leistungsverwaltung ist jedoch nicht schrankenlos. Auch im Hinblick auf die Beteiligung Privater gelten vielmehr die **allgemeinen verfassungsrechtlichen Privatisierungsgrenzen**. Zu denken ist hier insbesondere an das staatliche Gewaltmonopol als Ausfluss des Rechtsstaatsprinzips, das im Bereich der Leistungsverwaltung allerdings nicht einschlägig ist, da es dabei ja gerade nicht um die Anwendung staatlichen Zwanges geht. Gleiches gilt auch für den Funktionsvorbehalt des Berufsbeamtentums nach Art. 33 IV GG, der ebenfalls nur die Ausübung hoheitlicher Befugnisse erfasst. Schließlich kann aber das Haushaltsverfassungsrecht in Art. 109 ff. GG berührt sein, wenn eine öffentlich-rechtliche Aufgabenerfüllung durch Mitarbeiter der Verwaltung billiger und deshalb als einzige mit dem Grundsatz der Wirtschaftlichkeit und Ordnungsmäßigkeit der Haushaltsführung zu vereinbaren ist. Alle diese Vorgaben richten sich gegen eine oft befürchtete **Flucht der Verwaltung ins Privatrecht**, greifen jedoch nur sehr selten tatsächlich begrenzend ein. **258**

Insgesamt verlagert sich damit das Problem auf die zweite Ebene des **„Wie“**. Hier geht es um die Frage, ob und bejahendenfalls welche Vorgaben der jeweils pflichtige Verwaltungsträger zu beachten und zu wahren hat, wenn er die Erfüllung einer Aufgabe ganz oder zumindest zum Teil einem privaten Unternehmen überlässt. Im Hinblick auf das **Verfassungs- und das allgemeine Verwaltungsrecht** gilt insofern die in jahrzehntelanger Rechtsprechung gefestigte Maxime, dass bei einer grundsätzlich zulässigen Übertragung der Aufgabenerfüllung auf private Dritte der jeweilige Verwaltungsträger nicht von seiner Aufgabe frei wird, sondern insoweit weiterhin verpflichtet bleibt. Die Verantwortung besteht mithin unter veränderten Organisations- bzw. Verantwortungsstrukturen fort; die jeweilige öffentliche Körperschaft bleibt vielfältig verpflichtet, so dass insoweit also tatsächlich keine Flucht ins freiere Privatrecht möglich ist. **259**

260 Um dieser fortbestehenden Pflicht Genüge zu tun, muss die Verwaltung die nötigen **Einflussmöglichkeiten** auf das mit der Erfüllung der jeweiligen Aufgabe betraute private Unternehmen **behalten**, denn nur so kann sie ihrer Aufgabe weiterhin gerecht werden. Demgemäß bedarf es detaillierter Regelung auf vertraglicher Ebene zwischen dem immer noch verpflichteten staatlichen Aufgabenträger und seinem privatrechtlich organisierten „Erfüllungsgehilfen". Das betrifft insbesondere die zu wahrenden Pflichten, die insoweit bestehenden Kontrollbefugnisse, die Haftung und die Vergütung mit genauen Anpassungsklauseln für den Fall, dass die Pflichten nicht erfüllt werden, sowie mit einem Kündigungs- bzw. gegebenenfalls sogar Rückfallrecht (wenn z. B. staatliche Sachmittel auf das private Unternehmen übertragen wurden).

261 Ein weiterer im Zusammenhang mit dem „Wie" der Privatisierung zu beachtender Punkt können schließlich die Vorgaben des **Vergaberechts** sein. Einschlägig sind insoweit die §§ 97 ff. GWB. Ein Aufdecken von Fehlern in diesem Bereich kann indes allenfalls die Aufhebung der konkreten Vergabeentscheidung, nicht aber den Stopp des gesamten (Privatisierung-)Projektes nach sich ziehen.

B. Privatrechtliches (fiskalisches) Handeln der Verwaltung

I. Die Geschäfte des „Beschaffungswesens" bzw. zur Bedarfsdeckungsverwaltung

262 Die **staatliche Teilnahme am allgemeinen Wirtschaftsverkehr** kann je nach Sicht des Betrachters sowohl in den Regelungsbereich des Privatrechts als auch in den des Öffentlichen Rechts fallen. Als Nachfrager von Waren und Dienstleistungen ist der Staat einerseits Marktteilnehmer und damit an die Regeln der Privatrechtsordnung gebunden; andererseits steht seine wirtschaftliche Betätigung dabei regelmäßig im Zusammenhang mit der Erfüllung öffentlicher Aufgaben. Er unterliegt daher auch öffentlich-rechtlichen Bindungen. Diese **„Doppelnatur"** soll zunächst verdeutlicht werden:

263 Grundsätzlich **deckt der Staat seinen Bedarf** auf dem allgemeinen Markt und bedient sich dabei der rechtsgeschäftlichen Formen des Privatrechts. Aus diesem Grund werden insbesondere vergaberechtliche Regelungen als dem Privatrecht zugehörig angesehen. Die Auftragserteilung erfolgt durch den Abschluss eines privatrechtlichen Vertrages zwischen dem öffentlichen Auftraggeber und dem (privaten) Auftragnehmer. In der vorvertraglichen Phase steht der staatliche Kunde den anbietenden Unternehmen in der gleichen Weise gegenüber wie jeder andere Nachfrager im Wirtschaftsleben. Nach dem Vertrags-

schluss ergeben sich die Rechte und Pflichten der Beteiligten aus dem Vertrag. Dabei konkretisieren die Vergabeordnungen das dispositive Vertragsschlussrecht bzw. Vertragsrecht des BGB (§§ 145 ff. und 311 ff. BGB). Trotz des privatrechtlichen Charakters staatlicher Einkaufstätigkeit ist diese auf Seiten des öffentlichen Auftraggebers aber auch Teil der Verwaltung. Die interne Willensbildung vollzieht sich nach verwaltungsrechtlichen Grundsätzen. Gleichwohl kommt es bei der Auftragsvergabe nicht zu einem Verwaltungsverfahren i. S. des VwVfG. Das folgt bereits daraus, dass das Verfahren nicht auf den Erlass eines Verwaltungsaktes oder den Abschluss eines öffentlich-rechtlichen Vertrages gerichtet ist (vgl. § 9 VwVfG), sondern auf den Abschluss eines solchen des Zivilrechts. Da der Staat den Bietern bei der Auftragsvergabe nicht als Hoheitsträger gegenübertritt, sondern als Person des Privatrechts, gehört die Beschaffungstätigkeit aus öffentlich-rechtlicher Sicht zum fiskalischen Teil der Verwaltung. Dennoch ist sie eben auch materielle Verwaltungstätigkeit und unterliegt wie jede staatliche Tätigkeit verfassungsrechtlichen Bindungen. Der Staat ist deswegen nach mehrheitlicher (aber nicht unbestrittener) Auffassung auf Grund seiner **Bindung an den Gleichheitssatz** (Art. 3 I GG) verpflichtet, die von ihm für anwendbar erklärten und angewandten Verfahrensregeln in Gestalt der Vergabeverfahrensordnungen einzuhalten (→ Grundsatz der „Selbstbindung der Verwaltung", Rn. 321).

Beispiel: Umstritten ist, ob eine Universität bei der Beschaffung ihrer Bücher alle örtlichen (und überörtlichen?) Buchhändler gleich behandeln muss oder einen „Haus- und Hoflieferanten" haben darf.

Diese **öffentlich-rechtlichen Bindungen privatrechtsförmigen Handelns** führen jedoch eben trotzdem nicht dazu, dass die staatliche Einkaufstätigkeit ihren privatrechtlichen Charakter verliert. Es bleibt daher insgesamt dabei, dass die öffentliche Hand im Bereich der so genannten Bedarfsdeckungsverwaltung privatrechtlich handelt. Träger öffentlicher Verwaltung nehmen bei der Beschaffung von Sachmitteln am Rechts- und Wirtschaftsverkehr wie ein Privater teil. Bei der Vergabe öffentlicher Aufträge werden daher – unabhängig vom Beschaffungsgegenstand – **privatrechtliche Rechtsverhältnisse** begründet. **264**

II. Die erwerbswirtschaftliche Betätigung der Verwaltung

Geht es um eine andere Form rein fiskalischen Handelns der Verwaltung, die so genannte erwerbswirtschaftliche Betätigung, beurteilt sich diese ebenfalls nach dem Zivilrecht. Zu unterscheiden ist hiervon die Erfüllung einer öffentlich-rechtlichen Aufgabe mittels Privatrechts (**Verwaltungsprivatrecht** → Rn. 268). **265**

Beispiele: Wenn der Staat sich am Wettbewerb beteiligt und etwa eine Brauerei betreibt oder Anteile an einem großen Autokonzern hält, betätigt er sich erwerbswirtschaftlich. Vergibt er hingegen im Rahmen der staatlichen Aufgabe „Wirtschaftsförderung" auf privatrechtlicher Grundlage Darlehen an Unternehmen, damit diese sich in strukturschwachen Regionen ansiedeln und dort Arbeitsplätze schaffen, nutzt er lediglich die Möglichkeit des Verwaltungsprivatrechts bei der Erfüllung seiner öffentlichen Aufgabe.

266 Kommt es vor Gericht zum Streit über die **Zulässigkeit der erwerbswirtschaftlichen Betätigung des Staates** und seiner Untergliederungen, dann geht es regelmäßig auch um die durch öffentlich-rechtliche Normen begrenzte wirtschaftliche Betätigung der Behörde, die ein Kläger verhindern möchte. Der öffentlich-rechtliche Charakter dieser Streitigkeit, den § 40 I 1 VwGO zur Eröffnung des Verwaltungsrechtsweges voraussetzt (→ Rn. 23 ff.), liegt damit vor. Bei derartigen Klagen gegen die öffentliche Hand ist allerdings noch weiter danach zu unterscheiden, ob es um die grundsätzliche Zulässigkeit oder um die Art und Weise ihrer Betätigung geht: Streitigkeiten über die Zulässigkeit der Betätigung als solcher (das **„Ob"**) sind öffentlich-rechtlich, da es sich nach dem oben Gesagten um eine nach öffentlich-rechtlichen Vorschriften zu beurteilende Organisationsmaßnahme handelt. Streitigkeiten über die Art und Weise des konkreten Wettbewerbsverhaltens (das **„Wie"**) beurteilen sich hingegen insbesondere nach den Vorschriften des UWG und sind daher privatrechtlicher Natur. Deshalb sind dafür gemäß § 13 GVG die Zivilgerichte zur Entscheidung berufen.

267 Ferner ergibt sich in diesen Konstellationen im Rahmen der Klage- bzw. Antragsbefugnis (→ Rn. 114 ff.; meist im Rahmen einer Leistungsklage auf Unterlassen der erwerbswirtschaftlichen Betätigung) die Problematik, dass der klagende Bürger zumindest potenziell in einem **subjektiv-öffentlichen Recht** verletzt sein muss. Ein drittschützender Charakter gerade der kommunalrechtlichen Vorschriften über die erwerbswirtschaftliche Betätigung (→ etwa Art. 87 BayGO, § 107 GO NRW) wurde trotz deren „Konkurrentenfreundlichkeit" von der herrschenden Auffassung früher verneint. Die Folge war, dass auch bei einer Verletzung der entsprechenden gesetzlichen Vorgaben ein materiell-rechtlicher Unterlassungsanspruch ausschied und in prozessualer Hinsicht bereits die Klage- bzw. Antragsbefugnis gemäß bzw. analog § 42 II VwGO in Zweifel zu ziehen war. Dass diese Auffassung heute nicht mehr haltbar ist, soll hier nochmals beispielhaft mit Hilfe der Normauslegung (→ Rn. 4) gezeigt werden. Dabei ergibt sich nach der insoweit zumeist herangezogenen **„Schutznormtheorie"** (→ Rn. 115) nur dann ein subjektives Recht für den einzelnen Bürger aus einer öffentlich-rechtlichen Vorschrift, wenn sie wenigstens auch den Zweck verfolgt, die privaten Interessen des Bürgers zu schützen.

- Erstes Auslegungskriterium ist der **Wortlaut**. Er führt bei den kommunalrechtlichen Vorschriften über die erwerbswirtschaftliche Betätigung ohne so genannte Subsidiaritätsklausel (→ dazu sogleich) eher zu einem negativen Ergebnis, denn mit keinem Wort weisen sie auf die Wettbewerbssituation zu privaten Konkurrenten hin und erfassen offenbar nur den Schutz der Gemeinde vor wirtschaftlichen Risiken durch ihre „Überforderung". Zweifelhaft ist jedoch, ob dieses Ergebnis auch dort gilt, wo – wie mittlerweile in nahezu allen Gemeindeordnungen – eine Subsidiaritätsklausel in der jeweiligen Kommunalordnung normiert ist. Diese dient doch anscheinend gerade auch dem Schutz der potenziellen privaten Konkurrenten. Die klassische Formulierung der Subsidiaritätsklausel lautet: „wenn der Zweck der kommunalen Betätigung nicht ebenso gut und wirtschaftlich durch *einen anderen* erfüllt wird oder erfüllt werden kann" (in manchen Gemeindeordnungen auch lediglich „besser und wirtschaftlicher"). Ob das nur die Zulässigkeitsvoraussetzungen für das wirtschaftliche Handeln der Kommunen aufstellt oder zugleich private Mitbewerber schützen soll, ist allerdings zunächst noch offen. Immerhin werden die kommunalen Aktivitäten aber mit Rücksicht auf die Leistungserbringung durch „andere" (womit im vorliegenden Kontext nur private Anbieter gemeint sein können) eingeschränkt. Deshalb erscheint schließlich auch die Überlegung, der Gesetzgeber hätte, wenn er die Privatwirtschaft vor staatlicher Konkurrenz bewahren wollen hätte, bei der Einfügung der Subsidiaritätsklausel eine noch deutlichere Formulierung ins Gesetz aufnehmen müssen, nicht zwingend. Mit den „modernen" Subsidiaritätsklauseln ist auch unter Berücksichtigung ihrer **Entstehungsgeschichte** (→ Gesetzesmaterialien) nämlich genau das geschehen.
- Mit Blick auf den **Sinn und Zweck** der kommunalrechtlichen Vorgaben sprechen ebenfalls gute Gründe dafür, auch einen subjektiv-rechtlichen Gehalt der Schranken kommunaler Wirtschaftstätigkeit zu bejahen. Eine solche wirtschaftliche Betätigung ist objektiv rechtswidrig, weil die reine Gewinnerzielung oder die Haushaltsentlastung keinen öffentlichen Zweck darstellen. Die Ablehnung jedweden Drittschutzes führte gerade dazu, dass die Kommunen eine objektiv rechtswidrige wirtschaftliche Tätigkeit ausüben könnten, ohne dass die von dieser Konkurrenz betroffenen Unternehmen, in der Regel kleine Handwerksbetriebe, eine Rechtsschutzmöglichkeit hätten. Der Hinweis auf die Kommunalaufsicht kann für die privaten Anbieter gleichartiger Leistungen nicht beruhigend sein, weil die Aufsichtsbehörden mit Rücksicht auf die derzeit angespannte, ja zum Teil desolate Finanzlage der Gemeinden häufig wegschauen werden

und der Konkurrent insoweit auch keinen Anspruch auf ein Einschreiten der Aufsichtsbehörde hat. Hier ist daher gerade im Hinblick auf das Rechtsstaatsprinzip verwaltungsgerichtlicher Rechtsschutz gefordert. Das erkennt im Übrigen mittlerweile auch die Rechtsprechung an – jedenfalls für die Kommunalgesetze mit Subsidiaritätsklausel.

– Bestätigt wird dieser Befund schließlich im Hinblick auf die **Systematik** dadurch, dass sonst Lücken entstünden und es daher des „Einsatzes" der kommunalrechtlichen Bestimmungen bedarf. Die Grundrechte vermitteln insofern keinen (Konkurrenten-)Schutz, weil Art. 14 I und 12 I GG – außer bei extremen Auswüchsen – nicht vor staatlicher Konkurrenz schützen und Art. 2 I GG bei seiner Anwendbarkeit nicht weiter geht als die einfache gesetzliche Regelung (etwa der Gemeindeordnungen; andernfalls würde auch wiederum – s. dazu schon Rn. 115 – das Drittschutzerfordernis „eingeebnet").

III. Das Verwaltungsprivatrecht

268 Erfüllt der Staat die ihm im Bereich der Leistungsverwaltung obliegenden Aufgaben trotz seines grundsätzlichen Wahlrechts (→ Rn. 257) weiterhin selbst, bedient sich dazu aber der privatrechtlichen Handlungsform, spricht man, wie schon erwähnt, vom **Verwaltungsprivatrecht**. Dort ist die Verwaltung zwar freier als im „strengeren" VwVfG und etwa nicht an dessen Handlungsinstrumente wie bei der Eingriffsverwaltung gebunden. Sie wird von ihren – zumindest den grundlegenden – Verpflichtungen jedoch nicht völlig frei, so dass es auch dort keine völlige „Flucht ins Privatrecht" gibt.

269 In der Dogmatik des Verwaltungsrechts hat sich aus dieser Feststellung die so genannte **Zweistufentheorie** entwickelt. Nach ihr findet trotz der Erfüllung der öffentlichen Aufgabe mit privatrechtlichen Mitteln bzw. – gleichsam „analog" bei der Privatisierung (→ Rn. 256 ff.) – trotz der Übertragung derselben auf ein privates Unternehmen auf der **ersten Stufe des „Ob"** (also z. B. bei der Frage, ob ein Anspruch des Bürgers auf Nutzung einer privat betriebenen kommunalen Einrichtung besteht) weiterhin das Öffentliche Recht Anwendung. Erst auf der **zweiten Stufe des „Wie"** (wenn es etwa um die konkrete Ausgestaltung eines Mietverhältnisses für die betreffende Einrichtung geht) kommt dann das ansonsten immer zwischen Privatrechtssubjekten gültige Zivilrecht zum Zuge. Je nach dem Klageziel des Bürgers – mithin abhängig von der betroffenen „Stufe" – ist dann der Verwaltungs- oder der Zivilrechtsweg einschlägig (geht es um beide, hat der Bürger im Hinblick auf § 17 II 1 GVG, nötigenfalls i. V. mit § 173 S. 1 VwGO ein Wahlrecht, welches Gericht er anruft).

§ 10. Die Rechtmäßigkeit eines Verwaltungsaktes

Die von der Verwaltung – jedenfalls in Klausurfällen – am häufigsten genutzte Handlungsmöglichkeit ist der **Verwaltungsakt**, der zudem den praktischen Vorteil bietet, dass er trotz Rechtswidrigkeit ohne „Gegenwehr" des Betroffenen **bestandskräftig** wird und darüber hinaus als **Vollstreckungstitel** zwangsweise durchgesetzt werden kann. In Prüfungsaufgaben ist deshalb regelmäßig die Rechtmäßigkeit eines Verwaltungsaktes zu untersuchen. Sie setzt voraus, dass der Verwaltungsakt im Einklang mit der Rechtsordnung steht. Dazu darf er nicht in formeller und materieller Hinsicht gegen geltende Rechtsvorschriften verstoßen (→ **Vorrang des Gesetzes**, Rn. 272). Weiter muss – sofern der Bescheid einer gesetzlichen Grundlage bedarf (→ **Vorbehalt des Gesetzes**, Rn. 272) – diese vorhanden sowie wirksam und ohne Rechtsfehler auf den konkreten Fall angewendet worden sein (→ Vorrang des Gesetzes). 270

Aufbautipp: Bei der Prüfung der Rechtmäßigkeit eines Verwaltungsaktes immer **zuerst** die **Ermächtigungsgrundlage** bestimmen, da von ihr letztlich z. B. auch die Behördenzuständigkeit abhängt.

Daraus ergibt sich dann regelmäßig folgendes Prüfungsschema für die **Rechtmäßigkeit eines Verwaltungsaktes**: 271

Prüfungsschema 7: Rechtmäßigkeit eines Verwaltungsaktes

A. Bestimmung der einschlägigen Ermächtigungsgrundlage

I. Erfordernis einer Ermächtigungsgrundlage

II. Formelle und materielle Vereinbarkeit der Ermächtigungsgrundlage mit höherrangigem Recht

III. Verwaltungsaktsbefugnis

B. Formelle Rechtmäßigkeit des Verwaltungsaktes

I. Zuständigkeit

II. Verfahren

III. Form

C. Materielle Rechtmäßigkeit des Verwaltungsaktes

I. Vereinbarkeit mit der Ermächtigungsgrundlage – Tatbestandsvoraussetzungen

II. Rechtsfolge: gebundene Entscheidung oder Ermessen → Ermessensfehler? (→ Rn. 316 ff.) Insbesondere:

1. Ermessensreduzierung aus kollidierendem Recht
2. Ermessensreduzierung aus Grundrechten oder aus Verhältnismäßigkeitsgründen, auch: Störerauswahl
3. Ermessensreduzierung bezüglich tatsächlicher oder rechtlicher Unmöglichkeit
4. Ermessensreduzierung hinsichtlich der Bestimmtheit

A. Ermächtigungs- oder Rechtsgrundlage

272 Bei der Prüfung der Rechtmäßigkeit des Verwaltungshandelns – hier in Gestalt des Verwaltungsaktes – ist ausgehend von der Erkenntnis, dass die Verwaltung wie jede Staatsgewalt an Recht und Gesetz gebunden ist (→ Art. 1 III, 20 III GG), zu berücksichtigen, dass der **Grundsatz der Gesetzmäßigkeit der Verwaltung** zwei Aspekte hat:

Grundsatz der Gesetzmäßigkeit der Verwaltung (Art. 20 III GG)	
Grundsatz des Vorranges des Gesetzes	**Grundsatz des Vorbehaltes des Gesetzes**
Die Verwaltung ist an bestehende Gesetze gebunden, d. h., es besteht insofern eine **Handlungs-** (sie muss handeln, wie oder wenn es die Gesetze vorschreiben) und eine **Unterlassungspflicht** (sie muss handeln, ohne gegen Gesetze zu verstoßen).	Die Verwaltung benötigt grundsätzlich ausdrückliche formelle einfachgesetzliche Ermächtigungsgrundlagen, um handeln zu dürfen, wenn sie dabei in Rechte Dritter eingreift (→ zu den „Problemfällen" Rn. 274 f.).

I. Das Erfordernis einer Ermächtigungsgrundlage

273 Nach dem Grundsatz des Vorbehaltes des Gesetzes bedarf die Verwaltung mithin für rechtsbeeinträchtigende Handlungen – hier konkret: für **belastende Verwaltungsakte** – einer Ermächtigungsgrundlage.

Anmerkung: *Der Begriff der „Ermächtigungsgrundlage" wird hier zur größeren Klarheit nur in Bezug auf Verwaltungsakte verwendet, während der oft als Pendant gebrauchte Terminus der „Rechtsgrundlage" vorliegend auf Rechtsverordnungen beschränkt bleibt. Ein anderes „Wording" ist jedoch ebenfalls möglich (und durchaus üblich).*

Diese ist unter Beachtung der **Normenpyramide „von unten nach oben"** (also z. B. eine Rechtsverordnung vor einem förmlichen Gesetz) und in der **spezielleren vor der allgemeineren Regelung** zu suchen. Demgemäß sollte man beispielsweise an das besondere Gefahrenabwehrrecht – etwa die Bauordnung – vor dem allgemeinen Polizeigesetz denken, wobei im Einzelfall aber auch ein Rechtssatz aus dem **Gewohnheits- oder Richterrecht** Anwendung finden kann.

Beispiel: In Ermangelung spezialgesetzlicher Regelungen kann ein Hausverbot zuletzt auf das gewohnheitsrechtliche Institut des (öffentlich-rechtlichen) Hausrechts als Mittel zur Sicherstellung des mit der Widmung fixierten öffentlichen Zweckes der betreffenden öffentlichen Sache gestützt werden.

Soweit der Grundsatz des Vorbehaltes des Gesetzes also eingreift, 274
ist nach dem Spezialitätsprinzip zu prüfen, welche von möglicherweise mehreren in Betracht zu ziehenden Normen als Ermächtigungsgrundlage einschlägig ist, also generell den Erlass eines solchen Verwaltungsaktes deckt. Dabei können, wie erwähnt, auch **Rechtsverordnungen oder Satzungen** die Ermächtigungsgrundlage für den Erlass eines Verwaltungsaktes bilden. Sie müssen jedoch **ihrerseits rechtmäßig** sein – was hier dann inzident zu prüfen ist – und sich im Hinblick auf den Vorbehalt des Gesetzes und die Wesentlichkeitstheorie (→ Rn. 420) dazu auf ein formelles (ermächtigendes) Gesetz zurückführen lassen und mit diesem vereinbar sein (zur Prüfung eines formellen Gesetzes als Ermächtigungsgrundlage sogleich in Rn. 277 f.).

Beispiel: Ein polizeirechtlicher Verwaltungsakt enthält ein Verbot der weiteren Hundehaltung. Er stützt sich auf eine in vielen Bundesländern in ähnlicher Form erlassene „Hundehaltungsverordnung", die ihrerseits, um taugliche Ermächtigungsgrundlage des Verwaltungsaktes zu sein, rechtmäßig sein und sich dazu auf ein zu ihrem Erlass ermächtigendes formelles Gesetz (etwa eine Norm im allgemeinen Polizeigesetz) als Rechtsgrundlage zurückführen und mit ihm vereinbaren lassen muss.

1. Der Problemfall der Leistungsverwaltung

Umstritten ist, ob die Verwaltung wegen des Grundsatzes des Vor- 275
behaltes des Gesetzes einer formell-gesetzlichen Ermächtigungsgrundlage bedarf, wenn **per Verwaltungsakt Leistungen gewährt** (so insbesondere bei der Subventionsvergabe → zur Leistungsverwaltung Rn. 255) und gerade nicht wie bei der Eingriffsverwaltung direkt

Rechte der Bürger verkürzt werden. Die Rechtsprechung geht davon aus, dass dazu kein spezielles formelles Gesetz mit Außenwirkung gegenüber dem Bürger notwendig ist. Vielmehr reiche eine **„parlamentarische Willensäußerung“**, wie z. B. durch die Bereitstellung von Finanzmitteln im Haushaltsplan. Große Teile der Literatur setzen hingegen besondere Gesetze als Grundlage für die Leistungserbringung der Verwaltung voraus. Nach der so genannten **Wesentlichkeitstheorie** (→ Rn. 420) müsse ein solches Subventionsgesetz sogar umso detaillierter sein, je grundrechtssensibler (für Dritte) und weiter reichend die Auswirkungen der Subventionsvergabe auf den Markt und die bestehenden Wettbewerbsverhältnisse seien. Hingegen verlangt eine vermittelnde Position nur für (nach der Wesentlichkeitstheorie) **„wesentliche“ Subventionen** eine formell-gesetzliche Ermächtigungsgrundlage. Wesentlich sind Subventionen insbesondere dann, wenn ihre Gewährung Belastungen Dritter mit sich bringen kann. Ansonsten ist nach dieser Sichtweise für die Leistungsverwaltung der Grundsatz des Vorbehaltes des Gesetzes hingegen unbeachtlich.

2. Der Problemfall der verwaltungsrechtlichen Sonderbeziehungen („besonderen Gewaltverhältnisse“)

276 Wenn zwischen dem Bürger und dem Staat ein engeres Verhältnis als gewöhnlicherweise besteht (Beispiele: Schul-, Strafgefangenen-, Beamten-, Wehrdienstverhältnis), wurde früher die Notwendigkeit einer formellen gesetzlichen Ermächtigungsgrundlage für belastende Verwaltungsakte in den damals so bezeichneten **„besonderen Gewaltverhältnissen“** verneint, da der Bürger in diesen Verhältnissen in besonderer, gesteigerter Art und Weise der staatlichen Gewalt unterliege. Im Gegensatz dazu geht die heute herrschende Auffassung jedoch davon aus, dass nur dann keine Ermächtigungsgrundlage notwendig ist, wenn die betroffene Person ausschließlich in Bezug auf das Näheverhältnis und nicht auch **zugleich als Bürger in ihrer persönlichen Rechtsstellung betroffen** ist. Die regelmäßig positive Antwort auf diese Frage läuft parallel zu der Entscheidung, ob die Maßnahme Außenwirkung entfaltet und damit überhaupt ein Verwaltungsakt ist (→ Rn. 46 ff.).

Beispiel: Die beamtenrechtliche Versetzung nötigt den Beamten („als Mensch“) häufig zum Umzug etc. und hat daher Außenwirkung. Demgegenüber fehlt diese bei der lediglich intern gegenüber dem Amtswalter (und eben nicht „gegenüber dem Menschen“) wirkenden bloßen Zuweisung eines anderen Aufgabenbereiches bei ansonsten unveränderter Dienststellung. Im ersten Fall bedarf es daher einer Ermächtigungsgrundlage, im zweiten hingegen nicht.

Notwendigkeit einer formell-gesetzlichen Ermächtigungsgrundlage in verwaltungsrechtlichen Sonderbeziehungen

Ja,	Nein,
wenn die Maßnahme den Gewaltunterworfenen in seiner **persönlichen Rechtsstellung**, insbesondere in seinen Grundrechten, berührt.	wenn die Maßnahme den Gewaltunterworfenen **als Teil der Verwaltung** ohne Grundrechtsbezug betrifft.

II. Die Vereinbarkeit der Ermächtigungsgrundlage mit höherrangigem Recht

Wenn sie nach dem Grundsatz des Vorbehaltes des Gesetzes erfor- 277
derlich ist (→ Rn. 272), muss die Ermächtigungsgrundlage in Gestalt eines formellen Gesetzes auch tauglich i. S. von **verfassungsgemäß** sein. Das bedeutet, dass ihre formelle und materielle Vereinbarkeit mit der Bundes- bzw. Landesverfassung zu untersuchen ist.

Anmerkung: *Dieser Punkt sollte nur angesprochen werden, wenn der **Sachverhalt diesbezüglich Hinweise enthält** oder es um eine „problematische" (so etwa die polizeiliche Generalklausel mit ihren – scheinbar zu – unbestimmten Rechtsbegriffen quasi von alters her) oder um eine ganz neue bzw. eine „erfundene" (fiktive) oder besonders grundrechtsrelevante Norm geht.*

Eine Schwierigkeit tritt dabei auf, wenn die **Ausgangs- oder Wi-** 278
derspruchsbehörde von der Verfassungswidrigkeit der Ermächtigungsgrundlage ausgeht. Dann gibt es für sie mehrere denkbare Möglichkeiten: Einerseits kann sie unter Berufung auf ihre Gesetzesbindung (→ Art. 20 III GG) ein von ihr für verfassungswidrig erachtetes Gesetz „sehenden Auges" trotzdem anwenden oder aber, da sie auch an die Verfassung gebunden ist und ihr ein Verstoß dagegen nicht zugemutet werden kann, es unangewendet lassen. Insoweit greift zwar nicht das Verwerfungsmonopol des BVerfG für formelle Gesetze nach Art. 100 I GG ein, da es nur Gerichte bindet. Es ergibt sich jedoch das Problem, dass die Verwaltung auch kein Vorlagerecht zum Verfassungsgericht hat. Eine eindeutige und wirklich befriedigende Lösung dieses Problems wurde bisher nicht gefunden.

Anmerkung: *Am häufigsten tritt dieser Konflikt nicht bei formellen Gesetzen, sondern in Bezug auf **bloß materielle Gesetze** wie insbesondere Bebauungspläne auf. Für sie gilt Art. 100 GG zwar ohnehin nicht; es bleibt aber trotzdem umstritten, wie sich die Verwaltung in dieser Situation verhalten soll. Sie hat* *allerdings dann regelmäßig die Möglichkeit, ein Normenkontrollverfahren einzuleiten, wofür sie als Behörde (in Ermangelung eigener Rechte) keiner besonderen Antragsbefugnis bedarf (→ Rn. 125).*

III. Die Verwaltungsaktsbefugnis

279 Selbst wenn eine rechtliche Grundlage für ein staatliches Handeln erforderlich und im konkreten Fall auch vorhanden sowie wirksam ist, stellt sich gerade bei staatlichen „Forderungen" noch die Frage, ob der Eingriff (z. B. die Geltendmachung eines Schadensersatzbegehrens) **in Gestalt eines Verwaltungsaktes** erfolgen durfte (→ Frage der **„Verwaltungsaktsbefugnis"**). Bedenken ergeben sich dabei aus dem Umstand, dass sich der Adressat des Bescheides gegen den Verwaltungsakt wehren und unter Umständen klagen muss, wenn er dessen Unanfechtbarkeit und Bestandskraft verhindern will. Das stellt eine klare Belastung bzw. einen Nachteil für ihn im Vergleich zu der Situation dar, dass ihn die Behörde – wie im Zivilrecht – verklagen muss und sich den Vollstreckungstitel daher nicht einfach „selbst schaffen" kann (→ Titelfunktion des Verwaltungsaktes).

280 Dieses Problem tritt häufig im **Beamtenrecht** (früher als „besonderes Gewaltverhältnis" bezeichnet → Rn. 276) auf, wo die Geltendmachung von Ansprüchen „aus dem Beamtenverhältnis" durch den Staat ohne gesonderte Verwaltungsaktsbefugnis heute meist als unzulässig angesehen wird. Eine derartige Betrachtungsweise übersieht indes, dass das Handeln eines Beamten bei der Erfüllung seiner Dienstgeschäfte im Rahmen eines öffentlich-rechtlichen Rechtsverhältnisses erfolgt, dessen Rechtsbeziehungen durch parlamentsgesetzliche Regelungen und hierauf gestützte Rechtsverordnungen sowie durch generell-abstrakte und konkret-individuelle Dienstbefehle gestaltet ist. Charakteristikum eines derartigen Dienst- und Rollenverhältnisses zwischen dem Beamten und seinem Dienstherrn ist daher ein **Verhältnis der Über- und Unterordnung**. In solchen subordinationsrechtlichen Rechtsverhältnissen ist aber eine subordinationsrechtliche Regelung durch Verwaltungsakt „in allen Richtungen" üblich. Daher spricht manches dafür, dass der Dienstherr zumindest **kraft Gewohnheitsrechts** befugt ist, die sich im Verhältnis hoheitlicher Überordnung auf der Grundlage des geltenden Rechts ergebenden Rechtsfolgen durch einen Leistungsbescheid geltend zu machen. Dem steht auch nicht der aus Art. 20 III GG herzuleitende Vorbehalt des Gesetzes entgegen. Dieser Grundsatz fordert nämlich lediglich, dass eine parlamentarisch legitimierte Grundlage vorhanden sein muss, um der Verwaltung eine Handlungsmöglichkeit zu eröffnen. Bei Eingriffen gegenüber dem **„normalen" Bürger** bleibt das Problem hingegen bestehen. Hier ist die jeweils einschlägige Norm dahingehend auszulegen, ob in ihr auch eine Verwaltungsaktsbefugnis enthalten ist.

Beispiel: In vielen polizeirechtlichen Befugnisnormen findet sich der Satz, dass die (anfallenden) Kosten „im Verwaltungsvollstreckungsverfahren beigetrieben" werden können, was einen Kostenbescheid als Verwaltungsakt voraussetzt und damit als eine Befugnis für dessen Erlass aufzufassen ist.

B. Formelle Rechtmäßigkeit

Im Rahmen der formellen Rechtmäßigkeit sind **drei Aspekte** zu prüfen, bevor auf die Folgen möglicher Fehler einzugehen ist:

I. Zuständigkeit

Zu unterscheiden ist die örtliche, sachliche und instanzielle Zustän- 281
digkeit. Die Zuständigkeit ist dabei **von der Verwaltungsaktsbefugnis abzugrenzen**. Während Erstere klärt, welche Behörde für den Erlass des Verwaltungsaktes zuständig ist, beschäftigt sich die Verwaltungsaktsbefugnis mit der Frage, ob für einen belastenden Verwaltungsakt gegenüber dem Bürger nicht nur eine Ermächtigungsgrundlage für die Belastung als solche erforderlich ist, sondern zudem eine für die Belastung gerade durch einen Verwaltungsakt (→ Rn. 279 f.).

1. Die **örtliche Zuständigkeit** beurteilt sich, wenn kein Spezialge- 282
setz (etwa aus dem Polizeirecht) einschlägig ist, nach § 3 VwVfG. Bei Nichtbeachtung der Vorgaben zur örtlichen Zuständigkeit ist ein Verwaltungsakt nur im Fall des § 44 II Nr. 3 VwVfG nichtig (→ Rn. 296). Im Übrigen ist er hingegen an §§ 44 III Nr. 1, 46 VwVfG zu messen (→ Rn. 296, 300 ff.).

2. Die **sachliche Zuständigkeit** einer Behörde ergibt sich regelmä- 283
ßig aus dem einschlägigen Spezialgesetz bzw. aus weiteren zu seiner Ausführung erlassenen Normen, z. B. regelmäßig bei Bundesgesetzen wegen der Länderexekutivkompetenz nach Art. 83, 84 GG aus den Landesausführungsgesetzen oder -verordnungen. Daneben ist aber traditionell jede Behörde für die Gefahrenabwehr in ihrem Zuständigkeitsbereich selbst zuständig. Zur Entscheidung berufen ist prinzipiell der jeweilige **Träger der Verwaltung** (→ Rn. 245) bzw. die entsprechende Verwaltungsorganisation, weshalb im Bereich der mittelbaren Staatsverwaltung (→ Rn. 244 ff., dort auch zur unmittelbaren Staatsverwaltung) dann noch weiter zwischen der **Verbands- und Organkompetenz** zu unterscheiden ist.

Beispiel: Insbesondere bei den Gemeinden ist zwischen ihrer Verbandszuständigkeit (insbesondere für die von Art. 28 II 1 GG geschützten Angelegenheiten der örtlichen Gemeinschaft, in Abgrenzung zur Verbandskompetenz von

Kreis, Land und Bund etc.) und der Zuständigkeit ihrer verschiedenen Organe (z. B. Gemeinderat und Bürgermeister usw.) zu differenzieren.

284 Wenn ein Privater als **Beliehener** oder **Verwaltungshelfer** in die Verwaltung „integriert" wird (→ Rn. 249 f.), kann auch er „zuständige Behörde" sein (zur grundsätzlichen Zulässigkeit der Beteiligung Privater bei der Verwaltungstätigkeit und zu den Problemen gerade bei der Eingriffsverwaltung → Rn. 256 f.)

II. Verfahren – insbesondere Anhörung und Antrag

285 Hinsichtlich des Verfahrens sind die **§§ 9–34 VwVfG**, insbesondere die § 20 und § 28 VwVfG zu prüfen, bei deren Verletzung dann die §§ 44 III Nr. 2, 45 I Nr. 1 und 3, II, III, 46 VwVfG näher in den Blick genommen werden müssen (→ Rn. 292 ff.).

286 1. Die Prüfung des Erfordernisses der **Anhörung** erfolgt regelmäßig in **vier Schritten**:

Prüfungsschema 8: Erfordernis der Anhörung

1. **belastender** (nicht begünstigender oder feststellender) **Verwaltungsakt**, § 28 I VwVfG → Anhörung erforderlich;
2. **Anhörung nicht entbehrlich**, § 28 II VwVfG (vor allem: Eilfall nach Nr. 1, Vollstreckungsmaßnahme nach Nr. 5);
3. **Anhörung nicht erfolgt** (im Sachverhalt: „völlig überraschend" etc., nicht „nach Gesprächen");
4. **keine Heilung**, § 45 I Nr. 3, II VwVfG (→ Rn. 298), und
5. **keine Unbeachtlichkeit**, § 46 VwVfG (→ Rn. 300 ff.).

287 Bei **Drittanfechtungsklagen** stellt sich oftmals das Problem, dass der Dritte nicht angehört wurde. Der Tatbestand des § 28 I VwVfG setzt aber voraus, dass der Dritte ein **„Beteiligter"** i. S. dieser Norm ist. Beim Dritten fehlt es jedoch in der Praxis regelmäßig als Nicht-Adressaten des Verwaltungsaktes an der (auf seinen Antrag zwingenden) Hinzuziehung als Beteiligter gemäß § 13 I Nr. 4, II 2 VwVfG, so dass er schon deswegen (also unabhängig von § 28 II VwVfG) nicht angehört werden muss.

288 2. Die Notwendigkeit eines vorherigen **Antrages** besteht bei so genannten **mitwirkungsbedürftigen Verwaltungsakten**, die nicht von Amts wegen erlassen werden. Sie ergibt sich – wie § 22 VwVfG zeigt – aus dem jeweiligen Fachgesetz (etwa „auf Antrag"). Ein fehlender Antrag kann nach § 45 I Nr. 1 VwVfG mit heilender Wirkung nachgeholt (→ Rn. 298) werden oder nach § 46 VwVfG unbeachtlich sein (→ Rn. 300 ff.).

III. Form

Die Form des Verwaltungshandelns bemisst sich insbesondere nach den **§§ 37 III, 39, 41 VwVfG**. Dabei sind Verwaltungsakte grundsätzlich **formfrei** (→ § 37 II 1 VwVfG). Wird jedoch eine bestimmte Form gewählt, knüpfen sich daran weitere Anforderungen: 289

Anmerkung: *Das Erfordernis der hinreichenden* ***Bestimmtheit*** *in § 37 I VwVfG wird mehrheitlich als materielle Anforderung im Kontext des Ermessens angesehen (→ Rn. 316 ff.). Teilweise wird der Norm – ohne wirklichen „Gewinn" – aber auch ein formeller und ein materieller Teil entnommen.*

1. Gemäß § 37 III 1 VwVfG muss ein schriftlicher oder elektronischer Verwaltungsakt die **erlassende Behörde** erkennen lassen und die Unterschrift oder Namenswiedergabe des Behördenleiters, seines Vertreters oder seines Beauftragten enthalten. Das ist vor allem für den **Rechtsschutz des Adressaten** (etwa zur Bestimmung des Klage- bzw. Antragsgegners in der Klage- oder Antragsschrift) von Bedeutung. 290

2. Ein schriftlicher oder elektronischer Verwaltungsakt ist nach § 39 I 1 VwVfG zudem mit einer **Begründung** zu versehen. In ihr sind die wesentlichen tatsächlichen und rechtlichen Gründe mitzuteilen, welche die Behörde zu ihrer Entscheidung bewogen haben. Dabei soll die Begründung von Ermessensentscheidungen zudem die Gesichtspunkte erkennen lassen, von denen die Behörde bei der Ausübung ihres Ermessens ausgegangen ist. Das gilt insbesondere für die Aspekte, welche die Behörde dann auch tatsächlich in ihre Ermessenserwägungen eingestellt hat. Die Begründung muss dabei nur überhaupt erfolgen, aber nicht zwingend inhaltlich zutreffend sein (das ist in der Sache erst eine Frage der materiellen Rechtmäßigkeit des Verwaltungsaktes). Die für die Normauslegung nicht unwichtige verfassungsrechtliche Grundlage der Begründungspflicht findet sich in der **Rechtsschutzgarantie des Art. 19 IV GG**: Nur wenn der Adressat die für den Erlass des Verwaltungsaktes tragenden Gründe kennt, vermag er zu prüfen, ob er Rechtsbehelfe einlegen kann, die Aussicht auf Erfolg haben. Zudem liegt in der Begründungspflicht auch eine Form der **Selbstkontrolle der Verwaltung**, die sich über die von ihr getroffenen Anordnungen und Entscheidungen klar sein muss. Nach § 39 II Nr. 1–5 VwVfG kann die Behörde allerdings in bestimmten Fällen auf eine Begründung verzichten. Das ist insbesondere dann möglich, wenn sie einem Antrag entspricht oder einer Erklärung folgt und der Verwaltungsakt nicht in Rechte eines anderen eingreift (§ 39 II Nr. 1 VwVfG) oder wenn sich das aus einer Rechtsvorschrift ergibt (§ 39 II Nr. 4 VwVfG). Eine fehlende oder im obigen Sinn stark mangelhafte Begründung führt zur Rechtswidrigkeit des Verwaltungsaktes. Das Fehlen der Begründung macht wie jeder andere formelle Fehler 291

den Verwaltungsakt grundsätzlich aber noch nicht nichtig (→ fehlerunabhängige Wirksamkeit des Verwaltungsaktes). Eine unzureichende oder fehlende Begründung kann vielmehr nach § 45 I Nr. 2, II VwVfG nachgeholt und der Verstoß gegen die Begründungspflicht damit geheilt werden (→ Rn. 298). Ein nicht geheilter Begründungsfehler kann zudem grundsätzlich nach § 46 VwVfG unbeachtlich sein (→ Rn. 300 ff.).

IV. Heilung und Unbeachtlichkeit von Fehlern nach §§ 45, 46 VwVfG

1. Heilung von Formverstößen nach § 45 VwVfG

292 Eine **Heilung** von Formalverstößen kommt **nach § 45 VwVfG** unter folgenden kumulativ zu erfüllenden Voraussetzungen in Betracht:

a) Keine Nichtigkeit

293 Der **Formverstoß** darf **nicht** zur **Nichtigkeit** des Verwaltungsaktes führen.

294 **Exkurs zu den Begrifflichkeiten:**

- Die **Wirksamkeit** eines Verwaltungsaktes beginnt mit seiner **Bekanntgabe** gegenüber dem Empfänger (→ § 43 I 1 VwVfG; äußere Wirksamkeit). Hierbei ist es unerheblich, ob der Verwaltungsakt **rechtmäßig** ist oder nicht, denn auch ein rechtswidriger Verwaltungsakt ist wirksam, bis er zurückgenommen, widerrufen oder aufgehoben wird bzw. sich erledigt hat (→ § 43 II VwVfG). Die Wirksamkeit eines Verwaltungsaktes setzt weiterhin voraus, dass er **nicht nichtig** ist (→ Rn. 295 ff.; innere Wirksamkeit). Sobald ein wirksamer Verwaltungsakt unanfechtbar geworden ist, tritt seine **Bestandskraft** ein. Eine **Durchbrechung** dieser Bestandskraft des Verwaltungsaktes erfolgt allerdings bei seiner Rücknahme (→ Rn. 329 ff.) oder seinem Widerruf (→ Rn. 338 ff.).
- Die **Rechtmäßigkeit** eines Verwaltungsaktes ist nur zu bejahen, wenn er alle Anforderungen des geltenden Rechts erfüllt (→ Rn. 281 ff. bzw. 306 ff. zum materiellen Recht). Bei Verstößen gegen Rechtsnormen mit Außenwirkung ist der Verwaltungsakt rechtswidrig; jedoch bleiben bei bestimmten formellen Fehlern die Heilung oder die Unbeachtlichkeit dieser Fehler möglich (→ §§ 45, 46 VwVfG, Rn. 298 ff.).
- Die **Nichtigkeit** eines Verwaltungsaktes ist lediglich gegeben, wenn er an einem besonders schwer wiegenden Fehler leidet

(→ § 44 II, I VwVfG). Ein solcher eklatant rechtswidriger Verwaltungsakt ist dann nach § 43 III VwVfG nichtig und damit unwirksam. Er muss also nicht mehr mit Rechtsbehelfen angefochten werden, weshalb ihn sein Adressat ignorieren und die Behörde ihn nicht zwangsweise durchsetzen kann. Um Rechtssicherheit zu erlangen, kann die Nichtigkeit des Verwaltungsaktes jedoch von der Behörde (→ § 44 V VwVfG) oder vom Gericht auf eine entsprechende Klage – meist des Adressaten, gegebenenfalls aber auch eines berechtigten (weil scheinbar belasteten) Dritten – hin (→ § 43 I VwGO, Rn. 82) festgestellt werden.

– Ein wirksamer Verwaltungsakt muss, damit er sofort Rechtsfolgen zeitigt, **vollziehbar** sein, was bei seiner Bestandskraft, aber auch schon davor in den Konstellationen des § 80 II 1 VwGO (→ Rn. 105 f.) der Fall ist. Im Übrigen wird die Vollziehbarkeit hingegen gemäß § 80 I VwGO durch Rechtsbehelfe **gehemmt**.

§ 44 VwVfG benennt für die **Nichtigkeit** eines Verwaltungsaktes **zwei** **295**
„Fallgruppen": zunächst die in Abs. 2 im Einzelnen aufgeführten Konstellationen, dann – als Generalklausel – Abs. 1. In dieser Reihenfolge ist die Nichtigkeitsfrage dann auch sinnvollerweise zu prüfen.

aa) In einem abschließenden Katalog nennt § 44 II Nr. 1–6 VwVfG **296**
Gründe, die **zwingend** – also ohne Rücksicht auf das Vorliegen der Voraussetzungen des § 44 I VwVfG – immer zur **Nichtigkeit des Verwaltungsaktes** führen.

Nach § 44 II Nr. 1 VwVfG ist ein Verwaltungsakt nichtig, wenn er die **erlassende Behörde nicht erkennen** lässt. Die Vorschrift knüpft unmittelbar an § 37 III VwVfG an, der unter anderem die Erkennbarkeit der erlassenden Behörde anordnet (→ Rn. 290). § 44 II Nr. 1 VwVfG liegen wie dort Gedanken des **Rechtsschutzes** zu Grunde: Für Rechtsbehelfe gegen einen Verwaltungsakt muss die Erkennbarkeit seiner erlassenden Behörde gewährleistet sein.

Wenn der Verwaltungsakt auf Grund einer Rechtsvorschrift nur durch die **Aushändigung einer Urkunde** erlassen werden darf, greift bei einem **Verstoß** hiergegen die Nichtigkeitsfolge des § 44 II Nr. 2 VwVfG ein. Diese Norm dient der **Rechtssicherheit**.

Beispiele: Ernennungsurkunden für Beamte etwa nach § 8 II BeamtStG; die Einbürgerungsurkunde nach dem Ausländerrecht.

§ 44 II Nr. 3 VwVfG ordnet die Nichtigkeit eines Verwaltungsaktes an, wenn diesen eine **Behörde außerhalb** ihrer durch § 3 I Nr. 1 VwVfG begründeten **Zuständigkeit** erlassen hat, ohne dazu ermächtigt zu sein. Dieser Nichtigkeitsgrund erfasst allerdings nur einen kleinen **Teil** der Fälle der **örtlichen Unzuständigkeit** (→ Rn. 282):

Die erlassene Maßnahme muss sich auf **unbewegliches Vermögen** oder auf ein ortsgebundenes Recht oder Rechtsverhältnis beziehen.

Beispiel: Die Gefahrenabwehr- oder Baubehörde im Landkreis A verfügt eine Nutzungsuntersagung für ein im Landkreis B gelegenes Gebäude.

Gemäß § 44 III Nr. 1 VwVfG (→ Rn. 297) sind hingegen die von § 44 II Nr. 3 VwVfG nicht erfassten Verstöße gegen die örtliche Zuständigkeit **explizit von der Nichtigkeitsfolge ausgenommen**.

§ 44 II Nr. 4 VwVfG betrifft die **tatsächliche** (objektive) **Unmöglichkeit** (der Erfüllung) einer per Verwaltungsakt auferlegten Pflicht.

Beispiel: Die Bauaufsichtsbehörde erlässt eine Nutzungsuntersagung für ein bereits abgerissenes Gebäude.

Ein Verwaltungsakt, der die **Begehung einer rechtswidrigen Tat verlangt**, die einen Straf- oder Bußgeldtatbestand verwirklicht, ist nach § 44 II Nr. 5 VwVfG ebenfalls nichtig. Die Vorschrift behandelt damit im Anschluss an § 44 II Nr. 4 VwVfG (→ s. zuvor; tatsächliche Unmöglichkeit) den Fall der **rechtlichen Unmöglichkeit**.

Beispiel: Ein Mieter wird verpflichtet, das Haus des Eigentümers gegen dessen Willen abzureißen, was nach §§ 303, 305 StGB strafbar wäre.

Ebenfalls nichtig ist nach § 44 II Nr. 6 VwVfG ein Verwaltungsakt, der **gegen die guten Sitten verstößt**.

Beispiel: Die Verpflichtung, eine sittenwidrige Handlung wie etwa die Erhebung von Wucherzinsen (noch unterhalb der Strafbarkeitsschwelle, sonst greift bereits § 44 II Nr. 5 VwVfG) vorzunehmen, ist nichtig.

297 bb) Die **Generalklausel des § 44 I VwVfG** stellt auf einen **besonders schweren Fehler des Verwaltungsaktes** ab. Ein solcher besonders schwerer Fehler muss auch bei wohlwollender und verständiger Würdigung deutlich hervortreten und **von jedermann erkennbar** sein, was beispielsweise bei einer offensichtlich in sich widersprüchlichen Regelung der Fall ist. Dem Verwaltungsakt steht der Fehler dann gleichsam „auf die Stirn geschrieben". Zu beachten ist dabei, dass dieser Generalklausel auf Grund der besonderen Nichtigkeitsgründe des § 44 II VwVfG sowie des Negativkataloges des Abs. 3 nur eine subsidiäre Bedeutung zukommt. Das bedeutet, dass gleichsam § 44 I VwVfG immer noch **mit § 44 III VwVfG „abgeglichen"** werden muss.

Beispiel: Die Nichtöffentlichkeit einer Sitzung des Gemeinderates ohne triftigen Grund nach der einschlägigen Bestimmung der Gemeindeordnung wird wegen der grundlegenden Bedeutung des Grundsatzes der Öffentlichkeit als Ausfluss des Demokratieprinzips auch im Bereich der (kommunalen) Exekutive mehrheitlich als gravierender Fehler eines Verwaltungsaktes und damit als unbenannter Fall nach § 44 I VwVfG angesehen.

b) Vornahme der Heilung

Die fehlerhafte oder fehlende Handlung muss zur Heilung des Fehlers **wiederholt bzw. nachgeholt** werden – etwa der Antrag (Nr. 1 → Rn. 288), die Begründung (Nr. 2 → Rn. 291; dazu aber auch noch in Rn. 303 ff. im Zusammenhang mit dem Nachschieben von Gründen) oder die Anhörung (Nr. 3 → Rn. 286 f.). Dabei ist insbesondere die Heilung einer **fehlenden Anhörung** allein durch die **Durchführung des Widerspruchsverfahrens** problematisch (vgl. auch schon Rn. 150): Bei der Identität von Ausgangs- und Widerspruchsbehörde nach § 73 I 2 Nr. 2 und 3 VwGO ist sie noch unstreitig möglich. Sind **Ausgangs- und Widerspruchsbehörde** hingegen **verschieden** (→ § 73 I 2 Nr. 1 VwGO), ist die Heilung umstritten: **298**

Einerseits hat die Widerspruchsbehörde regelmäßig die volle Entscheidungskompetenz, und der Bürger kann seine Argumente vorbringen. Deshalb könnte grundsätzlich eine Heilung möglich sein, es sei denn die Widerspruchsbehörde ist in ihrem Ermessen beschränkt oder trifft keine Sachentscheidung (weil sie z. B. den Widerspruch für verfristet erklärt). In diesem Fall werden nämlich Argumente des Bürgers doch nicht berücksichtigt.

Andererseits lässt sich aber auch zwischen **gebundenen Entscheidungen** und **Ermessensentscheidungen** differenzieren: Nur bei Ersteren ist eine Heilung möglich, denn bei Letzteren würde der Bürger ansonsten eine Ermessensebene verlieren, da nicht mehr zuerst die Erlassbehörde und anschließend die Widerspruchsbehörde entscheidet, sondern nur noch die zweite. Dagegen könnte zwar wiederum angeführt werden, dass gemäß § 72 VwGO die Ausgangsbehörde im Rahmen des Abhilfeverfahrens ohnehin in jedem Fall erneut die Einwände des Bürgers prüfen muss, so dass er faktisch keine Ermessensebene verliert. Allerdings ist das Abhilfeverfahren oft nur eine Formsache. Umgekehrt nimmt die Gegenposition die Heilungsmöglichkeit dann doch an, wenn eben die Ausgangs- und Widerspruchsbehörde ausnahmsweise identisch sind (§ 73 I 2 Nr. 2, 3 und S. 2 VwGO; dazu schon oben) und der Bürger also ohnehin keine „Ebene" verlieren kann.

Gibt es **lediglich** ein **Klageverfahren** (→ Rn. 131 ff. zur Entbehrlichkeit des Widerspruches), so lässt sich gut vertreten, dass sich die Behörde bei einem reinen Parteivortrag als Begründung der Anfechtungsklage überhaupt nicht mehr i. S. des § 28 I VwVfG – auch nicht im Nachhinein mit heilender Wirkung – bei ihrer Entscheidung mit dem Vorbringen des Bürgers befasst. Sie nimmt es dann nur noch im Prozess zur Kenntnis.

Anmerkung: *Eine Heilung der fehlenden Anhörung nach/analog § 45 I Nr. 3, II VwVfG durch die Stellung des Eilantrages (und parallel durch die Klageerhebung) scheidet im Übrigen schon dadurch aus, dass die Anhörung* *dann „durch das Gericht“ und nicht (sondern allenfalls mittelbar, und das reicht eben dafür nicht aus) durch die Behörde erfolgt.*

299 Den **zeitlichen Rahmen** für die Nach- bzw. Wiederholung der fehlenden oder fehlerhaften Handlung setzt § 45 II VwVfG im Verwaltungsprozess mit dem Ende der mündlichen Verhandlung in der Berufungsinstanz (das ist die letzte Tatsacheninstanz; vgl. § 137 II VwGO zur Revision → Rn. 237). Als zusätzliche Rechtsfolge zu Gunsten des Bürgers ermöglicht ihm § 45 III VwVfG dann auch noch einen Antrag auf Wiedereinsetzung in den vorigen Stand bezüglich der sonst bei der nachgeholten Verwaltungshandlung versäumten Fristen.

2. Unbeachtlichkeit nach § 46 VwVfG

300 Liegt ein nicht nach § 45 VwVfG geheilter formeller Fehler vor, ist noch dessen mögliche **Unbeachtlichkeit nach § 46 VwVfG** zu untersuchen.

a) Dogmatische Einordnung und „Wirkung“ des § 46 VwVfG

301 Die dogmatische Einordnung und Wirkung des § 46 VwVfG sind umstritten: Einerseits liegt die Auffassung nahe, dass er die (formelle) **Rechtswidrigkeit des Verwaltungsaktes „tilgt“**, so dass dieser schon objektiv nicht mehr rechtswidrig ist. Andererseits wird vertreten, § 46 VwVfG lasse weder die Rechtswidrigkeit des Verwaltungsaktes noch die dadurch verursachte Rechtsverletzung des Klägers, wohl aber dessen **Aufhebungsanspruch nach § 113 I 1 VwGO erlöschen**, denn nur so seien überhaupt der Rechtschutz gegen einen entsprechenden Verwaltungsakt und gegebenenfalls ein Schadensersatzanspruch denkbar. Verwiesen wird zudem auf den Wortlaut der Norm, die gerade eine bestehende Rechtswidrigkeit voraussetze. Außerdem seien die §§ 59 II Nr. 2 VwVfG, 44a, 144 IV VwGO, 563 ZPO, die ebenfalls bestimmte formelle Fehler als unbeachtlich einstuften und zu denen insoweit eine Parallele gewollt sei, zu beachten. Nach h. M. lässt § 46 VwVfG demgegenüber zwar die objektive Rechtswidrigkeit bestehen, **beseitigt** aber die **subjektive Rechtsverletzung**, so dass § 113 I VwGO nicht mehr eingreift. Das ist allerdings bedenklich, weil auch Verfahrensvorschriften subjektive Rechte begründen (so können beispielsweise sogar Grundrechte durch ein unzureichendes Verfahren verletzt werden).

b) Der Tatbestand des § 46 VwVfG

302 Der Tatbestand des § 46 VwVfG setzt voraus, dass der betreffende Verwaltungsakt **nicht nichtig** ist (→ Rn. 295 ff.) und ein **Verstoß gegen Verfahrens-, Form- oder (örtliche) Zuständigkeitsvorschriften** vorliegt. Zu beachten ist ferner, dass § 46 VwVfG schon tatbestandlich gar **nicht** eingreift, wenn es um einen **Ermessensverwaltungsakt** geht. Eine fehlende Anhörung etwa ist insoweit bei einem nicht gebundenen Verwaltungsakt (dann ist eine andere Sachentscheidung der Behörde möglich) nicht unerheblich bzw. folgenlos.

V. Das Sonderproblem des Nachschiebens von Gründen

Wie gesehen (→ Rn. 291), ist gemäß § 39 I VwVfG ein schriftlicher **303** Verwaltungsakt von der erlassenden Behörde zu **begründen**, soweit die Behörde nicht nach § 39 II VwVfG oder nach Maßgabe anderer Vorschriften von einer Begründung absehen darf. Beim **„Nachschieben"** einer zunächst nicht oder nicht vollständig erfolgten Begründung ist für dessen „Zulässigkeit" nunmehr allerdings noch weiter zu **differenzieren**:

1. Das bloße formelle **Nachholen einer Begründung gemäß § 45 I Nr. 2 VwVfG** ist bis zum Ende des verwaltungsgerichtlichen Verfahrens in der zweiten Instanz möglich (§ 45 II VwVfG → Rn. 299). Ein Verstoß gegen § 39 I VwVfG oder eine entsprechende Spezialvorschrift bleibt damit dann folgenlos, wenn die erforderliche Begründung des Verwaltungsaktes (sozusagen noch rechtzeitig) im verwaltungsgerichtlichen Verfahren gegeben wird. **304**

2. Das materielle **Nachschieben von Gründen**, das **nicht** der **bloßen Klarstellung** dient, ist gesetzlich nicht geregelt. **Grundsätzlich** können auf Grund des Untersuchungsgrundsatzes in § 86 VwGO (→ Rn. 9) auch im gerichtlichen Verfahren noch Klarstellungen erfolgen, wenn es sich dabei nicht um ein Nachholen der gesamten Begründung handelt (→ dann Rn. 291 bzw. 298). Werden aber durch neue Gründe inhaltlich eine Wesensänderung des Verwaltungsaktes herbeigeführt oder wesentlich neue Ermessenserwägungen präsentiert, liegt eine ungerechtfertigte Beeinträchtigung der Verteidigungsmöglichkeiten des Klägers vor. In dieser Situation ist das „Nachschieben" unstatthaft. Das bestätigt nach h. M. auch § 114 S. 2 VwGO als besondere Regelung für das Nachschieben von Ermessenserwägungen, wo das Wort „ergänzen" verwendet wurde. Zulässig ist daher nur das Verdeutlichen einer ursprünglich nicht ausreichend wiedergegebenen Begründung oder Ermessensentscheidung. **305**

Beispiel: Eine Wesensänderung liegt vor, wenn der Tenor des Verwaltungsaktes nachträglich verändert wird oder die bisherige Argumentationslinie einen neuen Ansatzpunkt erhält. Fehlen in der ursprünglichen Begründung eines Verwaltungsaktes alle oder wesentliche Gründe für die Ermessenentscheidung, dürfen diese auch nicht mehr nachgeschoben werden, ohne dass ein unzulässiges Nachschieben von Gründen gegeben ist (→ vollständige Nachholung der die Ermessensentscheidung tragenden Gründe). Außerdem setzt eine Ergänzung einen wirksamen Verwaltungsakt voraus. Mithin darf sich ein Verwaltungsakt auch noch nicht erledigt haben.

C. Materielle Rechtmäßigkeit

306 Die materielle Rechtmäßigkeit eines Verwaltungsaktes setzt voraus, dass die **Tatbestandsvoraussetzungen** seiner Ermächtigungsgrundlage ebenso erfüllt sind, wie die gewählten **Rechtsfolgen** zu ihr passen. Grafisch lassen sich die dabei auftretenden Probleme so darstellen:

erst: **Rechtsanwendung bzw. Prüfung der Tatbestandsvoraussetzungen**	***dann:*** **gebundene Entscheidung als Rechtsfolge**	***oder:*** **Ermessensausübung als Rechtsfolge**
1. „bestimmte" Rechtsbegriffe 2. ausfüllungsbedürftige, unbestimmte Rechtsbegriffe ↓ **volle gerichtliche Nachprüfbarkeit** (Art. 19 IV GG; Gewaltenteilung und Gesetzmäßigkeitsprinzip) auch bei prognostischen Entscheidungen mit Einschätzungsprärogative	„hat", „ist", … **volle gerichtliche Nachprüfbarkeit**	„kann", „darf", „ist befugt" <u>aber:</u> § 40 VwVfG → pflichtgemäßes (nicht: freies) Ermessen ↓ **beschränkte gerichtliche Prüfung auf Ermessensfehler (§ 114 VwGO)** – Ermessensnichtgebrauch – Ermessensfehlgebrauch – Ermessensüberschreitung Dabei sind z. B. auch Grundrechte als „Schranke" zu berücksichtigen, ebenso die Verhältnismäßigkeit usw.
Ausnahmen: 1. Beurteilungsspielraum – Prüfungsentscheidungen und dienstliche Beurteilungen – pluralistisch zusammengesetzte Entscheidungsgremien 2. untrennbare Koppelungsvorschriften	**keine Ausnahmen**	**Ausnahme:** Ermessensreduzierung auf Null/Eins
Beachtenswert: Unbestimmte Rechtsbegriffe gibt es auf der Tatbestands- <u>und</u> auf der Rechtsfolgenseite.	**Beachtenswert:** Gegebenenfalls gibt es einen Anspruch auf das begehrte Verwaltungshandeln.	**Beachtenswert:** 1. Unterschieden werden muss das Entschließungs- („Ob") und das Auswahlermessen („Wie"). 2. Ermessen gibt es nur auf der Rechtsfolgenseite.

I. Tatbestandsvoraussetzungen

Die in einer Ermächtigungsgrundlage benannten **Tatbestandsmerkmale** müssen im Einzelnen (und im Regelfall kumulativ) vorliegen. Nötigenfalls ist ihr Inhalt durch Auslegung zu ermitteln. Ein Sonderproblem stellen dabei so genannte unbestimmte Rechtsbegriffe und Beurteilungsspielräume dar. **307**

1. Unbestimmte Rechtsbegriffe

Bei Vorliegen eines so genannten **unbestimmten Rechtsbegriffes**, der dadurch gekennzeichnet ist, dass er der tatbestandlichen Ausfüllung bedarf, erfolgt die Prüfung in drei gedanklichen Schritten: **308**

- Hat die Behörde die anzuwendende Norm richtig ausgelegt (**Auslegung des unbestimmten Rechtsbegriffes**)?
- Ging die Behörde von einem zutreffenden und vollständig ermittelten Sachverhalt aus (**Sachverhaltsermittlung**)?
- Wurden – soweit sie bestehen – falsche Wertmaßstäbe angewendet, oder wurde gegen Denkgesetze verstoßen (**wertend-prognostische Entscheidung im konkreten Fall**)? An dieser Stelle ist aber auch das zu den Beurteilungsspielräumen Auszuführende (→ Rn. 309 ff.) beachtlich.

2. Beurteilungsspielräume

In der Regel sind unbestimmte Rechtsbegriffe gerichtlich voll überprüfbar. Damit ist der (Beurteilungs-)Spielraum der Verwaltung im Hinblick auf **Art. 19 IV GG** sehr gering. Es besteht nur ausnahmsweise in folgenden Fallgruppen eine echte (Be-)Wertungsfreiheit der Verwaltung: **309**

a) Persönliche Wertungen eines weisungsfreien, pluralistisch besetzten Gremiums

Hierunter fallen etwa bestimmte **Entscheidungen der Bundesprüfstelle für jugendgefährdende Medien**. **310**

Beispiel: Bei der Prüfung des Merkmales **„unsittliche Medien"** hat die Rechtsprechung bislang einen so genannten Beurteilungsspielraum angenommen. Als Begründung hierfür wurde auf die „Bandbreite der Entscheidungsmöglichkeiten", auf den Charakter der Entscheidung als „in ihrem Kern unvertretbare Voraussage für die Zukunft" und auf das „besonders zusammengesetzte Spruchgremium, das vermutete Fachkenntnisse und Elemente gesellschaftlicher Repräsentanz verbindet", abgestellt.

Anders hat die Rechtsprechung hingegen bei der Erlaubniserteilung für Peepshows nach § 33a II Nr. 2 GewO (darüber befindet jedoch eben auch kein besonderes Gremium, sondern die „normale" Verwaltung) und deren möglichem Verstoß gegen die **„guten Sitten"** entschieden: In diesem Fall wurde der extrem weite unbestimmte Rechtsbegriff (→ Rn. 308) doch in vollem Umfang gerichtlich überprüft.

311 Allerdings bleiben auch in derartigen Konstellationen **Grundrechte** wie vor allem Art. 5 I, III GG zu beachten, was zur Folge hat, dass einem solchen Gremium **nur** die **„Bewertungshoheit"** zukommt, **nicht** aber die **Definitionsmacht**, was etwa als „Kunst" zu werten ist. Letzteres ist nämlich ein bloßer unbestimmter Rechtsbegriff (→ Rn. 308), der im Unterschied beispielsweise zum Merkmal der „unsittlichen Medien" keinem Beurteilungsspielraum unterliegt.

b) Prüfungs- und prüfungsähnliche Entscheidungen

312 Ein Beurteilungsspielraum besteht insoweit ferner (aber auch nur) hinsichtlich **prüfungsspezifischer Wertungen**. Darunter fällt insbesondere die Konstellation der Prüfung selbst wegen der Chancengleichheit (im Nachhinein vor Gericht ist es „lockerer" und kein Vergleich zur eigentlichen aktuellen Prüfungssituation). **Nicht** erfasst werden von dieser Fallgruppe des Beurteilungsspielraumes hingegen das **Verfahren** oder **fachliche Meinungsverschiedenheiten**, denn der Prüfling hat insoweit vielmehr selbst einen „Antwortspielraum" im Rahmen des Vertretbaren.

c) Prognostische Entscheidungen wertenden Charakters

313 Prognostische Entscheidungen wertenden Charakters sind schließlich **nicht** schon gegeben bei der so genannten Körkommission (eine Körung dient der Auswahl von für die Zucht bestimmter Rassen geeigneten Tieren) oder bei der Verleihung von Tierzuchtpreisen. Dort bleibt das Tier vielmehr jeweils so, wie es ist (was also im Nachhinein noch überprüft werden kann, so dass die volle gerichtliche Nachprüfbarkeit möglich und geboten ist). Ein solcher Sonderfall des Beurteilungsspielraumes besteht jedoch hinsichtlich „pädagogischer Maßnahmen zur Aufrechterhaltung der schulischen Ordnung" oder bei der Bewertung der Zumutbarkeit von Tiefflügen nach § 30 I 3 LuftVG.

d) Beamtenrechtliche Beurteilungen der Person

314 **Beamtenrechtliche Beurteilungen der Person** unterliegen schließlich ebenfalls einem Beurteilungsspielraum, sofern es sich nicht um die bloße Subsumtion unter unbestimmte Rechtsbegriffe (→ Rn. 308) wie z. B. die „fachliche Eignung" handelt.

Die **Folgen des Beurteilungsspielraumes** sind, dass bei dessen Bestehen (nach einer der genannten Fallgruppen) das VG nur bestimmte Beurteilungsfehler, namentlich einen Verfahrensverstoß (insoweit besteht eine Rügepflicht), eine falsche Normauslegung, einen falschen Sachverhalt, die Missachtung der allgemeinen Bewertungsmaßstäbe (→ Rn. 308) und sachfremde Erwägungen prüft; insgesamt ist seine **Kontrollfunktion** mithin **reduziert**. 315

II. Rechtsfolge

Während bei so genannten **gebundenen Verwaltungsakten** die Behörde die im Gesetz verbindlich vorgegebene Rechtsfolge in ihre Entscheidung übernimmt (macht sie dabei Fehler, ist ihre Entscheidung allein schon deswegen rechtswidrig), besteht bei **Ermessensentscheidungen** ein Handlungsspielraum der Verwaltung auf der Rechtsfolgenseite. Im Prozess darf das VG insoweit allerdings nicht die Zweckmäßigkeit – das ist die „komplette" Ermessensentscheidung –, sondern nur deren Rechtmäßigkeit prüfen (→ § 114 S. 1 im Unterschied zu § 68 I 1 VwGO), wodurch seine Prüfung insoweit auf folgende **Ermessenfehler** beschränkt ist, die jeweils bezüglich des **„Ob"** (→ **Entschließungsermessen**) oder des **„Wie"** (→ **Auswahlermessen**) des Einschreitens auftreten können: 316

1. Ermessensnichtgebrauch oder Ermessensausfall

Der **Ermessensspielraum** oder die Möglichkeit der Ermessensbetätigung werden von der Behörde **gar nicht erkannt**; sie meint, bei ihrer Entscheidung gebunden zu sein. 317

2. Ermessensfehlgebrauch bzw. Ermessensmissbrauch

Die **Erwägungen** der Verwaltung sind **sachfremd** und mit dem Zweck der Rechtsgrundlage unvereinbar. Zu beachten ist insoweit, dass ein Verpflichtungsantrag (→ Rn. 176) im Rahmen einer Verpflichtungsklage als Minus immer auch einen so genannten bloßen **(Neu-)Bescheidungsantrag** enthält. So beinhaltet beispielsweise ein Antrag auf Zulassung zu einer öffentlichen Einrichtung, die an ihrer Kapazitätsgrenze angelangt ist, nicht nur den Antrag auf die Zulassung zu der öffentlichen Einrichtung, sondern auch den Antrag auf eine ermessensfehlerfreie Auswahlentscheidung über die Zulassung, wenn nicht alle Bewerber berücksichtigt werden können. Insoweit ist dann zu prüfen, ob der Zulassungsanspruch noch besteht bzw. ob von der Verwaltung Ermessensfehler z. B. bei der Bewerberauswahl gemacht wurden. 318

3. Überschreiten der Ermessengrenzen

319 Der häufigste Ermessensfehler (zumindest in Sachverhalten von Prüfungsarbeiten) ist der, dass die **Grenzen des freien oder im Einzelfall beschränkten Ermessens** von der Behörde bei ihrer Entscheidung **überschritten** (sprich: verletzt) wurden. Denkbar sind dabei vor allem folgende Konstellationen:

a) Ermessensreduzierung auf Null

320 Ob das Ermessen in einer konkreten Situation bezüglich des „Wie" oder sogar schon bezüglich des „Ob" (→ Rn. 316) auf eine einzige rechtmäßige Entscheidung (also auf „Null" oder „Eins") eingeschränkt ist, muss immer **einzelfallabhängig** nach dem betroffenen Rechtsgebiet, dem Zweck des Handelns, dem Gefahrengrad oder nach der Selbstbindung der Verwaltung durch tatsächliche Übung bzw. Verwaltungsvorschriften (→ Rn. 321) beurteilt werden.

Beispiel: Bei einer polizeilichen Gefahrenabwehrmaßnahme tritt regelmäßig schon beim „Ob" eine Reduzierung des grundsätzlich bestehenden Entschließungsermessens ein, wenn das Leben oder die Gesundheit einer Person in Gefahr sind.

321 Eine **Selbstbindung einer Behörde** kann z. B. durch eine verwaltungsinterne „Richtlinie" eintreten, deren Wirksamkeit dafür zu prüfen ist. Selbst bei ihrer Nichtigkeit bleibt aber noch die an ihren Vorgaben orientierte **ständige Übung** der Behörde bestehen, welche die Behörde ebenfalls bei der Ausübung ihres Ermessens über Art. 3 I GG bindet. Eine solche „Richtlinie" bzw. die ihr zu Grunde liegende Verwaltungsübung stellt dabei aber keine Norm, sondern nur eine ermessensleitende interne Verwaltungsvorschrift (ohne Außenwirkung → Rn. 53) und damit die festgeschriebene Verwaltungspraxis dar. Sie ist deshalb nicht auszulegen, sondern im Hinblick auf den **Gleichbehandlungsgrundsatz** des Art. 3 I GG dahingehend zu prüfen, ob im jeweiligen Einzelfall ein **Sachgrund für die Abweichung** von ihr vorliegt.

b) Grundrechte und Grundsatz der Verhältnismäßigkeit

322 Als objektive Schranken des Ermessens wirken neben Art. 3 I GG (→ Selbstbindung der Verwaltung; Rn. 321) auch die anderen **Grundrechte** sowie – in deren Rahmen (als so genannte Schranken-Schranke) oder häufig auch spezialgesetzlich angeordnet oder isoliert geprüft – der aus dem Rechtsstaatsprinzip des Art. 20 III GG abgeleitete allgemeine **Verhältnismäßigkeitsgrundsatz**.

Beispiel: Im Fall der Ausweisung eines Ausländers, der mit einer deutschen Staatsbürgerin verheiratet ist, hat die handelnde Verwaltung die Schutzwirkung des Art. 6 I GG zu beachten.

Anmerkung: *Wichtig ist, dass die Prüfung sich an dieser Stelle nur auf die Grundrechtsverletzung bzw. die Unverhältnismäßigkeit* ***im konkreten Fall*** *bezieht. Wenn hingegen bereits* ***abstrakt*** *die Ermächtigungsgrundlage als solche grundrechtswidrig oder unverhältnismäßig ist, muss das schon oben (→ Rn. 278) bei deren Prüfung zur Sprache kommen.*

Ein Verstoß gegen Art. 3 I GG bzw. den Verhältnismäßigkeits- **323**
grundsatz kann – gerade im Gefahrenabwehr-, Sicherheits- oder Polizeirecht – auch auf der falschen **„Störerauswahl"** beruhen, wenn etwa nur einer von mehreren Störern herangezogen wird. Dem steht aber entgegen, dass die Behörde nicht sofort gegen alle potenziellen „Störer" vorgehen muss; sie hat eben (beim „Wie") ein Auswahlermessen, sofern das nicht auf Null (→ Rn. 320) reduziert wurde. Sie kann daher zunächst „versuchsweise" auch nur einen Verwaltungsakt erlassen und dessen Bestandskraft abwarten, sofern sie dabei nicht rein willkürlich handelt. Im Übrigen gilt für die Störerauswahl gerade bei der Abwehr einer Gefahr die Maßgabe der möglichst hohen Effektivität.

Beispiel: Drei Brüder sind Eigentümer eines Hauses, das wegen Einsturzgefahr abgerissen werden muss. Wenn zwei von ihnen außer Landes sind, ist es aus Effektivitätsgründen ermessensgerecht, nur den Anwesenden in die (Handlungs-) Pflicht zu nehmen. Zur Vermeidung eines Vollstreckungshindernisses bedarf es in dieser Konstellation im Übrigen jedoch einer Duldungsverfügung an die beiden anderen Berechtigten.

c) Möglichkeit der Pflichterfüllung

Eine weitere Ermessenseinschränkung ist die Vorgabe für die Ver- **324**
waltung, dass bei ihrer Entscheidung die **Möglichkeit der Pflichterfüllung** bestehen muss – mit anderen Worten: Die Verwaltung ist in ihrem Ermessen darauf beschränkt, das Mögliche zu verlangen.

d) Bestimmtheit im materiellen Sinn

Nach § 37 I VwVfG muss ein Verwaltungsakt hinreichend be- **325**
stimmt sein. Das bedeutet, dass die durch ihn getroffene Regelung so vollständig, klar und unzweideutig zu erkennen sein muss, dass sowohl **für den Adressaten des Verwaltungsaktes** als auch **für die Behörden**, die mit dessen Vollzug betraut sind, **klar** ist, von wem was und wann verlangt wird bzw. was in der betreffenden Angelegenheit geregelt worden ist. Auch insoweit wird also ein etwaiges Ermessen der Verwaltung eingeschränkt (darum ist dieser Aspekt hier zu prüfen): Sie muss eine bestimmte Regelung treffen.

Anmerkung: *Zum formellen Aspekt der Bestimmtheit hingegen schon oben → Rn. 289. Beim gebundenen Verwaltungsakt ist dieser Aspekt einer der wenigen Punkte, die bei der Rechtsfolge im Bedarfsfall zu erwähnen sind.*

4. Besonderheiten: Sollvorschriften, intendiertes Ermessen

326 Das von der Rechtsprechung so genannte „intendierte Ermessen" bedeutet, dass gesetzlich bereits die Richtung der Ermessensbetätigung insoweit vorgezeichnet wurde, als ein bestimmtes Ergebnis der Ermessensbetätigung dem Gesetz näher steht und sozusagen im Grundsatz gewollt ist, so dass von ihm **nur ausnahmsweise abgewichen** werden darf. Gesetzliche Regelungen, die für typische Fälle eine bestimmte Entscheidung vorgeben, aber zugleich für atypische Fälle der Behörde ein Ermessen einräumen, reduzieren die Anforderungen an die Begründung der Ermessensentscheidung auf den Fall, dass ein atypischer Sachverhalt gegeben ist. D. h. aber auch, dass eine Begründung der Ermessenentscheidung in einem solchen Fall nur dann erforderlich ist, wenn ein atypischer Sachverhalt vorliegt.

Beispiel: § 5 I AufenthG ist für typische Fälle als Mussvorschrift zu verstehen, so dass er keinen Ermessenspielraum eröffnet, sondern eine Entscheidung im Rahmen der gebundenen Verwaltung erforderlich macht. Nur in atypischen Fällen besteht ein (intendiertes) Ermessen.

5. Rechtsfolgen von Ermessensfehlern

327 Liegt ein Ermessensfehler vor, der nicht mehr geheilt werden kann, ist das Handeln der Behörde rechtswidrig. In einem solchen Fall kann – je nach Konstellation – eine Anfechtungs- oder eine Verpflichtungsklage erhoben werden, um die **Aufhebung des Verwaltungsaktes** bzw. ein **Vornahme-** oder ein **Bescheidungsurteil** zu erwirken (→ auch schon oben zum Bescheidungsurteil Rn. 176). Im Übrigen sind ermessensfehlerhafte Entscheidungen der Verwaltung zwar – ebenso wie andere Rechtsverstöße – rechtswidrig; sie führen jedoch nicht automatisch zur Nichtigkeit des jeweiligen Verwaltungsaktes. Wendet sich der Betroffene daher nicht innerhalb der für einen Widerspruch bzw. eine Klage relevanten Fristen gegen die ermessenfehlerhafte Maßnahme der Verwaltung, so erwächst diese in **Bestandskraft** (→ Rn. 294) und kann folglich vom Betroffenen später nicht mehr angegriffen werden.

§ 11. Die Beseitigung von Verwaltungsakten durch die Behörde

Rücknahme, § 48 VwVfG		**Widerruf, § 49 VwVfG**	
Rechtswidriger Verwaltungsakt		**Rechtmäßiger** Verwaltungsakt	
Belastend	**Begünstigend**	**Belastend**	**Begünstigend**
Immer möglich, § 48 I 1 VwVfG	Nur möglich, wenn kein Vertrauensschutz besteht, oder gegen finanziellen Ausgleich, § 48 I 2, II–IV VwVfG	Immer möglich, außer wenn der Verwaltungsakt genauso wieder erlassen werden müsste, § 49 I VwVfG	Nur möglich, wenn gesetzlich vorgesehen, bei Auflagenverstoß oder sonstigen schwer wiegenden Gründen, § 49 II, III VwVfG

Merksatz: Rechtmäßige Verwaltungsakte müssen wegen ihrer Bestandskraft 328
und der damit verbundenen Bindung (→ Rn. 294) nach dem „strengeren" § 49 VwVfG widerrufen werden. Dagegen können rechtswidrige Verwaltungsakte auch nach ihrer Bestandskraft mittels des „milderen" § 48 VwVfG zurückgenommen werden. Zum Einfluss des Unionsrechts auf diesen Bereich → Rn. 504.

A. Die Rücknahme rechtswidriger Verwaltungsakte

Zu differenzieren ist hier nach dem **Inhalt der Verwaltungsakte**:

I. Die Rücknahme belastender Verwaltungsakte

Die Rücknahme rechtswidriger belastender Verwaltungsakte ist **jederzeit** 329
und **ohne weitere Voraussetzungen** möglich, da insofern weder eine Sperre aus dem Gedanken des Rechtsstaatsprinzips (es geht um rechtswidrige Verwaltungsakte) noch aus dem Gedanken des Vertrauensschutzes folgt (der Adressat ist von der Maßnahme belastet). Demgemäß ist laut § 48 I VwVfG eine Rücknahme nach Ermessensbetätigung der Verwaltung ganz oder teilweise und mit ex-nunc- oder ex-

tunc-Wirkung möglich. Der **Adressat** eines solchen belastenden Verwaltungsaktes hat umgekehrt sogar einen **Anspruch** gegen die Behörde auf eine ermessensfehlerfreie Entscheidung darüber, ob sie den betreffenden Verwaltungsakt zurücknimmt.

II. Die Rücknahme begünstigender Verwaltungsakte

330 Bei der Rücknahme rechtswidriger begünstigender Verwaltungsakte geht es um die Rückgängigmachung einer ursprünglichen Rechtsgewährung zur Wiederherstellung der Gesetzmäßigkeit der Verwaltung. Wegen der belastenden Wirkung der Rücknahme ist die **Notwendigkeit einer Ermächtigungsgrundlage** zu diskutieren. In Betracht kommt hierbei die Rücknahmevorschrift, die zumindest als ein entgegenstehendes Recht (→ Vorrang des Gesetzes) oder sogar als Grundlage für den belastenden Verwaltungsakt der Rücknahme (→ Vorbehalt des Gesetzes) anzusehen ist. Dabei sind **spezialgesetzliche Normen** auf Grund von § 1 I VwVfG a. E. vorrangig zu prüfen. Im Übrigen bildet aber **§ 48 VwVfG** die taugliche Ermächtigungsgrundlage. An seiner Verfassungsmäßigkeit ist nicht zu zweifeln, denn der ebenfalls im Rechtsstaatsprinzip verankerte Vertrauensschutz überwiegt bei einem rechtswidrigen Verwaltungsakt und bei der Beachtung der „Abfederungen" durch § 48 II–IV VwVfG nicht.

1. Tatbestandsvoraussetzungen des § 48 VwVfG

331 Folgende **Tatbestandsvoraussetzungen** des § 48 VwVfG sind zu prüfen: Es muss um einen **rechtswidrigen Verwaltungsakt** gehen. Weiterhin sind die **Vorgaben des § 48 I 2 VwVfG** zu beachten, der anordnet, dass bei einem **begünstigenden Verwaltungsakt** zusätzlich die Voraussetzungen des § 48 II–IV VwVfG gelten. Um einen solchen handelt es sich nach der Norm, wenn der Verwaltungsakt ein Recht oder einen rechtlich erheblichen Vorteil begründet oder bestätigt hat. Das führt zu folgenden Konsequenzen:

a) Vertrauensschutz nach § 48 II VwVfG

332 Die Rücknahme eines **Geld- oder Sachleistungsbescheides** – erfasst werden davon sowohl einmalige als auch laufende Gewährungen – ist nach § 48 II VwVfG zwingend ausgeschlossen, soweit der Begünstigte auf den Bestand des Verwaltungsaktes vertraut hat und sein **Vertrauen schutzwürdig** ist. Das ist gemäß § 48 II 2 VwVfG in der Regel der Fall, wenn der Begünstigte gewährte Leistungen verbraucht oder eine Vermögensdisposition getroffen hat, die er nicht mehr oder nur unter unzumutbaren Nachteilen rückgängig machen kann. Der

Vertrauensschutz besteht dabei aber nur im Verhältnis zwischen dem Bürger und der Behörde, nicht zwischen Behörden. Sind diese Voraussetzungen erfüllt, genießt der Verwaltungsakt damit gleichsam Bestandsschutz. § 48 II 3 VwVfG normiert sodann Gründe, bei deren Vorliegen sich der Begünstigte **nicht** auf sein **Vertrauen** berufen kann. Das ist insbesondere der Fall, wenn er den Verwaltungsakt durch arglistige Täuschung, Drohung oder Bestechung erreicht (§ 48 II 3 Nr. 1 VwVfG), den Verwaltungsakt durch Angaben erwirkt hat, die in wesentlicher Beziehung unrichtig oder unvollständig waren (§ 48 II 3 Nr. 2 VwVfG), oder die Rechtswidrigkeit des Verwaltungsaktes kannte oder kennen musste (grob fahrlässige Unkenntnis; § 48 II 3 Nr. 3 VwVfG). Bezugspunkt des **„bösen Glaubens"** in diesem letzten Fall ist die Rechtswidrigkeit des Verwaltungsaktes (→ Rn. 331) und nicht lediglich die sie begründende tatsächliche Situation. Es genügt jedoch, dass der Begünstigte davon ausgeht, dass er die Leistung zu Unrecht erhält. Grobe Fahrlässigkeit liegt vor, wenn er die erforderliche Sorgfalt in ungewöhnlich großem Maße verletzt und unbeachtet gelassen hat, was im gegebenen Falle jedem hätte einleuchten müssen. Umstände unterhalb der Schwelle der groben Fahrlässigkeit können hingegen nur im Rahmen der Abwägung nach § 48 II 1 VwVfG berücksichtigt werden. In allen diesen Fällen des fehlenden schutzwürdigen Vertrauens wird der Verwaltungsakt gemäß § 48 II 4 VwVfG in der Regel auch mit **Wirkung für die Vergangenheit** („ex tunc") zurückgenommen.

Anmerkung: *Beachte zum **Ausschluss des Vertrauensschutzes** des begünstigten Adressaten, weil ein **Dritter** den betreffenden **Verwaltungsakt angefochten** hat, auch noch § 50 VwVfG, der nach h. M. allerdings das Vorliegen der Sachentscheidungsvoraussetzungen des betreffenden Drittrechtsbehelfes voraussetzt (insbesondere bei der Widerspruchs-/Klagebefugnis die mögliche Verletzung einer drittschützenden Norm → Rn. 115).*

b) Vertrauensschutz nach § 48 III VwVfG

§ 48 III VwVfG setzt die Rücknahme eines rechtswidrigen Verwal- **333**
tungsaktes voraus, der nicht unter Abs. 2 fällt, also **nicht** auf eine **Geldleistung oder teilbare Sachleistung** gerichtet ist, wie beispielsweise eine Baugenehmigung. In diesen Konstellationen ist das Vertrauen des Begünstigten in den Fortbestand des Verwaltungsaktes mit dem öffentlichen Interesse an der Herstellung gesetzmäßiger Zustände **abzuwägen**. Stellt sich hierbei heraus, dass das Interesse des Betroffenen als schutzwürdiger anzusehen ist, sichert § 48 III VwVfG allerdings nicht den Bestand des rechtswidrigen Verwaltungsaktes, sondern gewährt dem Adressaten (nur) einen Entschädigungsanspruch wegen des verletzten Vertrauens. Die Norm wird teilweise jedoch verfas-

sungsrechtlich kritisiert, weil es als unzureichend empfunden wird, den Betroffenen **lediglich** auf eine **Entschädigung** zu verweisen und dem Vertrauensschutz eine bereits die Rücknahme hindernde Wirkung abzusprechen. Folgt man jedoch der h. M., bedeutet das, dass § 48 III VwVfG nicht schon im Rahmen der Rücknahme, sondern erst bei möglichen Entschädigungsansprüchen (→ Rn. 337) zu prüfen ist.

Anmerkung: *Das BVerwG berücksichtigt den in § 48 III VwVfG zum Ausdruck kommenden Gedanken des Vertrauensschutzes auch schon im Rahmen der Prüfung des Rücknahmeermessens, allerdings ohne dabei die (an dieser Stelle auch nicht passende) Norm selbst anzuwenden.*

c) Wahrung der zeitlichen Sperre des § 48 IV 1 VwVfG

334 Eine wichtige Rücknahmevoraussetzung ist weiterhin die Wahrung der **zeitlichen Sperre des § 48 IV 1 VwVfG**. Sie läuft ein Jahr ab dem Zeitpunkt der behördlichen Kenntnis der Tatsachen, welche die Rücknahme rechtfertigen, und gilt nach § 48 IV 2 VwVfG **nicht** im Fall der Erwirkung des begünstigenden Verwaltungsaktes durch arglistige Täuschung, Drohung oder Bestechung (→ § 48 II 3 Nr. 1 VwVfG; Rn. 332). Heftig umstritten ist daneben die Frage, ob die Jahresfrist auch eingreift, wenn die Fakten zwar von Anfang an bekannt waren, die im Einzelfall zuständige Behörde sie aber nicht kannte und einem bloßen **Rechtsanwendungsfehler** unterlegen ist. Nach einer Normauslegung kann diese Frage bejaht werden (→ Rn. 6).

335 Zu klären ist dann aber noch, auf **welches Ereignis für den Fristbeginn** abzustellen ist: Hier ist die positive Kenntnis (nicht das bloße Kennenmüssen) der Behörde, nicht die eines einzelnen Amtswalters entscheidend; es kommt damit letztlich aber doch auf den nach der Geschäftsverteilung zuständigen Mitarbeiter an. Entscheidend ist ferner nicht die Bekanntgabe des Rücknahmeverwaltungsaktes, sondern (schon) der Moment, in dem dieser Bescheid die Behörde verlässt. Die Fiktion des § 41 II VwVfG bei der Bekanntgabe des Verwaltungsaktes (→ Rn. 294) greift vorliegend also nicht ein; sie schützt den Bürger nur beim Zugang.

Anmerkung: *Zum Ausschluss des § 48 IV VwVfG nach § 50 VwVfG → Rn. 332.*

2. Rechtsfolge

336 Grundsätzlich steht als **Rechtsfolge** die Rücknahme eines rechtswidrigen Verwaltungsaktes nach § 48 I 1 VwVfG im **Ermessen** der Behörde („kann"). Dieses hat sie gemäß § 40 VwVfG entsprechend dem Zweck der Ermächtigung innerhalb der gesetzlichen Grenzen fehlerfrei zu betätigen. Der Betroffene hat damit einen **Anspruch auf**

eine fehlerfreie Ermessensausübung, so dass die Behördenentscheidung auf etwaige Ermessensfehler zu untersuchen ist (→ Rn. 317 ff.). Dieser Anspruch kann sich jedoch im Zusammenspiel mit anderen Rechtsvorschriften oder den Umständen des Einzelfalles zu einem Anspruch auf den Erlass einer bestimmten Maßnahme **verdichten**, wenn nur diese allein rechtmäßig wäre (→ Ermessensreduzierung auf Null, Rn. 320). Zu differenzieren ist dabei zwischen dem **Überprüfungsermessen** (das ist das verfahrensrechtliche Wiederaufgreifen) und dem **Aufhebungsermessen** (bezogen auf die Sachentscheidung).

Anmerkung: *Zur möglichen Rücknahmepflicht im Fall eines Unionsrechtsverstoßes → Anmerkung bei Rn. 346, 501 ff.*

3. Ersatzansprüche nach der Rücknahme eines rechtswidrigen Verwaltungsaktes

Die **Anspruchsgrundlage** für Ersatzansprüche im Kontext der 337
Rücknahme ist § 48 III VwVfG (→ Rn. 333), der folgende **Voraussetzungen** hat: Es muss um die Rücknahme eines rechtswidrigen, sonst begünstigenden (also nicht unter § 48 II VwVfG fallenden) Verwaltungsaktes gehen. Der Berechtigte muss einen Antrag auf Entschädigung innerhalb der Frist des § 48 III 5 VwVfG stellen und zuvor eine Vermögensdisposition im Vertrauen auf den (Fort-)Bestand des zurückgenommenen Verwaltungsaktes getroffen haben, wobei sich die Schutzwürdigkeit dieses Vertrauens aus einer Abwägung ergibt. Nach h. M. ist bei Letzterer über die Grundsätze des § 254 BGB (ähnlich wie im klassischen Staatshaftungsrecht etwa beim enteignungsgleichen oder enteignenden Eingriff → Rn. 459 ff.) allerdings zu berücksichtigen, ob der Anspruchsteller alle Rechtsbehelfe gegen die Rücknahme ausgeschöpft hat. Schließlich darf kein Fall des § 48 III 2, II 3 VwVfG (→ Rn. 332) vorliegen. Die **Anspruchshöhe** umfasst alle Aufwendungen, die im Vertrauen auf den Bestand des durch die Rücknahme entfallenen Verwaltungsaktes gemacht wurden. Dabei kommt es dann aber gegebenenfalls zu einer Kürzung des Anspruches nach dem Rechtsgedanken des § 254 BGB (→ Rn. 438 bezüglich der Amtshaftung).

Anmerkung: *Zum Anspruchsausschluss nach § 50 VwVfG → Rn. 332.*

B. Der Widerruf rechtmäßiger Verwaltungsakte

I. Der Widerruf begünstigender Verwaltungsakte

Der Widerruf begünstigender rechtmäßiger Verwaltungsakte be- 338
stimmt sich nach § 49 II und III VwVfG. In § 49 II VwVfG sind ab-

schließend **fünf Widerrufsgründe** genannt; ist einer dieser Gründe einschlägig, kann die Behörde den Verwaltungsakt mit Wirkung für die Zukunft widerrufen. Dabei ist zu beachten, dass bei einem Widerruf nach § 49 II Nr. 3–5 VwVfG dem Betroffenen gemäß § 49 VI VwVfG ein **Entschädigungsanspruch** zusteht, soweit sein Vertrauen auf den Fortbestand des Verwaltungsaktes schutzwürdig ist. Mangels eines möglichen schutzwürdigen Interesses des Betroffenen wird in den Fällen des Widerrufes nach § 49 II Nr. 1 und 2 VwVfG hingegen keine Entschädigung gewährt. Insgesamt gilt eine Widerrufsfrist von einem Jahr (§ 49 II 2 i. V. mit § 48 IV VwVfG → zu deren Beginn Rn. 335).

339 Für die in § 49 III VwVfG genannten Verwaltungsakte – das sind zumeist **Subventionsbescheide** – existieren zudem zwei weitere **spezielle Widerrufsgründe**. Von Bedeutung ist dabei, dass ein solcher Widerruf mit Wirkung **für die Vergangenheit** möglich ist und erhaltene Leistungen zurückzugewähren sind (→ § 49a VwVfG; Rn. 341).

Anmerkung: *Wie bei § 48 VwVfG gilt auch für § 49 VwVfG, dass die Vorschrift* ***durch speziellere Normen verdrängt*** *wird (etwa § 7 I AEG, § 15 II GastG, beide mit einer zwingenden Rücknahme- bzw. Widerrufsentscheidung); die §§ 48, 49 VwVfG bleiben aber zumeist (allerdings nicht bei § 15 II GastG) daneben anwendbar. Zum* ***Anspruchsausschluss*** *nach § 50 VwVfG → Rn. 332.*

II. Der Widerruf belastender Verwaltungsakte

340 Nach § 49 I VwVfG können belastende rechtmäßige Verwaltungsakte nach dem **Ermessen** der Behörde ganz oder teilweise widerrufen werden. Das ist allerdings nur mit **Wirkung für die Zukunft** und nicht rückwirkend möglich. Vor allem, wenn sich nach dem Erlass des Verwaltungsaktes die Sach- oder Rechtslage geändert hat und dieser jetzt zwar nicht mehr erlassen werden dürfte, aber dennoch rechtmäßig geblieben ist, kommt ein Widerruf in Betracht. Ein schutzwürdiges Vertrauen des Adressaten besteht in diesen Konstellationen nicht.

C. Die Rückforderung nach § 49a VwVfG

341 § 49a VwVfG stellt eine spezialgesetzliche Ausformung des öffentlich-rechtlichen Erstattungsanspruches (→ Rn. 484 ff.) dar. Die Vorschrift ist auf **Ansprüche der Verwaltung gegen den Bürger** sowie auf **Erstattungsansprüche zwischen Hoheitsträgern** anwendbar. Hat demgegenüber ein Bürger Ansprüche gegen die Verwaltung, wurde ein Verwaltungsakt durch ein Gericht oder durch die Behörde etwa im Widerspruchsverfahren – oder auch unabhängig davon, aber nur mit ex-nunc-Wirkung – aufgehoben, oder wurden Leistungen nicht auf Grund von Verwaltungsakten erbracht, ist § 49a VwVfG nicht heranzuziehen. Der **Umfang der Erstattungspflicht** richtet sich bei der

Anwendbarkeit der Norm nach § 49a II–IV VwVfG. Ihren Erstattungsanspruch hat die Behörde durch schriftlichen Verwaltungsakt geltend zu machen (§ 49a I 2 VwVfG), was eine so genannte **Verwaltungsaktsbefugnis** (→ Rn. 279) darstellt.

D. Das Wiederaufgreifen des Verfahrens gemäß § 51 VwVfG

Prüfungsschema 9: Wiederaufgreifen des Verfahrens, § 51 VwVfG 342

I. Zulässigkeit des Antrages

1. Unanfechtbarkeit des in Rede stehenden Verwaltungsaktes
2. Kein grobes Verschulden des Betroffenen hinsichtlich der Nichtgeltendmachung des Wiederaufgreifensgrundes (§ 51 II VwVfG)
3. Dreimonatsfrist (§ 51 III VwVfG)

II. Begründetheit des Antrages

1. Nachträgliche Änderung der Sach- oder Rechtslage (§ 51 I Nr. 1 VwVfG
2. Vorliegen neuer Beweismittel (§ 51 I Nr. 2 VwVfG)
3. Wiederaufgreifensgründe entsprechend § 580 ZPO (§ 51 I Nr. 3 VwVfG)

Ein **Anspruch auf das Wiederaufgreifen** eines Verwaltungsverfahrens besteht nach § 51 VwVfG dann, wenn (**formell**) ein zulässiger Wiederaufgreifensantrag gestellt wurde und (**materiell**) ein Wiederaufgreifensgrund vorliegt.

I. „Zulässigkeit" des Antrages

Für die **„Zulässigkeit" des Antrages** muss er sich auf einen **unanfechtbaren Verwaltungsakt** i. S. des § 51 I VwVfG beziehen. Ferner ist der Antrag nur dann statthaft, wenn der **Betroffene ohne grobes Verschulden** außer Stande war, den Grund für das Wiederaufgreifen in dem früheren Verfahren, insbesondere durch einen Rechtsbehelf, geltend zu machen (→ § 51 II VwVfG). Ein derartiges Verschulden liegt vor, wenn dem Betroffenen das Bestehen des Wiederaufgreifensgrundes bekannt war oder sich nach den ihm bekannten Umständen 343 aufdrängen musste und er sich trotzdem unter Verletzung jeglicher einem ordentlichen Verfahrensbeteiligten zumutbaren Sorgfaltspflicht nicht weiter darum gekümmert hat. Gemäß § 51 III VwVfG ist überdies eine **Dreimonatsfrist** ab der Kenntniserlangung von dem Wiederaufgreifensgrund einzuhalten.

II. Begründetheit des Antrages

344 Weiterhin muss für die **„Begründetheit" des Antrages** ein **Wiederaufgreifensgrund** nach § 51 I VwVfG vorliegen.

345 1. Während die **Änderung der Sachlage** (§ 51 I Nr. 1 Fall 1 VwVfG) regelmäßig wenig Probleme bereitet, ist unter einer **Änderung der Rechtslage** i. S. des § 51 I Nr. 1 Fall 2 VwVfG die entscheidungserhebliche Veränderung der rechtlichen Voraussetzungen zu verstehen, die dem Verwaltungsakt bei seinem Erlass zu Grunde gelegen haben. Das setzt voraus, dass sich das maßgebliche materielle Recht nach dem Erlass des betreffenden Verwaltungsaktes geändert hat. Eine bloße **Änderung der höchstrichterlichen Rechtsprechung** bedeutet in der Regel allerdings nur, dass das Recht bislang nicht „richtig" erkannt wurde. Darum ist sie grundsätzlich nicht unter § 51 I Nr. 1 Fall 2 VwVfG zu fassen.

346 Zweifelhaft ist allerdings, ob das auch für **Urteile des EuGH** gilt: Während das unionsrechtliche Äquivalenzprinzip hier nicht eingreift, könnte das **Effektivitätsprinzip** eine über die bloße Gleichbehandlung von deutscher und europäischer Rechtsprechung hinausgehende unionsrechtskonforme Auslegung des § 51 VwVfG verlangen. Im Hinblick auf die besondere Bedeutung der EuGH-Rechtsprechung für die dynamisch-evolutive Entwicklung des Unionsrechts und die stark präjudiziell geprägte Entscheidungskultur nach anglo-amerikanischem Vorbild („case law") liegt es zunächst nahe, das Ergehen einer neuen bzw. die Änderung der bestehenden EuGH-Rechtsprechung einer Änderung des materiellen Rechts gleichzustellen. Andernfalls würde das Unionsrecht in seiner zeitlichen Geltung verzerrt, was seine einheitliche Anwendung und praktische Wirksamkeit (den so genannten effet utile) beeinträchtigen würde. Allerdings erkennt das Unionsrecht den Grundsatz der **Rechtssicherheit** ebenfalls als allgemeinen Rechtsgrundsatz an, womit dieser auch von den mitgliedstaatlichen Behörden bei dem Vollzug und der Durchsetzung unionsrechtlicher Regelungen zu beachten ist. Da die Bestandskraft einer Verwaltungsentscheidung zur Rechtssicherheit beiträgt, verlangt das Unionsrecht keine generelle Aufhebungspflicht. Die Natur des Verfahrens nach § 51 VwVfG besteht allerdings darin, dem Bürger bei Vorliegen der entsprechenden Voraussetzungen einen Rechtsanspruch auf das Wiederaufgreifen des

Verfahrens zu gewähren. Zudem ist nach h. M. der Verwaltungsakt in der Sache sogar dann aufzuheben, wenn er sich in Ansehung des Wiederaufgreifensgrundes nach Maßgabe des derzeit geltenden materiellen Rechts als rechtswidrig erweist. Die Anwendung von § 51 VwVfG auf Fälle des Neuergehens bzw. der Änderung der Rechtsprechung des EuGH würde also dazu führen, dass die Behörde das Verfahren wiederaufgreifen und den als rechtswidrig erkannten Verwaltungsakt regelmäßig selbst dann zurücknehmen müsste, wenn diese Bestandskraftdurchbrechung unionsrechtlich im Einzelfall gar nicht indiziert wäre. Die Anwendung des § 51 VwVfG geht daher hier zu weit und ist zu unflexibel. Gegen die Anwendung der starren, wenn auch rechtsschutzintensiveren Regelung des § 51 VwVfG spricht zudem, dass die **§§ 48 f. VwVfG** als **„elastischere" Lösung** anwendbar sein könnten. Das scheint zwar zunächst dem Wortlaut von § 51 VwVfG zu widersprechen, der eine abschließende Regelungslage bezüglich der Wiederaufgreifensgründe suggeriert. Allerdings sollte bei Einführung des VwVfG im Jahre 1976 nach dem Sinn und Zweck der Regelung durch § 51 VwVfG keine Einschränkung der damals bereits (gewohnheitsrechtlich) anerkannten Wiederaufgreifensgründe bewirkt werden. Die Vorschrift hat vielmehr den Zweck, besondere Umstände tatbestandlich zu fixieren, bei deren Vorliegen ein gebundener Anspruch auf das Wiederaufgreifen besteht. Daneben besitzt die Behörde nach §§ 48 f. VwVfG noch immer die Möglichkeit, auch bestandskräftige Verwaltungsakte im Rahmen einer Ermessensentscheidung aufzuheben. § 51 VwVfG normiert damit lediglich einen Spezialfall des Wiederaufgreifens des Verfahrens. Diese Auslegung stützt auch **§ 51 V VwVfG**, demzufolge die Vorschriften des § 48 I 1 VwVfG und des § 49 I VwVfG unberührt bleiben. Die Fälle des Wiederaufgreifens des Verfahrens nach § 51 VwVfG und §§ 48 f. VwVfG stehen also nebeneinander. Eine Rechtsprechungsänderung durch den EuGH ist somit kein Fall des § 51 I Nr. 1 Fall 2 VwVfG, sondern kann im Rahmen des § 48 VwVfG berücksichtigt werden.

Anmerkung: *Dieses hier etwas breiter dargestellte Problem ist ein* ***typisches Beispiel für die Konflikte zwischen Unionsrecht und nationalem Recht****. Sie sind unter Anwendung der beiden Rechtsordnungen innewohnenden Prinzipien bzw. Ziele zu lösen. Das gilt etwa auch für die Frage, ob unionsrechtswidrige deutsche Verwaltungsakte entgegen § 48 I 1 VwVfG zurückgenommen werden müssen und ob dabei die Frist des § 48 IV 1 VwVfG zu beachten ist (→ Rn. 334). Diese Frage entscheidet die „Alcan"-Rechtsprechung des EuGH (→ Rn. 504), wonach der Ablauf der innerstaatlichen Ausschlussfrist die Verpflichtung der nationalen Behörde zur Rücknahme nicht entfallen lässt. Der EuGH begründet das damit, dass den nationalen Behörden bei der Rückforderung unionsrechtswidriger Beihilfen kein Ermessen zustehe. Mangels behördlichen Ermessens sei* *der Empfänger einer rechtswidrig gewährten Beihilfe über seine Erstattungspflicht nicht mehr im Ungewissen. Das unterscheide diesen Fall von sonstigen, in denen die zuständige Behörde bei einer Rücknahmeangelegenheit nicht alsbald zu einer Entscheidung finde.*

347 2. Das **Vorliegen neuer Beweismittel** nach § 51 I Nr. 2 VwVfG stellt den zweiten Grund für ein Wiederaufgreifen des Verfahrens dar. Zu beachten ist dabei, dass sich die neuen Beweismittel auf **alte Tatsachen** beziehen müssen, d. h. auf solche, die bei dem Erlass des Verwaltungsaktes bereits vorhanden waren, aber mangels Kenntnis oder Beweisbarkeit nicht zu Gunsten des Adressaten berücksichtigt wurden. Handelt es sich dagegen um neue, erst nach dem Erlass des Verwaltungsaktes eingetretene bzw. entstandene Tatsachen, so liegt eine Änderung der Sach- (oder Rechts-)lage nach § 51 I Nr. 1 VwVfG (→ Rn. 345) vor. Grundsätzlich werden dabei von § 51 I Nr. 2 VwVfG alle in § 26 I 1 VwVfG genannten Beweismittel erfasst, wie z. B. eine wiedergefundene Urkunde oder ein neuer Zeuge. Problematisch ist dagegen die Behandlung von **Sachverständigengutachten**. Diese sollen nur beachtlich sein, wenn sie ihrerseits auf neuen Beweismitteln beruhen und nicht lediglich Tatsachen verwerten, die bereits bei dem Erlass des Verwaltungsaktes bekannt waren.

Beispiel: Ein Gutachten über die Lärmbelastung durch eine geplante Tankstelle legt dar, dass die Zahl der täglich erwarteten Fahrzeuge tatsächlich höher als ursprünglich angenommen sein wird. Es ist damit ein „neues" Beweismittel.

348 3. Schließlich kommen gemäß § 51 I Nr. 3 VwVfG auch noch die **Wiederaufgreifensgründe analog § 580 ZPO** in Betracht. Dazu zählen Fälle der Urkundenfälschung, Aussagedelikte von Zeugen, auf deren Aussagen sich das Urteil stützte, sowie die Beanstandung einer nationalen Behörden- oder Gerichtsentscheidung durch den EGMR.

§ 12. Die Vollstreckung eines Verwaltungsaktes

A. Die zwangsweise Durchsetzung öffentlich-rechtlicher Verpflichtungen

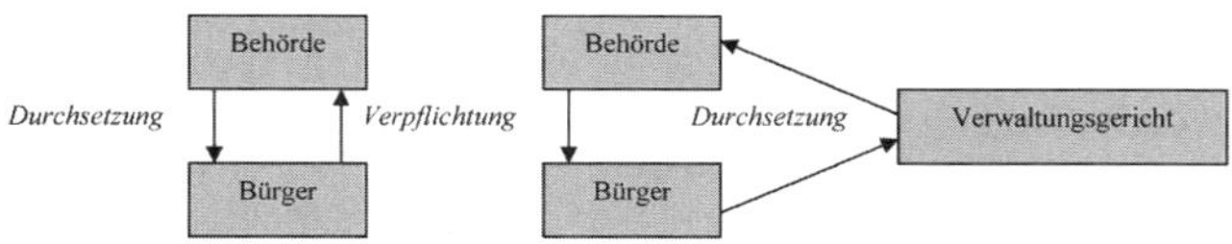

Grafik 11: *Vollstreckung öffentlich-rechtlicher Verpflichtungen*

Für den Bereich der Bundesverwaltung gelten hinsichtlich der Verwaltungsvollstreckung die Vorschriften des **Verwaltungsvollstreckungsgesetzes** (VwVG) sowie des **Gesetzes über den unmittelbaren Zwang bei Ausübung öffentlicher Gewalt durch Vollzugsbeamte des Bundes** (UZwG). In den einzelnen Bundesländern existieren neben möglicherweise speziellen polizeirechtlichen Regeln entsprechende **Landesverwaltungsvollstreckungsgesetze**. Wie in den Landesgesetzen wird auch im VwVG zwischen der **Vollstreckung wegen Geldforderungen** (§§ 1–5 VwVG) und der **Erzwingung von Handlungen, Duldungen oder Unterlassungen** (§§ 6–18 VwVG) unterschieden. Die Voraussetzungen für die Rechtmäßigkeit der Vollstreckung werden nachfolgend anhand des VwVG erläutert, das im Wesentlichen jedoch den entsprechenden Landesgesetzen gleicht. **349**

B. Vollstreckung wegen Geldforderungen nach §§ 1–5 VwVG

Zuständig für den Erlass der **Vollstreckungsanordnung** ist die so genannte **Anordnungsbehörde**. Das ist nach § 3 IV VwVG die Behörde, welche die Forderung geltend machen darf (regelmäßig die Ausgangsbehörde). Für die **Vollstreckung selbst** sind dann gemäß § 4 VwVG die **besonderen** (§ 4 lit. a VwVG) und subsidiär dazu die **allgemeinen Vollstreckungsbehörden** (§ 4 lit. b VwVG) zuständig. Einer **Anhörung** bedarf es wegen § 28 II Nr. 5 VwVfG im Vollstreckungsverfahren auch beim Erlass von Verwaltungsakten (→ Rn. 286) nicht. **350**

351 **Materielle Voraussetzungen der Vollstreckungsanordnung** sind nach § 3 II, III VwVG ein **Leistungsbescheid**, dessen **Fälligkeit**, der Ablauf einer **einwöchigen Frist** und – als Sollvorgabe – eine (erfolglose) **Mahnung**.

352 Die **Arten der Vollstreckung** richten sich gemäß § 5 I VwVG nach der Abgabenordnung (AO). Es gibt die **Pfändung und Verwertung von Vermögen** (→ §§ 285 ff. AO für Sachen, 322 f. AO für unbewegliches Vermögen) sowie die **Pfändung und Einziehung von Forderungen** und anderen Vermögensrechten (→ §§ 309 ff. AO).

353 Bei der Frage nach dem statthaften **Rechtsschutz im Vollstreckungsverfahren** bedarf es einer **Unterscheidung zwischen der Grundverfügung und der Vollstreckungsmaßnahme**. Geht es um Erstere (also etwa um die Rechtmäßigkeit einer auferlegten Pflicht), beurteilt sich der Rechtsschutz nach den „klassischen" Regeln über die Anfechtung des Grundverwaltungsaktes (→ Rn. 45, 175). Bei den Vollstreckungsmaßnahmen kommt es hingegen auf deren Rechtsnatur an. So ist z. B. zu beachten, dass die verwaltungsinterne **Vollstreckungsanordnung** mangels Außenwirkung **kein Verwaltungsakt** i. S. des § 35 S. 1 VwVfG ist; sie kann daher vom Betroffenen nicht isoliert angegriffen werden. Die Rechtsnatur der weiteren Stufen des Vollstreckungsverfahrens ist umstritten: Während die **Androhung** fast ausnahmslos als **Verwaltungsakt** angesehen wird (Regelung: „Wenn Du nicht folgst, drohe ich mit …"), ist der Rechtscharakter der **Festsetzung** trotz ihrer expliziten Normierung in § 14 VwVG insbesondere auf landesrechtlicher Ebene außer beim Zwangsgeld umstritten (die Regelung dieses **Verwaltungsaktes** ist aber: „Jetzt reicht's; es wird Zwang angewendet"). Bei dieser Sichtweise bleibt für die **Anwendung** des Zwangsmittels (→ § 15 VwVG) dann allerdings keine eigenständige Regelungswirkung mehr; sie ist wiederum ein bloßer **Realakt**.

C. Erzwingung von Handlungen, Duldungen oder Unterlassungen nach §§ 6–18 VwVG

I. Allgemeine Vollstreckungsvoraussetzungen

354 Während die formellen Vollstreckungsvoraussetzungen denen der Vollstreckung wegen Geldforderungen entsprechen (→ Rn. 350), ist im Rahmen der materiellen Rechtmäßigkeit die erste **allgemeine Vollstreckungsvoraussetzung** für den Einsatz jedes Zwangsmitteln zur Erzwingung von Handlungen, Duldungen oder Unterlassungen die Beachtung eines ordnungsgemäßen **Vollstreckungsverfahrens**. Es wird wegen seiner besonderen Grundrechtsintensität hier als materielle

Voraussetzung aufgefasst und damit dem Anwendungsbereich der §§ 45, 46 VwVfG (→ Rn. 292 ff.) entzogen. Es gibt dabei **drei Stufen**: Zunächst bedarf es grundsätzlich einer **schriftlichen Androhung** des bestimmten Zwangsmittels mit billiger Frist (→ § 13 I VwVG). Sie kann auch schon zusammen mit dem Grundverwaltungsakt erfolgen (→ § 13 II VwVG). Bleibt die Androhung erfolglos, kommt es zur **Festsetzung des Zwangsmittels** nach § 14 VwVG und schließlich zu dessen **Anwendung** (→ § 15 VwVG; zum Rechtscharakter dieser Maßnahmen bereits Rn. 353).

Anmerkung: *Die landesrechtlichen Regelungen lassen in Eilfällen zumeist einen Verzicht auf die Androhung zu. Dann handelt es sich nicht um ein „gestrecktes", sondern um das so genannte abgekürzte Verfahren. §§ 13 I 1, 6 II VwVG erfassen insoweit hingegen nur den Sofortvollzug (→ Rn. 362).*

Immer im Blick zu behalten ist dabei ferner die aus dem Rechts- **355**
staatsprinzip des Art. 20 III GG abzuleitende Forderung nach der **Verhältnismäßigkeit** der Maßnahme – so bei der Wahl und beim Einsatz des Zwangsmittels (→ § 9 II VwVG). Alle Zwangsmittel können ausweislich § 13 VI VwVG immer wieder und abwechselnd **wiederholt** werden, bis die Pflicht erfüllt wurde.

II. Besondere Vollstreckungsvoraussetzungen

Die **besonderen Vollstreckungsvoraussetzungen** unterscheiden **356**
sich naturgemäß bei den **einzelnen Zwangsmitteln**. Daher sollen diese nun näher betrachtet werden. Sie sind in § 9 VwVG aufgezählt.

1. Ersatzvornahme nach § 10 VwVG

Voraussetzung für den Einsatz der Ersatzvornahme als Zwangsmit- **357**
tel ist die Verpflichtung zu einer Handlung, deren Vornahme auch durch einen anderen möglich ist (→ **vertretbare Handlung**; im Unterschied zur höchstpersönlichen Pflicht; Rn. 359). Kommt der Pflichtige dieser Handlungspflicht nicht nach, so kann die Vollzugsbehörde sie selbst erfüllen (→ **Eigenvornahme**; streitig ist allerdings, ob dieser Fall nicht als unmittelbarer Zwang nach § 12 VwVG → Rn. 361 anzusehen ist) oder einen anderen mit ihrer Vornahme auf Kosten des Pflichtigen beauftragen (→ **Fremdvornahme**). Die Behörde schließt in diesem Fall einen **privatrechtlichen Vertrag mit dem Dritten** – meist einen Werk-, denkbar ist aber auch ein Dienstvertrag – ab, der die Rechtsbeziehungen zwischen ihr und dem beauftragten Dritten regelt. Die Kenntnis dieser Rechtsbeziehungen ist wichtig, weil demgemäß auch die Abwicklung eventueller Schadensersatzansprüche des

Pflichtigen gegen den Dritten nur über das „Dreieck" der Behörde als „Vollstreckerin" und Vertragspartnerin des Dritten erfolgt.

Beispiel: Dem Schiffseigentümer A wird durch Verwaltungsakt aufgegeben, sein im Main gesunkenes Schiff zu bergen sowie alle durch die Havarie verursachten nachteiligen Veränderungen für die Schifffahrt zu beseitigen. Kommt A dieser Anordnung nicht nach, kann die Behörde den Unternehmer U mit der Bergung des Schiffes usw. im Wege der Ersatzvornahme beauftragen.

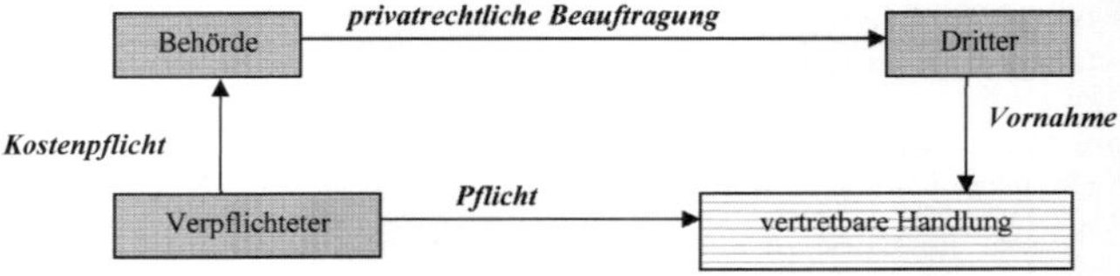

Grafik 12: *Ersatzvornahme durch einen Dritten*

358 Insoweit bedarf es bei der Ersatzvornahme durch einen Dritten gemäß § 13 IV VwVG der vorherigen **Androhung** (→ Rn. 354) auch **der erwarteten Kosten**. Die aus der Ersatzvornahme resultierende **Kostentragungspflicht** des seine Pflicht nicht erfüllenden Pflichtigen wird ihrerseits nach §§ 1–5 VwVG vollstreckt (→ Rn. 350 ff.).

2. Zwangsgeld nach § 11 VwVG

359 Das Zwangsgeld kann zum Erzwingen **unvertretbarer** (→ höchstpersönlicher; Rn. 357) **Handlungen** sowie über § 11 II VwVG auch für **Duldungen** und **Unterlassungen** festgesetzt werden. Ausnahmsweise kann es nach § 11 I 2 VwVG aber auch bei **vertretbaren Handlungen** angewendet werden, wenn die Ersatzvornahme untunlich ist. Das ist z. B. dann der Fall, wenn der Pflichtige außer Stande ist, die Kosten zu tragen, die aus der Ersatzvornahme entstehen. Das Zwangsgeld ist ein Beugemittel und keine Strafe und kann daher auch wiederholt oder gesteigert werden. Es kann in der in § 11 III VwVG angegebenen Höhe von bis zu 25.000 € verhängt werden; in anderen (Spezial- oder Landesvollstreckungs-)Gesetzen sind diese Zahlen allerdings oft deutlich höher; vgl. etwa Art. 31 BayVwZVG (mindestens 15.000 € und höchstens 50.000 €), § 14 HmbVwVG (Höchstbetrag von 1.000.000 €), § 60 VwVG NRW (mindestens 10.000 € und höchstens 100.000 €).

360 Ist das Zwangsgeld uneinbringlich, so kann gemäß § 16 VwVG das VG auf Antrag der Vollzugsbehörde nach einer Anhörung des Pflichtigen durch Beschluss **Ersatzzwangshaft** anordnen, wenn bei der Androhung des Zwangsgeldes auch hierauf hingewiesen (sie also mit angedroht) worden ist. Die Ersatzzwangshaft ist von einem Richter anzuordnen (vgl. Art. 104 II 1 GG) und beträgt nach § 16 II VwVG mindestens einen Tag, aber höchstens zwei Wochen. Das ist im Übrigen der einzige Fall, in dem das **VG einen Haftbefehl ausstellt**. Dagegen erfolgt etwa die Genehmigung polizeirechtlich-präventiver Maßnahmen zur Ingewahrsamnahme von Personen regelmäßig durch die ordentlichen Gerichte (→ abdrängende Sonderzuweisung, die dann bei ihrer Beachtung – in Bayern sogar dann, wenn die richterliche Anordnung wegen Gefahr im Verzug unterblieben ist – auch einen möglichen Fortsetzungsfeststellungsrechtsbehelf nach der Erledigung der Maßnahme zu den ordentlichen Gerichten „abdrängt").

3. Unmittelbarer Zwang nach § 12 VwVG

Führen die Ersatzvornahme oder das Zwangsgeld nicht zum Ziel, **361**
oder sind sie untunlich, so kann die Vollzugsbehörde den Pflichtigen unmittelbar zur **Handlung, Duldung oder Unterlassung** zwingen (oder dabei die Handlung selbst vornehmen; das eigene Handeln der Behörde stellt sich insoweit jedoch als ultima ratio dar). Im Gegensatz zu den anderen Zwangsmitteln kann der unmittelbare Zwang nur **durch besondere Vollzugsbeamte** – im Bereich der Landesverwaltung ist das regelmäßig die Polizei – ausgeübt werden. In § 6 UZwG werden die Vollzugsbeamten des Bundes genannt, die zur Anwendung unmittelbaren Zwanges berechtigt sind. Ist unmittelbarer Zwang angewandt und beendet worden, kann der Betroffene mittels – abhängig von der Rechtsnatur der jeweils erreichten „Vollstreckungsstufe" (→ Rn. 353) – einer **Fortsetzungsfeststellungs- bzw. Feststellungsklage** überprüfen lassen, ob die Zwangsanwendung rechtswidrig war.

Anmerkung: *Zur **abdrängenden Sonderzuweisung** im Landesrecht für bestimmte Grundmaßnahmen und damit dann auch für deren Durchsetzung mittels unmittelbaren Zwanges → bereits Rn. 360 bezüglich der Ingewahrsamnahme.*

III. Der Sofortvollzug nach § 6 II VwVG

Bei drohenden Straftaten, Ordnungswidrigkeiten oder Gefahr im **362**
Verzug – also allein aus Gründen der **Eilbedürftigkeit** – ist ein Zwangsmitteleinsatz auch **ohne einen vorausgehenden Grundverwaltungsakt** möglich. In diesen Fällen kann zudem die Androhung entfallen (→ Rn. 354; vgl. §§ 6 II, 13 I 1 VwVG). Diese Beschleunigungsmöglichkeit für die Anwendung von Zwangsmitteln – der Sofortvollzug – kommt nur unter **strengen Voraussetzungen** zur Anwendung, da sie den Rechtsschutz des Pflichtigen (etwa den Eilrechts-

schutz gegen die Grundverfügung) verkürzt bzw. verunmöglicht. Sie hat in der Praxis der Polizeibehörden nach den Bestimmungen der Landespolizeigesetze aber eine durchaus große Bedeutung. Mehrheitlich wird in dem Sofortvollzug ein (gegebenenfalls konkludenter) **Verwaltungsakt** gesehen (so sogar explizit § 18 II VwVG für die Bundesebene).

IV. Die unmittelbare Ausführung

363 Das VwVG kennt im Unterschied zu den **landesrechtlichen Vollstreckungsbestimmungen** (z. B. Art. 9 BayPAG, § 8 HessSOG) keine unmittelbare Ausführung, deren praktische Bedeutung jedoch ebenfalls sehr groß ist. Sie muss von den Zwangsmitteln und insbesondere vom Sofortvollzug abgegrenzt werden.

Beispiel: Der von einem unbekannten und nicht anwesenden Fahrer abgestellte Pkw wird abgeschleppt, da er ohne Verletzung straßenverkehrsrechtlicher Vorschriften auf einem Gully steht, der zur Reparatur einer geplatzten Wasserleitung umgehend geöffnet werden muss.

1. Anwendungsfälle der unmittelbaren Ausführung

364 a) Es gibt **keinen Grundverwaltungsakt**, da der Pflichtige nicht verfügbar, auffindbar, erreichbar, handlungsfähig (so z. B. betrunken), polizeipflichtig (so etwa bei kleinen Kindern), also in jedem Fall seine **Inanspruchnahme nicht zielführend** ist.

Anmerkung: *Demgegenüber unterbleibt beim **Sofortvollzug** (→ Rn. 362) der Grundverwaltungsakt **einzig** wegen der besonderen **Eilbedürftigkeit** der Maßnahme.*

365 Ein weiterer hiervon erfasster Fall ist, dass sich die **Pflicht**, um deren Erfüllung es geht, **bereits unmittelbar aus dem Gesetz** ergibt. Das ist allerdings regelmäßig nur bei speziellen Parkverboten der Fall.

Beispiel: Aus § 18 VIII StVO folgt, dass auf dem Standstreifen der Bundesautobahnen und Kraftfahrtstraßen keine Fahrzeuge halten und damit erst recht nicht parken dürfen. Hier ergibt sich das Parkverbot bzw. das damit korrespondierende Wegfahrgebot mithin direkt aus dem Gesetz und wird nicht gesondert in einem Grundverwaltungsakt ausgesprochen. Seine „Vollstreckung" erfolgt dann mittels einer unmittelbaren Ausführung.

366 b) Dem Pflichtigen wurde die **Verfügung** (noch) **nicht bekannt gemacht**.

Beispiel: Ein Verkehrszeichen wird erst nach dem Abstellen des Fahrzeuges aufgestellt, oder es geht um die Inanspruchnahme des nicht selbst fahrenden Halters (gegenüber dem Fahrer wird dagegen „normal" vollstreckt, da er das

Verkehrszeichen sehen konnte). Das Beispiel erhält seine Bedeutung daraus, dass die Bekanntgabe von **Verkehrszeichen** umstritten ist. Sie erfolgt nach der h. M. ungeachtet aller Beweisprobleme erst, jedoch auch allein mit dem ersten Heranfahren (der erstmaligen Kenntnisnahmemöglichkeit) an das Verkehrszeichen und nicht schon mit dessen Aufstellung bzw. jedes Mal mit der tatsächlichen Kenntnisnahme. Regelmäßig läuft ab diesem Zeitpunkt zudem mangels Rechtsbehelfsbelehrung auf dem Verkehrsschild die Jahresfrist des § 58 II VwGO.

2. Die Rechtsnatur der unmittelbaren Ausführung

Die unmittelbare Ausführung ist selbst **kein Verwaltungsakt**. 367
Mangels Adressaten und Bekanntgabe (→ Rn. 294) ist sie lediglich ein **Realakt** (streitig). Sie ist zudem – im Unterschied etwa zur Ersatzvornahme, aber auch zum Sofortvollzug als „Beschleunigung" (→ Rn. 362) – **kein Zwangsmittel**, da kein Wille eines Pflichtigen gebeugt und kein Zwang ausgeübt wird.

Anmerkung: *Salopp ließe sich aus der Sicht der handelnden Behörde der gerade im Polizeirecht bei Abschleppmaßnahmen relevante Unterschied zwischen der **Ersatzvornahme**, der unmittelbaren Ausführung und dem Sofortvollzug folgendermaßen beschreiben: Bei Ersterer denkt die Verwaltung „Ich habe dem Bürger die Gelegenheit gegeben, zu handeln, er hat nicht darauf reagiert, jetzt mache ich es selbst, und er zahlt", während sie bei der **unmittelbaren Ausführung** annimmt: „Da der Bürger nicht da ist und nicht selbst handeln kann, mache ich es sofort selber". Demgegenüber unterbleibt schließlich beim **Sofortvollzug** der Grundverwaltungsakt einzig wegen der besonderen Eilbedürftigkeit.*

3. Die Rechtmäßigkeit der unmittelbaren Ausführung

Die (materielle) **Rechtmäßigkeit** der unmittelbaren Ausführung 368
setzt folgende Aspekte voraus:

- Alle **Rechtmäßigkeitsvoraussetzungen einer Ermächtigungsgrundlage für die fiktive Grundverfügung** (im Polizeirecht meist einer so genannten Standardmaßnahme oder der Generalklausel) liegen vor. Lediglich mangels Adressaten ergeht aber keine solche sonst nachfolgend vollstreckte Grundverfügung, oder diese wurde dem Pflichtigen nicht bekannt gemacht (das ist der „Anwendungsbereich" der unmittelbaren Ausführung → Rn. 364 ff.).
- Bei der Ausführung durch die Behörde „selbst" ist nur die Vornahme einer **vertretbaren Handlung** denkbar. Das folgt aus dem Wesen sowie dem Sinn und Zweck der unmittelbaren Ausführung.
- Der **Zweck der Maßnahme** ist **bei einer Inanspruchnahme des Störers nicht erreichbar**.

– Die Rechtsfolge ist ein **Ermessen** der Behörde, dessen Ausübung mithin auf mögliche Fehler und dabei vor allem auf die Wahrung des Grundsatzes der **Verhältnismäßigkeit** zu überprüfen ist.

V. Der Rechtsschutz bei der Vollstreckung

369 Nach § 18 I 1 VwVG sind gegen die **Androhung** eines Zwangsmittels die Rechtsbehelfe gegeben, die gegen den Verwaltungsakt zulässig sind, dessen Durchsetzung erzwungen werden soll. Damit kommt es auf Bundesebene schon gar nicht auf die Frage an, ob die Androhung ein eigenständiger Verwaltungsakt ist. Denn hinsichtlich des Rechtsschutzes wird sie wie ein Verwaltungsakt behandelt. Nach dem Landesrecht ist die Androhung hingegen ohnehin regelmäßig ein Verwaltungsakt. Bezüglich der **weiteren „Stufen" des Vollstreckungsverfahrens** beurteilt sich der Rechtsschutz nach ihrem „Charakter" (→ insgesamt Rn. 353), während der **Sofortvollzug** als der Zwangsanwendung quasi innewohnender Verwaltungsakt (→ Rn. 362) und die **unmittelbare Ausführung** als bloßer Realakt (streitig; → Rn. 367) angesehen und mit den entsprechenden Klagearten angegriffen werden. Bei Eilanträgen ist zu beachten, dass Rechtsbehelfe gegen Verwaltungsakte im Vollstreckungsverfahren nach dem jeweiligen Landesrecht i. V. mit § 80 II 1 Nr. 3 VwGO regelmäßig keine aufschiebende Wirkung haben, was jedoch nicht mehr für darauf bezogene Kostenbescheide gilt, da sie erst nach der Verwaltungsvollstreckung erlassen werden.

Beispiel: Die sofortige Vollziehbarkeit von Vollstreckungsmaßnahmen wird in Art. 21a BayVwZVG, § 30 ThürVwZVG, § 12 LVwVG BW gesetzlich angeordnet.

VI. Das Verhältnis zur Kostenebene und die so genannte Konnexität

370 Ergeht nach einer Vollstreckung oder einer unmittelbaren Ausführung ein Kostenbescheid, so ist für dessen Rechtmäßigkeit zum einen eine rechtmäßige Vollstreckungsmaßnahme, zum anderen aber im Unterschied zur zweiten Ebene der Vollstreckung auch noch die **Rechtmäßigkeit der vollstreckten Grundverfügung** (→ **doppelte Konnexität**) erforderlich. Es besteht insofern nämlich zwar eine grundsätzliche – Ausnahmen gelten für die Nichtigkeit (→ dazu Rn. 295 ff.) – **Befolgungs-, aber eben keine Kostentragungspflicht bei der Vollstreckung rechtswidriger Verwaltungsakte**. Bei der Überprüfung des Kostenbescheides indiziert die Rechtmäßigkeit der

Grundmaßnahme dann meistens die Rechtmäßigkeit des Kostenbescheides. Fehler können sich hier aber noch beim Ermessen auf der Rechtsfolgenseite ergeben, wenn etwa die Höhe der Kosten „falsch“ oder die Kostenanforderung beim Pflichtigen aus anderen Gründen unverhältnismäßig erscheint.

Beispiel: Das zum Abschleppvorgang führende (weil missachtete) Halteverbotsschild wurde erst nach dem Parken aufgestellt. Auch wenn die unmittelbare Ausführung als solche anwendbar und rechtmäßig war (→ Rn. 364 ff.), entfällt hier gleichsam der Verschuldensvorwurf, wenn der Betroffene regelmäßig nachgeschaut hat, ob für den Parkplatz mittlerweile ein Halteverbot verfügt wurde. Seine Belastung mit den Abschleppkosten mutet dann als unverhältnismäßig an. Etwas Ähnliches gilt in Bezug auf die Inanspruchnahme des Halters statt des falsch parkenden Fahrers für die Kosten des Abschleppens: Während bei der Grundmaßnahme und ihrer Durchsetzung (hier dem Abschleppen) die Effektivität der Gefahrenabwehr die Ermessensausübung leitet (→ Rn. 323), gilt es, bei der Kostenverteilung die materielle Gerechtigkeit (→ wer hat den Rechtsverstoß primär begangen und soll jetzt „dafür“ zahlen?) zu berücksichtigen.

§ 13. Der öffentlich-rechtliche Vertrag

An folgenden Stellen kommt es bereits bei den Sachentscheidungsvoraussetzungen eines Rechtsbehelfes auf die **Einordnung eines Vertrages** als öffentlich-rechtlich oder eben zivilrechtlich an: 371

- **Verwaltungsrechtsweg**, § 40 I 1 VwGO → öffentlich-rechtliche Streitigkeit: Die Subordinationstheorie hilft wegen der Gleichordnung der Vertragspartner nicht, die Sonderrechtstheorie auch erst nach einem „Umweg“ über den Vertragsgegenstand, da streitentscheidende Normen zunächst die des Vertrages sind, dessen Rechtsnatur unklar ist. Die Antwort hängt vielmehr von der „Art“ des Rechtsverhältnisses ab, aus dem der Kläger seine Ansprüche herleitet. Die Abgrenzung zwischen einem öffentlich-rechtlichen und einem privatrechtlichen Vertrag erfolgt daher nach dem **Vertragsgegenstand** (→ Rn. 27), ohne dass es an dieser Stelle schon auf die Wirksamkeit des Vertrages ankäme. Ein Vertrag ist dann öffentlich-rechtlich, wenn er die Begründung, Aufhebung oder Änderung öffentlich-rechtlicher Pflichten regelt. Das kann dann aber immer noch zu Problemen führen, wenn eine einzige vertragliche Vereinbarung sowohl öffentlich-rechtliche als auch privatrechtliche Fragen enthält (→ so genannter gemischter Vertrag). Einige Stimmen wollen dann nach dem Schwerpunkt der Vereinbarung entscheiden, andere die verschiedenen Teile aufspalten und die Rechtsnatur des Streites danach beurteilen, in welchem Teil sich der Streit abspielt. Noch andere meinen, dass es sich immer dann um einen öffentlich-rechtlichen Vertrag handele, wenn nur eine wesentliche Leistung aus dem Vertrag dem Öffentlichen Recht zugeordnet werden könne. Insgesamt kommt es hier wie so oft auf eine stringente, nachvollziehbare und vom Fall abhängige Argumentation an.
- **Statthaftigkeit** der Klage: Wird z. B. eine Vertragsanpassung begehrt, bedarf es einer allgemeinen Leistungsklage, gerichtet auf die Zustimmung des anderen Vertragspartners zur Anpassung des Vertrages. Das ist kein Verwaltungsakt (→ keine Verpflichtungsklage), sondern eine **Willenserklärung** nach § 60 I 1 Fall 1 VwVfG und damit ein Realakt (→ zum Inhaltlichen Rn. 402 ff.).

A. Ansprüche aus einem öffentlich-rechtlichen Vertrag

372 Ähnlich wie im Zivilrecht bedingt ein Anspruch aus einem öffentlich-rechtlichen Vertrag einen **„Vierklang" von Voraussetzungen**:

Prüfungsschema 10: Der öffentlich-rechtliche Vertrag

I. Anspruch entstanden → wirksamer öffentlich-rechtlicher Vertrag

1. Vorliegen eines öffentlich-rechtlichen Vertrages
   a) Regelung auf dem Gebiet des Öffentlichen Rechts
   b) Vertragliche, d. h. zweiseitige Regelung
   c) Art des öffentlich-rechtlichen Vertrages
2. Wirksamkeit des Vertrages: Mögliche „Fehlerquellen" und ihre Folgen
   a) Handlungsformverbot für den Vertrag nach § 54 S. 1 VwVfG
   b) Formelle „Fehlerquellen" des Vertrages
   c) Materielle „Fehlerquellen" des Vertrages

II. Anspruch nicht inhaltlich verändert

III. Anspruch nicht untergegangen

1. Erfüllung
2. Leistungsstörung
3. Kündigung

IV. Anspruch durchsetzbar

Selbst **„abgeleitete" Ansprüche** wie z. B. der auf Anpassung eines Vertrages nach § 60 I 1 Fall 1 VwVfG oder die Kündigung nach § 60 I 1 Fall 2, II VwVfG als gesetzliche Sonderregeln zum Wegfall der Geschäftsgrundlage (→ Rn. 402 ff.) erfordern zumindest einen nach den obigen Voraussetzungen **wirksamen öffentlich-rechtlichen Vertrag**.

I. Anspruch entstanden: Wirksamer Vertragsschluss

373 Auch beim öffentlich-rechtlichen Vertrag gilt zunächst das aus dem Rechtsstaatsprinzip des Art. 20 III GG abgeleitete Prinzip der **Gesetz-**

mäßigkeit der Verwaltung. Allerdings ist daneben der besondere (privatrechtliche) Charakter des Vertrages als bindende Vereinbarung zwischen zwei „Gleichgestellten" **(„pacta sunt servanda")** zu berücksichtigen. Ein Ausgleich der beiden widerstreitenden Prinzipien kommt darin zum Ausdruck, dass nicht „jede Rechtswidrigkeit" die Unwirksamkeit des Vertrages zur Folge hat (vgl. die ähnliche gesetzgeberische Wertung beim Verwaltungsakt in § 44 VwVfG → Rn. 295 ff.; ein rechtswidriger Verwaltungsakt ist aber außer in den Fällen der §§ 45, 46 VwVfG zumindest anfecht- und damit vernichtbar). Der Gesetzgeber hat vielmehr in bestimmten Fällen dem Prinzip der **Vertragsverbindlichkeit** den Vorrang eingeräumt (→ § 59 VwVfG, der an sich auch lediglich von der „Nichtigkeit" spricht; die „Rechtswidrigkeit" kommt dort nur gleichsam am Rande vor). Daher kann möglicherweise auch ein Anspruch aus einem rechtswidrigen Vertrag durchgesetzt werden, weshalb sich eine Prüfung ähnlich der beim Verwaltungsakt und unter besonderer Berücksichtigung der Vertragsspezifika anbietet. Das bedeutet, dass bei jedem festgestellten Rechtsverstoß zugleich noch dessen jeweilige **Rechtsfolge** ermittelt werden muss.

Anmerkung: *Gut vertretbar (und üblich) ist auch ein Aufbau, der* ***zunächst*** *die* ***Rechtmäßigkeit*** *des Vertrages komplett und* ***dann*** *erst – davon getrennt – die* ***Rechtsfolgen*** *der im Einzelnen festgestellten Fehler untersucht.*

1. Vorliegen eines öffentlich-rechtlichen Vertrages 374

Das logisch vorrangig zu prüfende **Vorliegen eines öffentlich-rechtlichen Vertrages** lässt sich in folgende Aspekte untergliedern:

a) Es muss sich um eine **Regelung auf dem Gebiet des Öffentlichen Rechts** handeln. Dieser Aspekt wird in einer Falllösung regelmäßig bereits im Kontext der **Sachentscheidungsvoraussetzung** „Eröffnung des Verwaltungsrechtsweges" angesprochen (→ Rn. 371 und 20 ff.). Bei einer von einem Rechtsbehelf gelösten rein materiellen Prüfung gelten die dortigen Überlegungen hier dann aber entsprechend. 375

b) Weiterhin bedarf es einer **vertraglichen**, d. h. zweiseitigen **Regelung**. Davon abzugrenzen ist die von einer Seite allein getroffene Entscheidung – z. B. auf Seiten der Behörde die „Regelung" eines Einzelfalles per Verwaltungsakt (→ Rn. 46 ff.). 376

c) Bereits an dieser Stelle kann schließlich bedacht werden, dass es verschiedene **Arten des öffentlich-rechtlichen Vertrages** gibt: 377

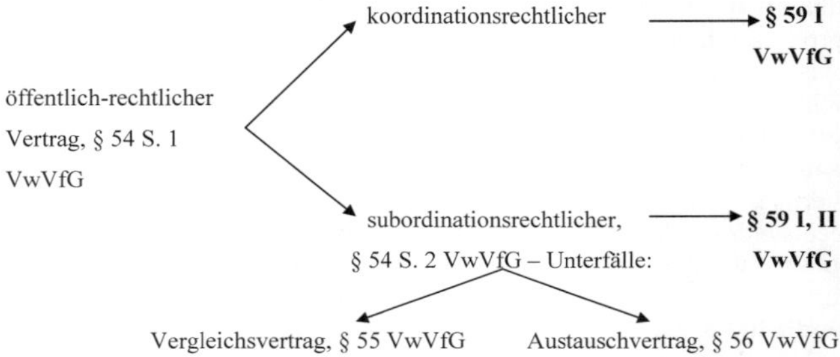

Grafik 13: *Öffentlich-rechtlicher Vertrag*

378 Bedeutsam wird diese Unterscheidung insbesondere bei den Fehlerfolgen (→ Rn. 380 ff.), weshalb sie schon hier systematisch mit dargestellt ist. **Subordinationsrechtliche öffentlich-rechtliche Verträge** nach § 54 S. 2 VwVfG sind dadurch gekennzeichnet, dass die staatliche Seite die Möglichkeit hätte, statt ihrer auch eine einseitige Regelung per Verwaltungsakt zu treffen. Es liegt mithin ein Über-Unterordnungsverhältnis vor, aus dem sich eine „Verwaltungsaktsbefugnis" der Behörde ergibt (→ Rn. 279). Des Weiteren lassen sich innerhalb dieser Gruppe **Vergleichs-** und **Austauschverträge** i. S. der §§ 55 f. VwVfG unterscheiden, die jeweils unterschiedlichen Anforderungen genügen müssen. Das zeigt sich etwa daran, dass § 59 II VwVfG zwar grundsätzlich auf alle subordinationsrechtlichen Verträge anwendbar ist, aber selbst zwischen Vergleichs- und Austauschvertrag unterscheidet, (vgl. § 59 II Nr. 3 und 4 VwVfG). Außerdem ist das Erfordernis des § 56 I 2 VwVfG (sachlicher Zusammenhang) nur im Rahmen von Austauschverträgen relevant.

Beispiel (allerdings umstritten) für einen subordinationsrechtlichen öffentlich-rechtlichen Austauschvertrag ist ein Vertrag über die Übertragung der Tierkörperentsorgungspflicht nach § 3 I 1 TierNebG von dem an sich pflichtigen auf einen anderen Hoheitsträger, weil ein Über-Unterordnungsverhältnis mit einer Verwaltungsaktsbefugnis besteht (vgl. § 4 II 3 TierNebG: „mit der Auflage"). Anderseits regelt § 3 II TierNebG insgesamt nur die Übertragung auf eine juristische Person des Privatrechts und sagt nichts zur Übertragung auf eine juristische Person des Öffentlichen Rechts.

379 Demgegenüber sind **koordinationsrechtliche öffentlich-rechtliche Verträge** durch eine völlige Gleichordnung der beiden Vertragsparteien geprägt; hier besteht keine Möglichkeit der ersatzweisen Regelung per Verwaltungsakt.

Beispiel für einen koordinationsrechtlichen öffentlich-rechtlichen Vertrag ist die Vereinbarung über die Unterhaltung von Wegen und Brücken oder über die Übernahme der ganzen Straßenunterhaltspflicht durch einen Dritten.

2. Wirksamkeit des öffentlich-rechtlichen Vertrages: Fehler und ihre Folgen

Prüfungspunkte für die Frage nach der Wirksamkeit eines öffentlich-rechtlichen Vertrages sind beachtliche mögliche **„Fehlerquellen"**. Sie ergeben sich aus § 59 VwVfG und sind als **Tatbestandsmerkmale** nachfolgend negativ formuliert: 380

a) Kein Handlungsformverbot für den Vertrag

Als eine Besonderheit des öffentlich-rechtlichen Vertrages gegenüber dem Verwaltungsakt, bei dem es insoweit allerdings positiv einer „Verwaltungsaktsbefugnis" bedarf (→ Rn. 279), ist zu beachten, dass die **Vertragsform als solche nicht ausgeschlossen** sein darf (→ § 54 S. 1 Hs. 2 VwVfG: „soweit ..."). Ein Verstoß dagegen führt nach h. M. zur Nichtigkeit des Vertrages nach §§ 59 I VwVfG, 134 BGB. 381

Beispiele: Es besteht ein Handlungsformverbot für eine Beamtenernennung oder eine Steuererhebung per öffentlich-rechtlichem Vertrag, und im Baurecht stellt § 1 III 2 Hs. 2 BauGB ein Handlungsformverbot dar.

Anmerkung: *Wegen der Nichtigkeitsfolge nach §§ 59 I VwVfG, 134 BGB ist es auch vertretbar, das Handlungsformverbot erst bei der Prüfung des § 59 I VwVfG im Rahmen der materiellen Rechtswidrigkeit zu prüfen.*

b) Keine formelle Rechtswidrigkeit des öffentlich-rechtlichen Vertrages

Mögliche **„Fehlerquellen"** sind im Kontext **formeller Voraussetzungen**: 382

aa) Die **unzuständige Behörde** ist Vertragspartnerin. Die Nichtigkeit des öffentlich-rechtlichen Vertrages hat ein solcher Fehler allerdings nur im Fall der §§ 44 II Nr. 3, 3 I Nr. 1, 59 II Nr. 1 VwVfG zur Folge (wenn letztere Norm anwendbar ist → dazu noch unten Rn. 388; zu § 44 VwVfG Rn. 295 ff.). 383

bb) Es fehlt an der **Einigung** gemäß §§ 62 S. (1 und) 2 VwVfG, 116 ff., 145 ff., 164 ff. BGB. Dann ist ein öffentlich-rechtlicher Vertrag nicht zu Stande gekommen. 384

Anmerkung: *Gut vertretbar ist es auch, diesen Punkt bereits vorab unter dem Merkmal „Zustandekommen des Vertrages" zu prüfen.*

cc) Die nötige **Form** fehlt. Das ist nach § 57 VwVfG grundsätzlich die Schriftform und gemäß §§ 62 S. 2 VwVfG, 311b I BGB bei 385

„Grundstücksverträgen" die notarielle Beurkundung. Bei Formmängeln ist der öffentlich-rechtliche Vertrag nach §§ 59 I VwVfG, 125 BGB nichtig.

386 dd) Es fehlt an der nötigen **Mitwirkung Dritter.** Das kann etwa die schriftliche Zustimmung **Drittbelasteter** nach § 58 I VwVfG **oder anderer Behörden** nach § 58 II VwVfG sein. Dieser Fehler bewirkt die schwebende Unwirksamkeit (§ 58 II VwVfG: „wird erst wirksam, nachdem ...") und erst bei endgültiger Verweigerung der Mitwirkung die Nichtigkeit des Vertrages, was letztlich aus dem Normzweck folgt.

c) Keine materielle Rechtswidrigkeit des öffentlich-rechtlichen Vertrages

387 In Bezug auf **materielle Vorgaben** sind folgende **„Fehlerquellen"** in Betracht zu ziehen:

Anmerkung: *Nötigenfalls sind hier die einzelnen Vertragsbestimmungen gesondert zu prüfen.*

aa) Besondere „Fehlerquellen" für subordinationsrechtliche Verträge nach § 59 II VwVfG

388 Die **besonderen „Fehlerquellen"** des § 59 II VwVfG gelten nur für **subordinationsrechtliche öffentlich-rechtliche Verträge** nach § 54 S. 2 VwVfG. Ob ein solcher vorliegt, ist daher zunächst zu prüfen (→ Rn. 378).

389 (1) **Verstoß gegen § 44 VwVfG** (es geht um die Nichtigkeitsgründe beim Verwaltungsakt; Abs. 2 ist dabei vor Abs. 1 zu prüfen → Rn. 297); ein solcher Verstoß führt zur Nichtigkeit des öffentlich-rechtlichen Vertrages nach § 59 II Nr. 1 VwVfG.

390 (2) Ein **rechtswidriger Vertragsinhalt und** die **Kenntnis** der Vertragsparteien davon führen zur Nichtigkeit des öffentlich-rechtlichen Vertrages nach § 59 II Nr. 2 VwVfG.

391 (3) Ein **rechtswidriger Vertragsinhalt** bei **fehlender Vergleichslage** in einem **Vergleichsvertrag** nach § 55 VwVfG (→ Rn. 378) führt ebenfalls zur Nichtigkeit des öffentlich-rechtlichen Vertrages nach § 59 II Nr. 3 VwVfG.

392 (4) Eine **unzulässige Gegenleistung** bei einem **Austauschvertrag** nach § 56 VwVfG (→ Rn. 378), die gegen die Vorschrift über zulässige Nebenbestimmungen eines Verwaltungsaktes laut § 36 VwVfG (→ Rn. 59 ff.) verstößt (§ 56 II VwVfG, bei Anspruch auf die Leistung), zieht gemäß § 59 II Nr. 4 VwVfG die Nichtigkeit des öffentlich-rechtlichen Vertrages nach sich. Das gilt auch bei einer sachwidrigen Koppelung nach § 56 I VwVfG (→ unbestimmter Zweck der Gegen-

leistung, kein Bezug zu öffentlichen Aufgaben, unangemessen oder ohne Bezug zur Leistung).

bb) Allgemeine „Fehlerquellen" für alle öffentlich-rechtlichen Verträge gemäß § 59 I VwVfG

Anmerkung: *Wegen des Spezialitätsgrundsatzes ist dieser Aspekt erst nach den „besonderen Fehlerquellen" (→ Rn. 388 ff.) zu prüfen.*

(1) Ein **Verstoß gegen ein gesetzliches Verbot** führt zur Nichtigkeit des öffentlich-rechtlichen Vertrages nach §§ 59 I VwVfG, 134 BGB. Das gilt nicht für jede (bloße) Rechtswidrigkeit, sondern nur bei der Verletzung einer als Verbotsgesetz zu qualifizierenden Norm, was durch die Auslegung der betreffenden Vorschrift zu ermitteln ist. Zu fragen ist dabei wie im Zivilrecht, ob nach dem Willen des Gesetzgebers der Normverstoß gerade zur Nichtigkeit des Rechtsgeschäftes führen soll. Das ist der Fall, wenn ein Verstoß gegen eine zwingende Rechtsvorschrift vorliegt, die den vereinbarten Vertragserfolg ausschließt, und der Verstoß öffentliche Belange oder Interessen von einigem Gewicht beeinträchtigt. **393**

Beispiele: Ein Verbotsgesetz wird im Umweltrecht verletzt durch die Übernahme der vertraglichen Verpflichtung zur „ungeprüften" Erteilung einer Anlagengenehmigung und im Baurecht durch die gemeindliche Verpflichtung zum Erlass eines Bebauungsplanes (→ Verstoß gegen das Verbot in § 1 III 2 Hs. 2 BauGB; § 1 III 2 Hs. 2 BauGB stellt dabei gleichzeitig bereits ein Handlungsformverbot dar → Rn. 381; ein Verweis auf oben wäre mithin hier ausreichend). Außerdem unzulässig ist dort die völlige Freistellung von der Verpflichtung zur Schaffung von Stellplätzen oder von der ersatzweisen Zahlung von Ablösungsbeiträgen.

(2) Ein **sittenwidriges Rechtsgeschäft** ist nach §§ 59 I VwVfG, 138 BGB nichtig. Dazu muss eine Vertragspartei eine Not- oder Zwangssituation der anderen Seite ausgenutzt haben (§ 138 I BGB) oder ein „auffälliges Missverhältnis" der vereinbarten Leistungen vorliegen (§ 138 II BGB). **394**

Beispiele: Folgekostenverträge, in denen sich ein Bürger zur Zahlung eines bestimmten Betrages verpflichtet, um die Gemeinde zur **Aufstellung eines Bebauungsplanes** bzw. zur vermeintlichen Mitwirkung an der Erteilung einer Baugenehmigung zu veranlassen (vgl. § 11 I 2 Nr. 3 BauGB), sind nur wirksam, wenn der Gemeinde voraussichtlich entsprechende Kosten entstehen werden. Ebenfalls unzulässig ist insoweit wegen Sittenwidrigkeit eine **Erweiterung der Steuerpflicht** per Vertrag. Auch dieser Punkt kann allerdings bereits unter das Handlungsformverbot fallen (→ Rn. 381) und wäre hier nur noch kurz nochmals zu erwähnen. Sittenwidrig ist es ferner auch, wenn eine Behörde mit ihrer Machtüberlegenheit ihren Vertragspartner unzumutbar einschränkt.

395 (3) **Andere Nichtigkeitsgründe** für Rechtsgeschäfte nach dem BGB gemäß § 59 I VwVfG i. V. mit dem BGB.

Anmerkung: *Beachte insoweit aber die heutige (Zivil-)Rechtslage bei der* ***anfänglichen Unmöglichkeit****: Entgegen § 306 BGB a. F. aus der Zeit vor der Schuldrechtsreform hat sie nach §§ 311a I, 275 I BGB nicht mehr die Nichtigkeit des Rechtsgeschäftes zur Folge.*

II. Anspruch nicht inhaltlich verändert

396 Der Anspruch aus dem öffentlich-rechtlichen Vertrag dürfte sich nicht inhaltlich geändert haben. Eine solche inhaltliche Änderung kommt beispielsweise bei einer **Störung der Geschäftsgrundlage** durch eine Anpassung (§ 60 I 1 VwVfG → Rn. 402 ff.) in Betracht.

III. Anspruch nicht untergegangen

397 Es ist zu prüfen, ob das **öffentlich-rechtliche Schuldverhältnis erloschen** und der Anspruch damit untergegangen ist.

1. Erfüllung

398 Durch Erfüllung erlöschen die durch den öffentlich-rechtlichen Vertrag begründeten Verpflichtungen, und der betreffende Anspruch geht unter (→ §§ 62 S. 2 VwVfG, 362 BGB). Das ist der Fall, wenn die laut Vereinbarung geschuldete Leistung bewirkt wurde oder der Gläubiger eine andere Leistung an Erfüllungs Statt annimmt.

2. Leistungsstörung

399 Durch Störungen im Schuldverhältnis kommt es nicht zur ordnungsgemäßen Erfüllung von Leistungspflichten aus dem Schuldverhältnis. Das kann so weit gehen, dass ein bestimmter Anspruch nicht mehr besteht. Zu denken ist hier vor allem an einen Ausschluss der Leistung bei objektiver oder auch subjektiver **Unmöglichkeit** (→ §§ 62 S. 2 VwVfG, 275 I BGB).

3. Kündigung

400 Durch die Kündigung nach § 60 I VwVfG (→ Rn. 405) wird das öffentlich-rechtliche Schuldverhältnis **für die Zukunft aufgelöst**. Mit der Auflösung des Vertrages bestehen auch keine Ansprüche mehr daraus.

IV. Anspruch durchsetzbar

Dem Anspruch dürften keine durch den Schuldner geltend gemachten **Einreden** entgegenstehen, welche die Durchsetzung des Anspruches **dauerhaft** (z. B. Verjährungseinrede, Mängeleinrede) oder **zeitweise** (z. B. Einrede des nicht erfüllten Vertrages, Einrede des Zurückbehaltungsrechts) ausschließen. 401

B. Besondere Ansprüche bzw. Rechte im Kontext öffentlich-rechtlicher Verträge

I. Anspruch auf Anpassung des Vertrages nach § 60 I 1 VwVfG

Anmerkung: *Sinn des § 60 I 1 VwVfG ist, dass die Vertragsparteien nicht an vertraglichen Ansprüchen festgehalten werden sollen, die auf Grund einer wesentlichen Änderung bzw. eines* ***Wegfalles der Geschäftsgrundlage*** *ihre Ausgleichsfunktion eingebüßt haben. Das Problem des Verhältnisses zu dem vor einigen Jahren im Kontext der Schuldrechtsreform „modernisierten" BGB-Schuldrecht mit § 313 BGB i. V. mit § 62 S. 2 VwVfG stellt sich hier nicht, weil § 60 VwVfG insoweit die speziellere Norm ist.*

1. Wesentliche Änderung der Verhältnisse

Zunächst ist für einen Anspruch aus § 60 I 1 VwVfG zu prüfen, ob 402
sich die **Verhältnisse,** die bei Vertragsschluss vorlagen, wesentlich geändert haben. Dabei finden sowohl tatsächliche als auch rechtliche Verhältnisse Beachtung. Im Hinblick auf abweichende rechtliche Verhältnisse sind jedoch gewisse Einschränkungen vorzunehmen: Während veränderte rechtliche Rahmenbedingungen durchaus beachtlich sind, können unmittelbare gesetzliche Eingriffe sowie Änderungen in Verwaltungsvorschriften und bei der Verwaltungspraxis nicht berücksichtigt werden. Letzteres ist damit zu rechtfertigen, dass andernfalls die Verwaltung sich gleichsam selbst eine Grundlage für Ansprüche aus § 60 I 1 VwVfG schaffen könnte. Ferner ist nicht nur bei einer Änderung der rechtlichen, sondern auch der tatsächlichen Verhältnisse festzustellen, ob es sich im konkreten Fall um für die Festsetzung des Vertragsinhaltes **maßgebliche Verhältnisse** handelt. Das bedeutet, dass sie nicht Vertragsinhalt geworden sind, aber eben auch nicht lediglich bloße Beweggründe für den Vertragsschluss darstellen. Vielmehr müssen die geänderten Verhältnisse nach der Parteivorstellung eine gemeinsame wesentliche Vertragsgrundlage gebildet haben. Als ausreichend dafür kann es angesehen werden, wenn die Vorstellungen des jeweiligen Vertragspartners erkennbar sind und von der Gegenseite

nicht beanstandet wurden. Im Folgenden ist sodann eine **wesentliche Änderung** dieser relevanten Verhältnisse zu erläutern. Eine Änderung ist zu bejahen, wenn redliche Parteien in Kenntnis der eingetretenen Entwicklung einen Vertrag gleichen Inhaltes nicht abgeschlossen hätten. Ob diese Veränderung wesentlich ist, ist insbesondere daran zu messen, ob durch sie den Parteien nach Treu und Glauben nicht zumutbare Ergebnisse eingetreten sind, was beispielsweise bei Äquivalenzstörungen zu bejahen ist.

2. Rechtsfolge: mögliche Anpassung

403 In seiner Rechtsfolge sieht § 60 I 1 VwVfG vorrangig die Möglichkeit einer **Anpassung des Vertrages** vor, die auf den Grundsatz von Treu und Glauben zurückzuführen ist. Sie dient der Korrektur des überholten Parteiwillens mittels inhaltlicher Umgestaltung des Vertrages im Hinblick auf die geänderten Verhältnisse und eröffnet damit die Chance einer gütlichen, den Interessen beider Parteien entsprechenden Einigung. Hierbei ist das Verlangen nach einer Anpassung, das als Angebot bzw. Aufforderung zur Abgabe eines Angebotes auf Abschluss eines Änderungsvertrages anzusehen ist, ausdrücklich gegenüber dem anderen Vertragspartner zu erklären. Im Fall der Annahme kommt eine Anpassung in bestimmten Fällen sogar für die Vergangenheit in Betracht, was jedoch explizit vereinbart werden muss (im Regelfall wirkt die Anpassung parallel zur Kündigung nämlich erst „ex nunc"). Erklärt sich die betroffene Vertragspartei hingegen nicht zu einer Anpassung bereit, kann die Gegenseite sie zur Abgabe der entsprechenden Willenserklärung mittels einer Leistungsklage zu zwingen versuchen (→ dazu schon Rn. 371). Ist die Anpassung hingegen objektiv unmöglich, scheidet dieser Weg aus.

3. Zumutbarkeit (vgl. § 60 I 1 VwVfG a. E.)

404 Schließlich ist zum einen zu fragen, ob der einen Seite das Festhalten am bisherigen Vertrag **zumutbar** ist, und zum anderen, ob von der Gegenseite z. B. die begehrte Erhöhung der Vergütung etc. legitimerweise **verlangt werden kann**.

II. Anspruch auf Kündigung des Vertrages nach § 60 I, II VwVfG

405 Scheidet eine Anpassung des Vertrages mangels (objektiver) Möglichkeit dazu (→ Rn. 403) oder wegen fehlender Zumutbarkeit (→ Rn. 404) aus, kommt als ultima ratio die Kündigung mit Wirkung

„ex nunc“ als **einseitiges Gestaltungsrecht** der dazu nach § 60 I, II VwVfG wegen der Unzumutbarkeit ihres Festhaltens am Vertrag berechtigten Vertragspartei in Betracht.

C. Die Vollstreckung von Ansprüchen aus einem öffentlich-rechtlichen Vertrag

Ansprüche aus öffentlich-rechtlichen Verträgen müssen im Weigerungsfall gegenüber der anderen Vertragspartei mittels einer **allgemeinen Leistungsklage** durchgesetzt werden. Mangels eines Über-/Unterordnungsverhältnisses fehlt es der Verwaltung als Gläubigerin hier demgegenüber gerade an einer Verwaltungsaktsbefugnis (→ Rn. 279), so dass sie sich einen Vollstreckungstitel erst im Prozess in Gestalt eines Urteiles erstreiten muss. **406**

§ 14. Schlichtes Verwaltungshandeln – Realakte

A. Die Rechtmäßigkeit und gerichtliche Überprüfung von Realakten

I. Grundsatz

Realakte sind diejenigen Handlungen von Hoheitsträgern, die nicht 407
auf die Herbeiführung einer Rechtsfolge gerichtet und deshalb keine Verwaltungsakte mit der für diese charakteristischen „Regelung" (→ Rn. 51) sind. Sie zielen vielmehr auf **tatsächliche Erfolge** und dürfen dabei nicht gegen Rechtsvorschriften verstoßen. In den Fällen, in denen sie in die Rechte eines Bürgers eingreifen, bedürfen sie außerdem noch einer formell-gesetzlichen **Ermächtigungsgrundlage** (→ Vorbehalt des Gesetzes, Rn. 272).

II. Rechtsschutz gegen Realakte

Statthafte Klagearten: 408

- Klage auf die **Vornahme** eines Realaktes → **allgemeine Leistungsklage** (wenn der Realakt i. V. mit einem Verwaltungsakt begehrt wird → Verpflichtungsklage mit Annexantrag)
- Klage gegen einen **drohenden** rechtswidrigen Realakt → **Unterlassungsklage**
- Klage auf die **Beseitigung rechtswidriger Zustände** wegen eines Realaktes → **allgemeine Leistungsklage** (wenn die Beseitigung i. V. mit einem Verwaltungsakt erfolgt → Verpflichtungsklage mit Annexantrag)

Auch im Rahmen des schlichten Verwaltungshandelns richtet sich die statthafte Klageart nach dem **klägerischen Begehren**. Danach sind folgende Fälle zu unterscheiden: Hat der Kläger einen **Anspruch auf die Vornahme eines Realaktes** durch die Verwaltung, so ist zu dessen Durchsetzung eine **allgemeine Leistungsklage** einschlägig. In Fällen, in denen der Realakt i. V. mit dem Erlass eines Verwaltungsaktes begehrt wird, ist hingegen eine **Verpflichtungsklage** mit einem so genannten **Annexantrag** (→ § 113 IV VwGO; vgl. zu ähnlichen „Anfechtungskonstellationen" schon Rn. 73; § 113 I 2 VwGO betrifft demgegenüber insbesondere den gesetzlich geregelten Sonderfall des „Vollzugsfolgenbeseitigungsanspruches"; Rn. 474) statthaft. Zum **Schutz vor drohen-**

den rechtswidrigen Realakten kann mit einer **Unterlassungsklage** vorgegangen werden. Ist der **rechtswidrige Zustand** dagegen **bereits eingetreten**, ist zu dessen (Folgen-)Beseitigung durch einen „begünstigenden Realakt" eine **allgemeine Leistungsklage**, bei der erstrebten Beseitigung des rechtswidrigen Zustandes durch einen Realakt wieder i. V. mit einem Verwaltungsakt eine **Verpflichtungsklage mit „Annexantrag"** nach § 113 IV VwGO statthaft.

III. Das Phänomen des „informellen Verwaltungshandelns"

409 Bei Maßnahmen des so genannten informellen – im Gegensatz zum formgebundenen, d. h. an den Formen des VwVfG orientierten – Verwaltungshandelns bereitet die **dogmatische Einordnung** auf Grund ihrer regelmäßig zu beobachtenden Unterschiedlichkeit **Schwierigkeiten**. Sobald in derartigen Maßnahmen jedoch – und sei es auch verdeckt – eine **Regelung** i. S. des § 35 S.1 VwVfG (→ Rn. 51) enthalten ist, werden sie doch wieder als **Verwaltungsakte** qualifiziert.

Beispiele: In den Schlag mit dem polizeilichen Schlagstock als vermeintlichen bloßen Realakt liest die h. M. die konkludente Duldungsverfügung „Nimm die Gewaltanwendung hin!" hinein und wertet ihn daher als Verwaltungsakt (im Rahmen des Verwaltungsvollstreckungsverfahrens → Rn. 354 ff.).

410 Der Begriff des „informellen Verwaltungshandelns" umfasst aber auch **alle sonstigen normvertretenden und -vollziehenden Praktiken** im Vor- und Umfeld formalisierter Gesetzgebungs- und Verwaltungsverfahren, insbesondere also Auskünfte, Warnungen, Empfehlungen, Berichte und Gutachten, die allesamt **Realakte** darstellen. Diese Handlungsarten ermöglichen und ergänzen dabei das formalisierte Handeln. Soweit sie sich innerhalb der gesetzlichen Grenzen bewegen, sind sie damit als zulässig zu erachten, denn das VwVfG kennt **keinen „numerus clausus" der Handlungsarten der Verwaltung**. Dabei sind vor allem Zuständigkeitsregelungen, gesetzliche Sonderregelungen (wie z. B. Verpflichtungen zum Gesetzesvollzug doch durch einen Verwaltungsakt), Verfahrensrechte anderer Beteiligter, Verfahrenspflichten der Behörde und das materielle Recht zu berücksichtigen. Gegebenenfalls sind zudem allgemeine Verfahrensgrundsätze wie etwa die zur Amtsermittlung (→ Rn. 9) zu beachten.

IV. Der Sonderfall der behördlichen Warnungen

411 Unter den Stichpunkt des „informellen Verwaltungshandelns" fallen, wie schon oben erwähnt (→ Rn. 409 f.), auch die **staatlichen bzw. behördlichen Warnungen**, um die sich besondere Probleme ranken:

1. Zunächst ist schon umstritten, ob eine Behörde, die vor besonderen Gefahren für die Allgemeinheit warnt, dafür eine **Ermächtigungsgrundlage benötigt**. 412

Beispiel: Das Bundesgesundheitsministerium warnt vor glykolhaltigen Weinen oder das Bundesfamilienministerium vor jugendgefährdenden Schriften.

Bei einer Warnung handelt es sich nicht um einen klassischen direkten Grundrechtseingriff per Verwaltungsakt (→ keine Regelung, Rn. 51; also gilt auch der Grundsatz des Vorbehaltes des Gesetzes nicht gleichsam „automatisch" → Rn. 272), sondern um einen bloßen **Realakt**. Daher hängt das Erfordernis einer formellen gesetzlichen Ermächtigungsgrundlage letztlich davon ab, ob die Warnung trotzdem so weit reicht, dass sie insbesondere einen **finalen Grundrechtseingriff** darstellt. Die Rechtsprechung geht insoweit jedoch mehrheitlich nur von einem mittelbar-faktischen Grundrechtseingriff aus: Die in Frage kommende Grundrechtsbeeinträchtigung entstehe nicht unmittelbar durch ein staatlich gefordertes Verhalten des Adressaten, sondern nur mittelbar durch die Wirkungen des staatlichen Handelns, die allein vom Verhalten anderer Personen abhingen (etwa: Glauben die Adressaten der Warnung und handeln entsprechend?). Mit dieser Sichtweise kann auf eine Ermächtigungsgrundlage für die Warnungen verzichtet werden. Das ist allerdings anders, wenn in der Warnung doch ein finaler Grundrechtseingriff erblickt wird. Dafür lässt sich anführen, dass die Warnung gerade einen bestimmten Zweck erreichen soll (im obigen Beispiel sollen beispielsweise die glykolhaltigen Weine nicht mehr gekauft werden) und es sich deshalb doch um einen jedenfalls mittelbar-faktischen Grundrechtseingriff mit gewisser Intensität handelt, der dann eben auch eine Ermächtigungsgrundlage verlangt. Diese Wertung gilt im Übrigen auch für andere entsprechend belastende Realakte wie z. B. die polizeirechtliche Videoüberwachung eines Platzes, die das Grundrecht auf informationelle Selbstbestimmung oft zumindest nicht unerheblich einschränkt. 413

Wird eine Ermächtigungsgrundlage für erforderlich gehalten, so lässt sich keine spezielle (etwa ein „Gesetz über staatliche Warnungen") auffinden. Teilweise wird daher eine **Ableitung aus Normen des GG** – bei Warnungen durch die Bundesregierung insbesondere aus Art. 65 (S. 2 für den jeweiligen Fachminister) GG – in Erwägung gezogen, die aber an sich den rechtsstaatlichen **Bestimmtheitsanforderungen** an eine Ermächtigungsgrundlage nicht genügt. 414

2. Auch die **dogmatische Einordnung und Zulässigkeit von staatlichen Warnungen** im Übrigen sind streitig. Wie gesehen, werden sie überwiegend als Realakte qualifiziert. In Bezug auf ihre Zulässigkeit ist mittlerweile ferner anerkannt, dass der Staat grundsätzlich auch auf diese Weise am Prozess der öffentlichen Meinungsbildung teilnehmen kann, wenn das verfassungsrechtlich legitimiert ist. Dazu wird vielfach 415

auf das **Demokratieprinzip** zurückgegriffen, das zum einen auf die Schaffung und den Erhalt eines Grundkonsenses abzielt und zum anderen eine Diskussionskultur begründen soll, die durch die Rechtfertigung der von der Warnung Betroffenen gefördert wird. Problematisch erscheint dieser Punkt allerdings im Hinblick auf grundrechtsrelevante Warnungen, wenn sie als Eingriffe i. S. der Grundrechtsdogmatik qualifiziert werden. Bejahendenfalls ist im Rahmen ihrer verfassungsrechtlichen Rechtfertigung dann nämlich erneut zu diskutieren, ob sie eine gesetzliche Ermächtigungsgrundlage erfordern (→ Rn. 412 ff.). Liegt diese vor, bzw. bedarf es ihrer doch nicht (andernfalls ist das staatliche Handeln ohnehin rechtswidrig), so sind noch folgende weitere Voraussetzungen zu beachten: In **formeller Hinsicht** muss vor der Warnung regelmäßig eine Anhörung der Betroffenen erfolgen. Darüber hinaus muss **materiell** ein besonderer Anlass, in Anlehnung an das Polizeirecht also eine Art „Gefahr" oder zumindest ein Gefahrenverdacht, vorliegen sowie die Richtigkeit der Warnung bzw. die Begründbarkeit der darin enthaltenen Wertungen verbürgt sein. Ferner sind im Rahmen der Rechtsfolge Verhältnismäßigkeitserwägungen anzustellen, und das Willkürverbot ist zu beachten.

Anmerkung: *Einen* ***alternativen Lösungsweg*** *wählt das* ***BVerfG****, das damit häufig (zumindest bei der Verneinung eines Eingriffes bzw. der Schutzbereichsberührung) auch das Problem der fehlenden Ermächtigungsgrundlage als Schranke im Rahmen der Grundrechtsprüfung gleichsam umgehen kann:*

– *Bei* ***Art. 12 I GG*** *(so etwa die Warnung vor Glykolwein) soll schon kein – auch kein mittelbarer – Eingriff in die Berufsfreiheit vorliegen, wenn*
  1. *die Behörde (z. B. die Bundesregierung nach Art. 65 GG) ihre Kompetenz wahrt,*
  2. *ein besonderer Anlass für die Warnung besteht (→ Gefahr oder Gefahrenverdacht),*
  3. *die Warnung „richtig" ist, d. h.: die Tatsachenbehauptungen wahr und die Werturteile sachlich sind,*
  4. *der Staat seine Neutralität wahrt und*
  5. *der Verhältnismäßigkeitsgrundsatz sowie das Willkürverbot beachtet werden.*

– *Bei* ***Art. 4 I, II GG*** *(Warnung vor Sekten) soll schon der Schutzbereich der schrankenlos gewährleisteten (daher hier die andere Bewertung durch das BVerfG) Religionsfreiheit nicht berührt sein, wenn die obigen fünf Voraussetzungen erfüllt werden, da nicht rechtsförmliches Staatshandeln weniger strengen Vorgaben – insbesondere eben nicht dem Erfordernis einer gesetzlichen Grundlage – unterliege.*

B. Die Vollstreckung von Realakten

Ein Realakt enthält im Unterschied zum Verwaltungsakt mangels **416**
Regelung (→ Rn. 51) **keine Pflicht**, die durchgesetzt i. S. von vollstreckt werden kann, sondern ist (nur) auf einen tatsächlichen Erfolg gerichtet. Seine „Vollstreckung" besteht mithin in der **bloßen Ausführung der Tathandlung** und stellt keine „zweite Stufe" (→ Sekundärebene beim Verwaltungsakt) dar.

Beispiel: Das Erteilen einer Auskunft oder das Aufheben einer Bananenschale ist der Vollzug des betreffenden Realaktes.

§ 15. Rechtsverordnung, Satzung und Plan

Im Unterschied zu §§ 8–14 geht es nunmehr nicht mehr um an bestimmte einzelne Personen gerichtete bzw. sie betreffende konkrete Maßnahmen der Verwaltung, sondern um **abstrakte**, d. h. um solche mit insbesondere einem **großen „Adressatenkreis“**. **417**

A. Die Rechtsverordnung

Bei einer Rechtsverordnung handelt es sich wie bei formellen Gesetzen um eine **abstrakt-generelle Norm**. Sie wird allerdings nicht vom parlamentarischen Gesetzgeber im förmlichen Gesetzgebungsverfahren erlassen, sondern von Organen der Verwaltung. Somit ist die Rechtsverordnung zwar ein materielles (→ „inhaltliches“) – gekennzeichnet durch das Aufstellen abstrakt-genereller Regeln –, jedoch eben kein formelles Gesetz. Auf Grund der Gewaltenteilung darf die Verwaltung zwar eigentlich gar keine Gesetze erlassen. Etwas anderes gilt jedoch, wenn sie dazu in besonderer Weise formell durch den Gesetzgeber ermächtigt wird, er also seine Rechtssetzungsmacht gleichsam „nach unten abgibt“, um so detailliertere, flexibler und schneller anzupassende Vorschriften zu ermöglichen. Diese Ermächtigung zum Erlass einer Rechtsverordnung bezeichnet man als **ermächtigendes Gesetz**. Man spricht dann auch von **abgeleiteter Gesetzgebung**. **418**

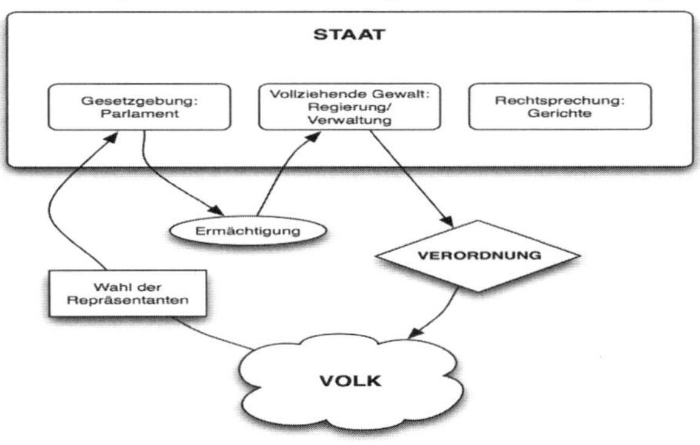

Grafik 14: *Rechtsverordnung*

419 Die Möglichkeit zur Ermächtigung ergibt sich für **Rechtsverordnungen auf Bundesebene** aus **Art. 80 I 1 GG**, im Übrigen aus den jeweiligen **Landesverfassungen** bzw. dem dorthin gegebenenfalls mit Hilfe des Homogenitätsgebotes in Art. 28 I 1 GG übertragenen **Rechtsgedanken des Art. 80 I 1 GG**. Dabei müssen sowohl das Gesetz, aus dem sich die Ermächtigung ergibt, als auch die auf der Grundlage dieser Ermächtigung erlassene Rechtsverordnung den Anforderungen des Art. 80 I 2, 3 GG bzw. der entsprechenden „Quelle" genügen.

420 Die Befugnis zur abgeleiteten Gesetzgebung besteht allerdings nicht unbegrenzt. An diesem Punkt sind erneut zwei bereits genannte Prinzipien bedeutsam: der **Vorrang** und der **Vorbehalt des Gesetzes** (→ Rn. 272). Der Erstere hat zur Folge, dass jedes förmliche Gesetz nach der Normenpyramide einer Rechtsverordnung vorgeht und ihre kollidierenden Regelungen „bricht". In Bezug auf den Vorbehalt des Gesetzes ist zu berücksichtigen, dass es sich, wie schon erwähnt, – streng genommen – um einen Verstoß gegen das Prinzip der Gewaltenteilung handelt, wenn die Verwaltung im Wege der abgeleiteten Gesetzgebung das materielle Gesetz, auf Grund dessen sie nachfolgend dann möglicherweise im Einzelfall tätig wird, zuvor selbst erlassen hat. Um hier Auswüchse zu verhindern und insbesondere die Grundrechte vor dem uferlosen Zugriff der Exekutive zu schützen, findet die durch ein ermächtigendes Gesetz legalerweise abgeleitete Gesetzgebung ihre Grenzen überall dort, wo durch sie Grundrechte berührt werden. Denn Eingriffe in diese besonders grundrechtsrelevanten und damit *wesentlichen* Bereiche muss der insoweit nach dem Gewaltenteilungsgrundsatz primär oder gar einzig dazu demokratisch legitimierte parlamentarische Gesetzgeber selbst regeln. Er darf die Gesetzgebung in diesen Konstellationen nicht komplett der Verwaltung überlassen, sondern muss insoweit zumindest den Rahmen im oben genannten Sinn in dem ermächtigenden Gesetz abstecken. Man bezeichnet diesen schon in Art. 80 I 2 GG anklingenden Punkt auch als Ausfluss der vom BVerfG entwickelten **„Wesentlichkeitstheorie"** oder als **„Parlamentsvorbehalt"**.

Beispiel für eine Verordnungsermächtigung ist § 88 I AsylVfG: „Das Bundesministerium des Innern kann durch Rechtsverordnung mit Zustimmung des Bundesrates die zuständigen Behörden für die Ausführung von Rechtsvorschriften der Europäischen Gemeinschaft und völkerrechtlichen Verträgen über die Zuständigkeit für die Durchführung von Asylverfahren bestimmen, [...]." Auf Grund dieser Ermächtigung hat das Bundesministerium des Innern sodann die Asylzuständigkeitsbestimmungsverordnung erlassen und dort die zuständigen Behörden im Einzelnen festgelegt.

B. Die Satzung

421 Auch bei einer Satzung handelt es sich um eine **abstrakt-generelle Rechtsnorm**, durch die rechtlich selbstständige Einheiten der Verwaltung, also juristische Personen des Öffentlichen Rechts, ihre inneren Angelegenheiten eigenständig regeln können. Mithin ist auch eine Satzung ein **materielles, aber kein formelles Gesetz**.

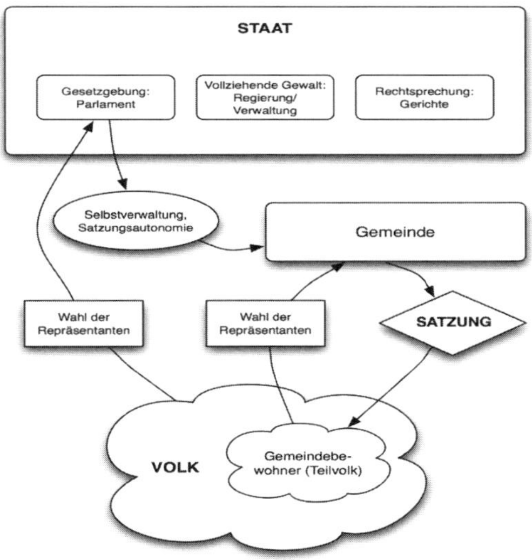

Grafik 15: *Satzung*

422 Eine **juristische Person des Öffentlichen Rechts** ist ein selbstständiger Verwaltungsträger (→ Rn. 245 ff.; es geht deswegen um einen Fall der mittelbaren Staatsverwaltung). Sie wird durch Gesetz oder auf Grund eines Gesetzes durch die Exekutive errichtet. Sie ist öffentlich-rechtlich organisiert und hat öffentlich-rechtlich geregelte Aufgaben und Befugnisse. Sie darf nur zur Verfolgung einer öffentlichen Aufgabe geschaffen werden, und ihr Wirkungskreis wird durch ihre Aufgaben und Befugnisse begrenzt. Ein Verstoß gegen diese **Verbandskompetenz** (→ Rn. 283) führt zur Nichtigkeit des jeweiligen Rechtsaktes. Juristische Personen des Öffentlichen Rechts sind Körperschaften, Anstalten und Stiftungen des Öffentlichen Rechts (→ im Einzelnen Rn. 246). Diese juristischen Personen des Öffentlichen Rechts

können durch ihre demokratisch legitimierten **Organe Satzungen erlassen**. Ihre Organe sind beim Erlass der Satzungen im Hinblick auf die Verbandskompetenz jedoch eben genau darauf beschränkt, die durch Gesetz festgelegten Aufgaben- und Zuständigkeitsbereiche zu regeln. **Sachlich** ist der Umfang der Satzungsbefugnis (→ **Satzungsautonomie**) also auf die im jeweiligen Fachgesetz festgelegten Aufgaben der juristischen Person und im Übrigen wie bei der Rechtsverordnung letztlich durch die **Wesentlichkeitstheorie** (→ Rn. 420) begrenzt. **Personell** besteht die Satzungsbefugnis nur gegenüber den Mitgliedern der Körperschaft bzw. den Nutzern der Anstalt.

Beispiel für eine Satzungsermächtigung: Art. 23 („Die Gemeinden können zur Regelung ihrer Angelegenheiten Satzungen erlassen. [...]") i. V. mit Art. 24 I BayGO („In den Satzungen können die Gemeinden insbesondere 1. die Benutzung ihres Eigentums und ihrer öffentlichen Einrichtungen regeln, 2. aus Gründen des öffentlichen Wohls den Anschluss an die Wasserversorgung, die Abwasserbeseitigung, die Abfallentsorgung, die Straßenreinigung und ähnliche der Gesundheit dienende Einrichtungen vorschreiben und vorbehaltlich anderweitiger gesetzlicher Vorschriften die Benutzung dieser Einrichtungen sowie der Bestattungseinrichtungen und von Schlachthöfen zur Pflicht machen, [...]").

C. Der Plan

423 Pläne sollen das künftige Verhalten des Staates und/oder der Bürger steuern und beeinflussen. Hierbei ist gerade die **Zukunftsorientierung** kennzeichnend. Es geht mithin noch nicht um eine Entscheidung bzw. Regelung in der Gegenwart. Der Plan ist keine rechtlich selbstständige Erscheinungsform, sondern kann in unterschiedlichen rechtlichen Handlungsformen umgesetzt werden. Der **Rechtsschutz** gegen die Pläne hängt dann von ihrer jeweiligen Rechtsnatur ab.

Beispiele: Haushaltspläne (Art. 110 I GG) ergehen als formelle, aber nicht materielle Bundesgesetze, Bebauungspläne (§ 10 I BauGB) als Satzungen (→ Rn. 421), behördliche Dienstpläne als Verwaltungsvorschriften, Flächennutzungspläne, Regionalpläne und Raumordnungspläne als Pläne bzw. Rechtsakte „sui generis".

§ 16. Staatshaftungsrecht

Begeht der Staat „Unrecht“, indem er **in die Rechte eines anderen Rechtsträgers eingreift**, kommen für diesen verschiedene Anspruchsgrundlagen im Hinblick auf die **Folgenbeseitigung**, den **Schadensersatz** und die **Entschädigung** in Betracht. Sie lassen sich nach der **Rechtmäßigkeit** oder Rechtswidrigkeit des staatlichen Handelns und nach dem **(Nicht-)Verschulden** unterscheiden: 424

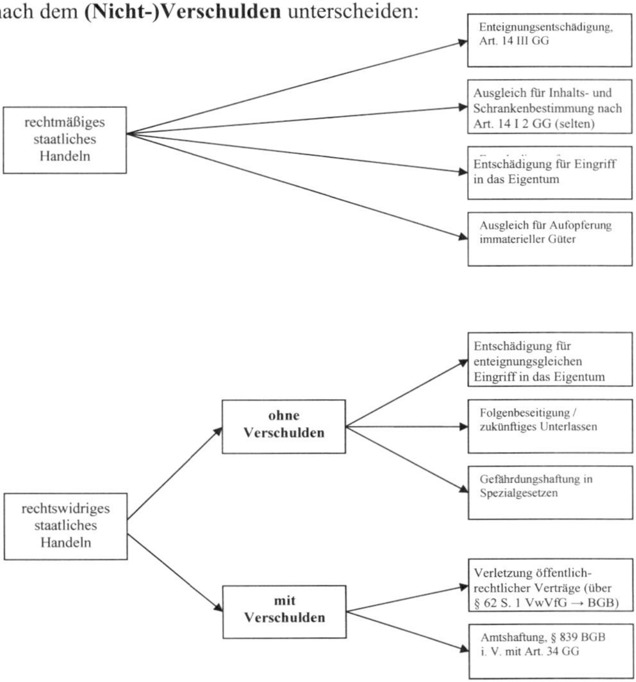

Grafik 16: *Staatshaftung, systematisch nach Rechtswidrigkeit des Staatshandelns und Verschulden*

Eine andere Unterscheidung baut auf den möglicherweise **verletzten Rechten** auf:

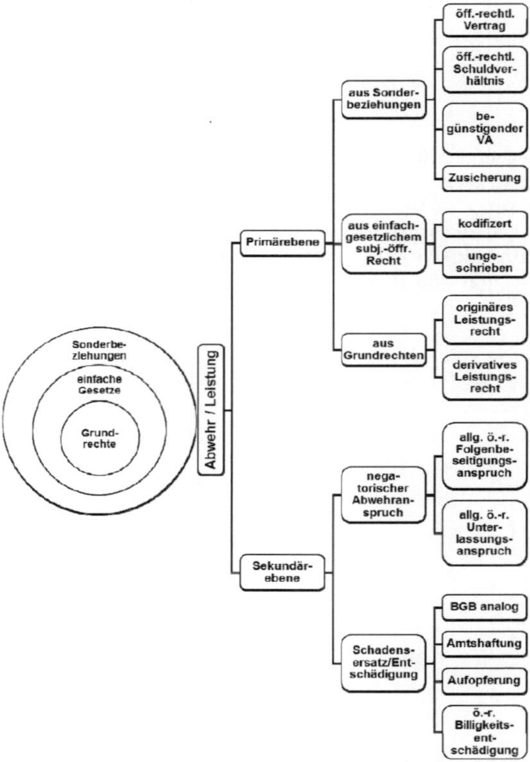

Grafik 17: *Staatshaftungsrecht, systematisch nach verletzten Rechten*

A. Ansprüche aus öffentlich-rechtlichen Schuldverhältnissen

I. Dogmatische Herleitung und Voraussetzungen

425 Die Rechtsfigur der öffentlich-rechtlichen Schuldverhältnisse ist vorwiegend **von der Rechtsprechung entwickelt** worden. Nach einem frühen Urteil des BGH soll ein solches öffentlich-rechtliches Schuldverhältnis dort bestehen, wo ein **besonders enges Verhältnis des Einzelnen zum Staat oder zur Verwaltung** begründet worden ist und mangels ausdrücklicher gesetzlicher Regelung ein Bedürfnis zu einer angemessenen Verteilung der Verantwortung innerhalb des Öffentlichen Rechts besteht. Bei der prozessualen Geltendmachung ist insoweit allerdings die abdrängende Sonderzuweisung des § 40 II 1 VwGO zu beachten (→ Rn. 30).

Beispiele für zumeist vertragsähnliche öffentlich-rechtliche Schuldverhältnisse sind die Leistungs- und Benutzungsverhältnisse im Bereich der Daseinsvorsorge (z. B. die Nutzung einer öffentlichen Einrichtung) sowie die öffentlich-rechtliche Verwahrung (etwa eine in öffentliche Verwahrung genommene Fundsache oder ein abgeschlepptes Fahrzeug), die öffentlich-rechtliche Geschäftsführung ohne Auftrag sowie – umstritten – auch das Beamtenverhältnis.

II. Rechtsfolgen

Zunächst ergeben sich aus den öffentlich-rechtlichen Schuldverhält- **426**
nissen **Erfüllungsansprüche**. Bei einer Verletzung der Primärpflichten sind dann neben den allgemeinen öffentlich-rechtlichen Regeln für den **Schadensersatz** die Haftungsvorschriften des BGB analog anzuwenden.

Beispiel: Der Primäranspruch auf Rückgabe der an der Garderobe des auf öffentlich-rechtlicher Grundlage betriebenen Staatstheaters zur Verwahrung abgegebenen Kleidungsstücke. Ist diese wegen des Verlustes oder der Beschädigung der Sache unmöglich geworden, bleiben nur Schadensersatzansprüche.

B. Amtshaftungsanspruch

Zur **Dogmatik** bzw. „Konstruktion" der Amtshaftung: **427**

Allgemeines Schadensersatzrecht (§ 823 BGB):

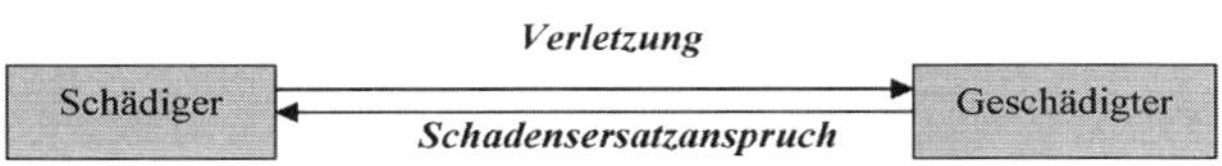

Amtshaftung (§ 839 BGB, Art. 34 GG):

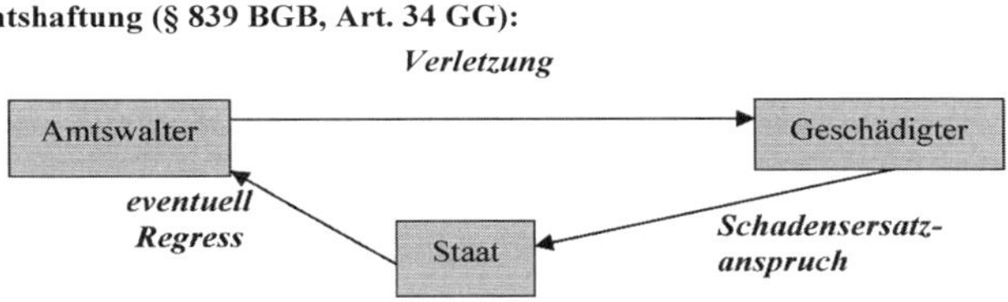

Grafik 18: *Konstruktion der Amtshaftung*

Die bei der Amtshaftung vollzogene **Überleitung** der (zivilrechtlichen) **Eigenhaftung des Beamten auf den Staat** erklärt sich einerseits aus der dem Beamtenverhältnis innewohnenden **Fürsorgepflicht** des Dienstherrn für „seinen" Beamten, den er „gefährlichen" Situationen aussetzt (→ ähnlich wie die Haftungsprivilegierung des Arbeitnehmers im klassischen Arbeitsrecht). Sie soll andererseits aber auch die **„Entschlussfreudigkeit" des Beamten** im Interesse seines Dienstherrn wahren, da er bei einer verbleibenden Eigenhaftung im Zweifelsfall häufig vorsichtshalber lieber „nichts tun" würde.

Anmerkung: *Umstritten ist, wer der haftende Hoheitsträger ist. Die h. M. will den Verwaltungsträger haften lassen, in dessen Dienst der Beamte tätig geworden ist (→ „Anstellungskörperschaft"). Nach der Anvertrauenstheorie soll hingegen derjenige Verwaltungsträger haften, der dem Beamten die Aufgabe zugewiesen hat.*

428 **Prüfungsschema 11: Voraussetzungen der Amtshaftung, § 839 BGB, Art. 34 S. 1 GG**

1. Hoheitliches Handeln
2. In Ausübung einer öffentlich-rechtlichen Tätigkeit
3. Verletzung einer drittgerichteten Amtspflicht
4. Verschulden (§ 839 I BGB)
5. Schaden
6. Kausalität zwischen Amtspflichtverletzung und Schaden
7. Kein Haftungsausschluss (§ 839 I 2, III BGB)
8. Art, Umfang des Schadensersatzes (§§ 249 ff., 253 II, 254 BGB)
9. Verjährung (§§ 194 ff. BGB)
10. Haftender Hoheitsträger
11. Rechtsweg → Zivilrechtsweg: Art. 34 S. 3 GG, §§ 40 II 1 Hs. 1 Fall 3 VwGO, Landgericht: § 71 II Nr. 2 GVG

I. Dogmatische Herleitung und Anwendbarkeit der Amtshaftung

429 Die Amtshaftung nach § 839 BGB, Art. 34 S. 1 GG ist eine, wie gerade gesehen, übergeleitete Haftung des Staates für einen primär von einem Beamten verursachten Schaden. Der **Staat haftet** dabei nicht neben, sondern **an Stelle des Amtswalters**. Liegen die Tatbestandsvo-

raussetzungen des Amtshaftungsanspruches vor, so tritt eine Haftungsübernahme durch den Staat ein. § 839 BGB und Art. 34 S. 1 GG sind damit als **einheitliche Anspruchsgrundlage** anzusehen, wobei man § 839 BGB als anspruchsbegründende und Art. 34 S. 1 GG als anspruchsverlagernde Norm einordnen kann. Ebenso gut lässt sich aber auch vertreten, dass Art. 34 S. 1 GG die eigentliche Anspruchsgrundlage ist, die durch § 839 BGB lediglich konkretisiert wird.

II. Haftungsbegründender Tatbestand

Die **Anspruchsvoraussetzungen** im haftungsbegründenden Tatbe- **430**
stand sind:

1. Zunächst muss ein **hoheitliches Handeln**, also eine öffentlich- **431**
rechtliche Tätigkeit vorliegen: Die handelnde Person muss kein Beamter im statusrechtlichen Sinne sein. Erforderlich ist lediglich, dass irgendjemand auf Grund eines öffentlichen Amtes, d. h. öffentlich-rechtlich, für den Anspruchsgegner gehandelt hat (→ **„Beamter im haftungsrechtlichen Sinn“**).

Beispiel: Hierzu zählen neben den Beamten im statusrechtlichen (→ nach dem einschlägigen Beamtengesetz) auch alle im bloß haftungsrechtlichen Sinn wie etwa Angestellte des öffentlichen Dienstes oder auch (private) Beliehene (→ Rn. 249) und Verwaltungshelfer (→ Rn. 250).

2. Ferner muss der fragliche Vorfall **in Ausübung** und nicht nur „bei **432**
Gelegenheit“ dieser öffentlich-rechtlichen Tätigkeit geschehen sein.

Beispiel: Nur bei Gelegenheit seines öffentlichen Amtes wird der Polizeibeamte tätig, der im Rahmen der Durchsuchung einer Wohnung einen Diebstahl dort gefundener Sachen begeht; anders dagegen, wenn bei der Durchsuchung aus Versehen eine Vase zu Bruch geht.

3. Des Weiteren muss eine **drittgerichtete Amtspflicht** i. S. von **433**
§ 839 I 1 BGB, Art. 34 S. 1 GG **verletzt** worden sein. Die Amtspflicht eines Beamten (im haftungsrechtlichen Sinn → Rn. 431) besteht dabei in erster Linie nicht gegenüber dem Bürger, sondern primär gegenüber dem Staat als seinem Dienstherrn. Der Schutz des Bürgers kann daher auch als der bloße Reflex einer solchen intern bestehenden Amtspflicht angesehen werden, wobei die Basis für diese Konstruktion in der ursprünglich zivilrechtlichen Eigenhaftung des Beamten liegt (→ § 839 BGB; Rn. 427).

Beispiel: Die Bauaufsichtsbehörde hebt eine dem B erteilte Baugenehmigung als ermessensfehlerhaft auf, ohne näher auf die Interessen des B einzugehen. B ist davon als Adressat der rechtswidrigen Rücknahme- bzw. Widerrufsentscheidung unmittelbar betroffen. Die auf Grund der Vorschriften der §§ 48 I, 49 I, 28 I, 40 VwVfG zu beachtende Amtspflicht der Behörde dient dem Schutz der

Vermögensinteressen des B. Gerade bei der Entscheidung über die Rücknahme eines Verwaltungsaktes kommt ihnen erhebliche Bedeutung zu. § 48 II 2 VwVfG verdeutlicht, wie weitreichend diese Schutzwirkung sein kann, nämlich bis hin zu der Konsequenz, dass – je nach der Schutzbedürftigkeit – eine Rücknahme ausscheidet (§ 48 III VwVfG gewährt zudem den Ausgleich von Vermögensnachteilen auf Grund von rechtmäßigen Rücknahmeentscheidungen → Rn. 333). Bei einer Rücknahmeentscheidung sind daher von der Behörde maßgeblich die Vermögensdispositionen in den Blick zu nehmen, die im Vertrauen auf den Bestand des Verwaltungsaktes getroffen worden sind. Die hier verletzte Amtspflicht ist demgemäß für B drittschützend.

434 Ein Sonderproblem betrifft die staatliche (Amts-)Haftung für so genanntes **legislatives Unrecht** – also die Folgen von solchen Normen, die sich später als rechts- oder verfassungswidrig erweisen. Sie wird bislang von der Rechtsprechung mangels Drittbezogenheit der beim Normerlass bestehenden Amtspflicht abgelehnt. Formelle Gesetze und auch Rechtsverordnungen bzw. Satzungen treffen überwiegend abstrakt-generelle Regelungen und begründen darum noch keine hinreichende Rechtsbeziehung zwischen dem Staat und den Geschädigten. Staatshaftungstatbestände zielen demgegenüber jedoch gerade auf den Ausgleich eines individuellen Schadens ab. Darüber hinaus muss dem Gesetzgeber im Rahmen der Normsetzung ein gewisser Ermessensspielraum verbleiben. Anders verhält sich das jedoch mittlerweile beim **Unionsrecht**, das einen eigenen Staatshaftungsanspruch auch für legislatives Unrecht kennt (→ Rn. 497).

435 4. Die Verletzung muss **schuldhaft** erfolgt sein. Beachtlich sind insoweit die **§§ 276, 839 I 1,2 BGB**.

436 5. Durch die Verletzung der drittschützenden Amtspflicht (Kausalität) muss ein **Schaden** entstanden sein, der **vom Schutzzweck der verletzten Amtspflicht umfasst** ist und deswegen im Wege des Amtshaftungsanspruches ersetzt verlangt werden kann. Der Schutzzweck dient dabei der inhaltlichen Bestimmung und sachlichen Begrenzung des Amtshaftungsanspruches. Der Ersatzanspruch hängt demgemäß davon ab, dass gerade das im Einzelfall berührte Interesse nach dem Zweck und der rechtlichen Bestimmung des Amtsgeschäftes geschützt werden sollte.

Beispiel: Für die Baugenehmigung hat die zuständige Behörde auf die Interessen des Bauherrn Rücksicht zu nehmen, so dass sie ihm nicht ohne ausreichende rechtliche Grundlage deren Erteilung verweigern darf. Darüber hinaus fällt mit ihrer Erteilung das bis dahin bestehende (präventive) Bauverbot weg, und der Bauherr ist nunmehr befugt, mit dem Bauen entsprechend der Genehmigung zu beginnen (→ konstitutive bzw. feststellende Wirkung der Baugenehmigung). Es wird deshalb für ihn mit der Baugenehmigung ein Vertrauenstatbestand geschaffen, auf dessen Grundlage er nunmehr davon ausgehen darf, dass der der Baugenehmigung entsprechenden Durchführung seines Bauvorhabens (öffentlich-)rechtliche Hindernisse nicht entgegenstehen und er dementsprechend wirtschaftlich disponieren kann. Zwar geht der Schutzzweck der im Baugenehmigungsverfahren wahrzunehmenden Pflicht nicht dahin, den Bauherrn vor allen denkbaren wirtschaftlichen Nachteilen zu bewahren, die ihm aus der Verwirklichung seines Bauvorhabens erwachsen können (etwa: die Entdeckung unbekannter Altlasten). Die Baugenehmigung ist aber eine ausreichende Vertrauensgrundlage für den Bauherrn, um unmittelbar mit der Verwirklichung des konkreten Bauvorhabens zu beginnen und zu diesem Zweck konkrete Aufwendungen für die Planung und Durchführung des Baues zu tätigen. Das gilt jedenfalls in den Grenzen eines überschaubaren zeitlichen und sachlichen Zusammenhanges. Der Bauherr hat es aber nicht in der Hand, durch eine besondere Vertragsgestaltung den Schutzbereich der Amtspflichten der Bauaufsichtsbehörde uferlos dahin zu erweitern, dass jedes beliebige Vermögensinteresse darunter fällt. Der Schutzzweck der Amtspflichten, eine erteilte Baugenehmigung nicht zu Unrecht zurückzunehmen (→ dazu das Beispiel zu Rn. 433), korrespondiert dabei mit der Reichweite des Vertrauens, das die zurückgenommene Genehmigung für den Bauherrn begründet hat.

6. Es darf ferner **kein Ausschlussgrund nach § 839 I 2, III BGB** **437**
eingreifen, d. h., der Geschädigte darf **keine andere Ersatzmöglichkeit** i. S. des § 839 I 2 BGB haben, und er hat zudem gemäß § 839 III BGB auch um **Rechtsschutz gegen das die Haftung auslösende staatliche Verhalten nachzusuchen**, bevor er seinen Schaden geltend macht (→ **Vorrang des Primärrechtsschutzes**).

Beispiel: Eine anderweitige Ersatzmöglichkeit i. S. des § 839 I 2 BGB ist etwa die Zahlung durch eine Schadens- oder Haftpflichtversicherung. § 839 III BGB verlangt z. B., dass der Adressat eines belastenden Verwaltungsaktes diesen zunächst durch alle Instanzen erfolglos anficht.

III. Haftungsausfüllender Tatbestand

Rechtsfolge der § 839 BGB, Art. 34 GG ist der Ersatz des durch die **438**
Amtspflichtverletzung **zurechenbar und kausal verursachten Schadens**. Gegebenenfalls ist an dieser Stelle auch ein **Mitverschulden des Geschädigten** nach § 254 BGB beachtlich.

IV. Die gerichtliche Geltendmachung des Amtshaftungsanspruches

1. Für Klagen zur Durchsetzung von Amtshaftungsansprüchen sind **439**
die **ordentlichen Gerichte** sachlich zuständig. Das ergibt sich aus Art. 34 S. 3 GG, §§ 40 II 1 VwGO, 71 II Nr. 2 GVG.

2. **Instanziell zuständig** sind in Amtshaftungsprozessen – unabhän- **440**
gig vom Streitwert – in erster Instanz gemäß § 71 II Nr. 2 GVG ausschließlich die **Landgerichte**.

441 3. Die Parteien müssen sich dort nach § 78 I 1 ZPO von einem Rechtsanwalt vertreten lassen, um **postulationsfähig** zu sein.

Anmerkung: *§ 17 II 2 GVG verhindert ein „Hineinziehen" des Anspruches in den Verwaltungsrechtsweg (vgl. dazu auch Rn. 31).*

C. Aufopferungsansprüche

I. Spezialregelungen im Polizei-, Sicherheits- bzw. Gefahrenabwehrrecht

442 Die Landespolizeigesetze enthalten regelmäßig spezielle Entschädigungsansprüche für die Inanspruchnahme eines so genannten **Nichtstörers** oder eines im Nachhinein **entlasteten**, d. h.: nicht für den Anschein bzw. Verdacht einer Gefahr bzw. seiner Störereigenschaft verantwortlichen, **Anscheins- oder Verdachtsstörers**.

Beispiel: Weitere Spezialreglungen finden sich unter anderem in §§ 39 f. BauGB und Art. 5 V EMRK. Die Entschädigung von Nichtstörern im Polizeirecht ist etwa in Bayern in Art. 70 BayPAG, in Hessen in den §§ 64 ff. HSOG und in Schleswig-Holstein in den §§ 221 ff. LVwG geregelt.

II. Allgemeiner Aufopferungsanspruch

443 **Prüfungsschema 12: Voraussetzungen des Allgemeinen Aufopferungsanspruches**

1. Fehlen einer spezialgesetzlichen Regelung/Rechtsgrundlage
2. Öffentlich-rechtliches Handeln oder Unterlassen
3. Eingriff in ein immaterielles Recht (also Leben, Gesundheit, persönliche Freiheit, nicht aber in das Eigentum)
4. Unmittelbarkeit des Eingriffes und der Eingriffsfolgen
5. Gemeinwohlbezug des Eingriffes
6. Vermögensschaden
7. Sonderopfer
8. Rechtsgedanke des § 254 BGB (Mitverschulden)
9. Haftungsausschluss für legislatives Unrecht?
10. Anspruchsgegner
11. Rechtsweg, § 40 II 1 Hs. 1 Fall 1 VwGO

1. Der allgemeine Aufopferungsanspruch ist nur gegeben, wenn **keine spezialgesetzliche Regelung** einschlägig ist. Sonst tritt er hinter ihr als subsidiär zurück. Seine Grundlage findet der allgemeine Aufopferungsanspruch in §§ 74, 75 der Einleitung zum Preußischen Allgemeinen Landrecht i. V. mit den Grundrechten. Inzwischen ist der Rechtsgedanke der Aufopferungsentschädigung aber auch **gewohnheitsrechtlich anerkannt**. **444**

2. Für den Anspruch ist zunächst erforderlich, dass die jeweilige Maßnahme als **öffentlich-rechtliches Handeln** (→ Rn. 23 ff.) bzw. **Unterlassen** (was eine entsprechende Rechtspflicht zum Handeln voraussetzt) zu qualifizieren ist. Auf die Finalität des Handelns bzw. Unterlassens kommt es aber nicht an. **445**

3. Im Gegensatz zu den besonderen Aufopferungsansprüchen beim Eigentum (→ Rn. 455 ff.) setzt der allgemeine Aufopferungsanspruch gerade einen **Eingriff in ein immaterielles Recht** voraus. Die Rechtsprechung verlangt dafür die Verletzung eines durch Art. 2 II GG geschützten Rechtsgutes, also des Lebens, der Gesundheit oder der persönlichen Freiheit. Dagegen soll ein Eingriff in das Allgemeine Persönlichkeitsrecht keinen Anspruch aus Aufopferung gewähren. Auch ein Unterlassen kann einen solchen Eingriff darstellen, wenn der jeweilige Hoheitsträger zur Vornahme gerade einer bestimmten Handlung rechtlich verpflichtet war. **446**

Beispiel: Während der Untersuchungshaft wird der Anspruchsteller von einem vermögenslosen Mithäftling schwer verletzt. Später stellt sich heraus, dass der Verletzte unschuldig ist. Ihm steht ein allgemeiner Aufopferungsanspruch zu, weil hier die Schutzpflicht des Staates für „seine" Untersuchungshäftlinge durch ein Unterlassen der Aufsichtsbeamten im Gefängnis verletzt wurde.

4. Der Eingriff und die Eingriffsfolgen müssen auch **unmittelbar** auf dem jeweiligen öffentlich-rechtlichen Handeln bzw. Unterlassen beruhen. **447**

Beispiel: Nachdem A einem staatlichen Impfaufruf gegen die so genannte Schweinegrippe gefolgt ist, tritt bei ihm ein Gesundheitsschaden ein.

5. Weiterhin muss der Eingriff einen **Gemeinwohlbezug** aufweisen, d. h. überwiegend dem Gemeinwohl dienen. Erfolgt der Eingriff dagegen hauptsächlich im Interesse Privater, so kann der Gedanke der Aufopferung nicht herangezogen werden. **448**

6. Der erlittene Schaden darf nicht bloß ein immaterieller sein; vielmehr muss der Eingriff zu einem **Vermögensschaden** geführt haben. Der Aufopferungsanspruch kann deshalb nicht zur Zahlung eines Schmerzensgeldes führen, wohl aber beispielsweise zum Ersatz der entstandenen Arztkosten. **449**

450 7. Eine wesentliche Voraussetzung des Anspruches besteht darin, dass sich der Schaden als besonderes, schwer wiegendes und dem Betroffenen daher unzumutbares **Sonderopfer** darstellen muss.

Beispiel: Führt die Impfung gegen „Schweinegrippe" bloß zu leichten Nebenwirkungen, die sich im Rahmen des Üblichen halten, so liegt kein Sonderopfer vor. Dagegen stellt etwa eine dauerhafte Lähmung als Folge der Impfung ein Sonderopfer dar.

451 8. Wie im Zivilrecht ist auch hier ein etwaiges **Mitverschulden** des Betroffenen beachtlich. Dabei kann der Rechtsgedanke des § 254 BGB herangezogen und der Anspruch entsprechend dem Grad des Mitverschuldens gekürzt werden.

452 9. Problematisch ist, ob der Aufopferungsanspruch auch bei **legislativem Unrecht,** d. h. rechtswidrigem Handeln des parlamentarischen Gesetzgebers, geltend gemacht werden kann. Bislang ist diese Frage nur bei Ansprüchen aus Eigentumseingriffen relevant geworden (→ näher dazu in Rn. 455 ff.).

453 10. Der Anspruch muss sich auch gegen den richtigen **Anspruchsgegner** richten, der in der Regel der jeweils handelnde Hoheitsträger ist.

454 11. Für Aufopferungsansprüche sind durch die abdrängende Sonderzuweisung (→ Rn. 30) nach § 40 II 1 Fall 1 VwGO nicht die Verwaltungsgerichte, sondern die **Zivilgerichte zuständig**.

Anmerkung: Die allgemeinen Aufopferungsansprüche werden üblicherweise auch so aufgeteilt wie die besonderen (→ dazu gleich Rn. 455, 459, 461), d.h. in einen Aufopferungsanspruch, einen aufopferungsgleichen Anspruch und einen Anspruch aus aufopferndem Eingriff. Der aufopferungsgleiche Anspruch zeichnet sich im Gegensatz zu dem Aufopferungsanspruch durch die Voraussetzung eines rechtswidrigen Eingriffes in ein immaterielles Recht nach Art. 2 II GG aus. Der Anspruch aus aufopferndem Eingriff ist hingegen wie der Aufopferungsanspruch durch einen rechtmäßigen Eingriff bedingt, verlangt aber zusätzlich, dass der Eingriff auf einer atypischen und unvorhergesehenen Nebenfolge beruht.

III. Besondere Aufopferungsansprüche beim Eigentum

1. Enteignungsentschädigung

455 **Prüfungsschema 13: Anspruchsvoraussetzungen für die Enteignungsentschädigung**

1. Öffentlich-rechtliches Handeln
2. Eingriff in vermögenswerte, von Art. 14 I 1 GG geschützte Rechtspositionen

3. Gezieltes hoheitliches Handeln durch Gesetz oder auf Grund eines Gesetzes mit Enteignungsabsicht
4. Gemeinwohlinteresse, Art. 14 III 1 GG
5. Verfassungsmäßige gesetzliche Entschädigungsregelung, Art. 14 III GG
6. Rechtmäßigkeit des Eingriffes
7. Rechtsweg zu den Zivilgerichten, Art. 14 III 4 GG

Bei den besonderen Aufopferungsansprüchen ist zuvorderst der auf eine Entschädigung in Folge einer **Enteignung** zu nennen. Eine Enteignung liegt vor, wenn dem Betroffenen **durch ein Gesetz** (→ Legalenteignung) oder **auf Grund eines Gesetzes** (→ Administrativenteignung) vollständig oder teilweise eine konkrete subjektive Rechtsposition i. S. des Art. 14 I 1 GG entzogen wird. Ein solches Gesetz muss eine der **Junktimklausel** des Art. 14 III 2 GG entsprechende Regelung enthalten, die Art und Ausmaß der Entschädigung festsetzt. Dieses **Gesetz** bildet sodann auch die **Grundlage für den Entschädigungsanspruch**; er leitet sich nicht direkt aus Art. 14 III GG ab. Das gilt selbst dann, wenn die Entschädigungsregelung fehlt. Denn dann ist die Enteignung verfassungswidrig. In einem solchen Fall muss sich der in seinem Eigentum Verletzte direkt gegen den ihn belastenden Hoheitsakt wenden. Es ist zu beachten, dass es sich bei der Enteignungsentschädigung nicht um Schadensersatz handelt. Denn anders als dieser knüpft sie nicht an einen rechtswidrigen, sondern an einen rechtmäßigen Eingriff an, der dazu dient, das jeweilige Rechtsgut zum Wohle der Allgemeinheit zu entziehen. Über die Höhe der Entschädigung entscheidet der Gesetzgeber nach einer Abwägung der einschlägigen öffentlichen und privaten Interessen; er muss sich dabei nicht an den Verkehrswert des Rechtsgutes halten. Geltend gemacht werden muss der Enteignungsentschädigungsanspruch nach der abdrängenden Sonderzuweisung des Art. 14 III 4 GG (→ Rn. 30) bei den ordentlichen Gerichten. 456

Anmerkung: *§ 17 II 2 GVG verhindert ein „Hineinziehen" des Anspruches in den Verwaltungsrechtsweg (vgl. dazu auch → Rn. 31).*

2. Inhalts- und Schrankenbestimmungen

Das Eigentum ist durch ein formell verfassungsgemäßes Gesetz als Schranke **grundsätzlich** vom Gesetzgeber **ohne** Entstehen einer **Entschädigungspflicht** inhaltlich veränderbar (→ Art. 14 I 2 GG). Dabei hat aber auch noch die materielle Schranken-Schranke der Verhältnismäßigkeit Beachtung zu finden, so dass der Eingriff in das Eigentum 457 zur Erreichung eines legitimen Zweckes geeignet, erforderlich und angemessen sein muss. Bei der Angemessenheit ist insoweit im Hinblick auf einen Entschädigungsanspruch jedoch ebenfalls eine so genannte **ausgleichspflichtige Inhalts- und Schrankenbestimmung** (so das BVerfG in der „Pflichtexemplarentscheidung") denkbar. Dabei handelt es sich um eine Regelung, der eine unzumutbare (d. h. unangemessene) Belastung des Eigentümers innewohnt, die eigentlich zu ihrer Verfassungswidrigkeit führen müsste. Durch die Gewährung einer Entschädigung wird jedoch die Aufrechterhaltung dieser Bestimmung gewährleistet bzw. mittels bestimmter Klauseln die Abmilderung besonderer Belastungen des Eigentümers im Einzelfall erreicht. Zu beachten ist dabei allerdings, dass solche Bestimmungen Ausnahmecharakter besitzen, womit ihr Anwendungsbereich deutlich zu beschränken ist. Lediglich dann, wenn ein Ausgleich nicht oder nur mit unverhältnismäßig hohem Aufwand anderweitig möglich ist, können sie zur Wahrung der Verhältnismäßigkeit und zum Ausgleich gleichheitswidriger Sonderopfer bezüglich des Eigentums eingesetzt werden und einen Entschädigungsanspruch begründen.

Beispiele: Ausgleichspflichtige Inhalts- und Schrankenbestimmungen gibt es häufiger im Denkmal-, Natur- und Landschafts- sowie im Wasserschutzrecht etwa bei mit deren Schutzinteressen begründeten Nutzungseinschränkungen bzw. -verboten für Grundstücke.

458 In diesem Fall ist eine hinreichend bestimmte gesetzliche Grundlage für den Ausgleichsanspruch nötig, und es muss **zugleich mit dem Eingriff über den Ausgleich entschieden** werden. Entscheidende Bedeutung kommt insoweit der **Wesentlichkeitstheorie** zu: Die Bestandsgarantie des Art. 14 I GG verlangt in erster Linie, dass unverhältnismäßige Belastungen des Eigentums vermieden werden. Ein Ausgleich mittels einer Entschädigung ist dabei nur ein möglicher Ausweg, nicht aber der Regelfall. Denn seit dem berühmten „Nassauskiesungsbeschluss" des BVerfG ist der Primärrechtsschutz zur Abwehr eines Eingriffes vorrangig vor einer Entschädigung nach dem Motto „dulde, aber liquidiere". Daher liegt es nahe, dass auch **andere „Auswege" im Gesetz benannt** werden müssen. Andererseits lässt sich jedoch auch vertreten, es sei bereits die wesentliche Entscheidung des Gesetzgebers, den Eingriff zu erlauben. Zudem ist zu erörtern, ob es in der Ermächtigungsgrundlage der **expliziten Begründung eines Ausgleichsanspruches** als ausgleichspflichtiger Inhalts- und Schrankenbestimmung bedarf. Früher wurde insoweit häufig eine so genannte **salvatorische Entschädigungsklausel** („Stellen Maßnahmen ... eine Enteignung dar, ist eine angemessene Entschädigung in Geld zu leisten") genutzt. Heutzutage muss ein Ausgleichsanspruch hingegen nicht nur im obigen Sinn klar gesetzlich fixiert, sondern **verfahrensmäßig** auch

so ausgestaltet sein, dass die Verwaltung bei der konkreten Eigentumsbeschränkung durch den Verwaltungsakt zugleich, zumindest dem Grunde nach, über den gegebenenfalls bestehenden Ausgleichsanspruch entscheidet. Andernfalls würde der betroffene Eigentümer wegen der herrschenden Auffassung vom Vorrang des Primärrechtsschutzes (eben statt „dulde, aber liquidiere") faktisch dazu gezwungen, den Primärakt auch dann schon anzugreifen, wenn die Behörde überhaupt noch nicht entschieden hat, ob sie ihm einen finanziellen Ausgleich für den Eingriff gewährt. Er könnte dann nicht sinnvoll über die Frage entscheiden, ob er um Rechtsschutz vor dem VG nachsucht, und das Gericht könnte bejahendenfalls auch noch nicht abschließend über die Verhältnismäßigkeit des Eingriffes befinden, zu der möglicherweise gerade der finanzielle Ausgleich mittels der Entschädigung den entscheidenden Beitrag leistet.

3. Enteignungsgleicher Eingriff

Prüfungsschema 14: Entschädigungsanspruch aus enteignungsgleichem Eingriff 459

1. Rechtsgrundlage = gewohnheitsrechtlich anerkannter allgemeiner Aufopferungsgrundsatz (§§ 74, 75 EinlPrALR)
2. Öffentlich-rechtliches Handeln
3. Unmittelbarer Eingriff in eine als Eigentum geschützte Rechtsposition
4. Rechtswidrige hoheitliche Maßnahme, ausgenommen formelle Gesetze
5. Sonderopfer des Betroffenen
6. Gemeinwohlbezug (streitig)
7. Erfolglose Bemühung um Primärrechtsschutz
8. Rechtsweg, § 40 I 1 bzw. § 40 II 1 Hs. 1 Fall 1 VwGO

Der enteignungsgleiche Eingriff gründet wie der enteignende Eingriff (→ Rn. 461 f.) im **Aufopferungsgedanken**, der sich schon in den §§ 74, 75 EinlPrALR widergespiegelt. Mittlerweile sind diese Institute zudem **gewohnheitsrechtlich anerkannt**. Der enteignungsgleiche Eingriff zeichnet sich dabei durch seine **Rechtswidrigkeit** aus. Nicht erforderlich ist hingegen ein Verschulden des handelnden bzw. unterlassenden Hoheitsträgers; der Anspruch in Folge eines enteignungsgleichen Eingriffes ist vielmehr **verschuldensunabhängig**. Vom Maßnahmenbegriff im Rahmen des enteignungsgleichen Eingriffes **ausgenommen** sind allerdings verfassungswidrige **formelle Gesetze** und auf ihnen beruhende Ausführungsakte. Eine solche Haftung würde für ein nur 460 richterrechtlich geprägtes Institut zu weit führen. Der Eingriff muss den Betreffenden **unmittelbar** in seiner als Eigentum geschützten Rechtsposition **verletzen**, d. h., die Beeinträchtigung muss gerade auf die hoheitliche Maßnahme zurückzuführen sein. Ferner muss sie ein **Sonderopfer** darstellen, das allerdings durch die Rechtswidrigkeit der Maßnahme indiziert wird. Die Eigentumsverletzung muss nach einer Sichtweise auch um des **Gemeinwohles** willen verursacht worden sein, wodurch Maßnahmen ausgeschlossen würden, die nur privaten Interessen dienen (z. B. die staatliche Vollstreckung einer privaten Forderung). Das soll aus der Formulierung des Art. 14 III 1 GG „zum Wohle der Allgemeinheit" zu folgern sein. Da rechtswidrige staatliche Maßnahmen allerdings das Gemeinwohl nie fördern könnten, komme es nicht auf den Zweck der Eingriffshandlung an, sondern auf den Zweck des Aufgabenbereiches, in dessen Wahrnehmung die Verletzungshandlung erfolgte. Diese differenzierte Betrachtung wird jedoch auch als Gegenargument für die Notwendigkeit der Prüfung des Gemeinwohlinteresses herangezogen. Zum Wohle der Allgemeinheit könnten nämlich nur rechtmäßige Eingriffe sein. Je nachdem, welcher Argumentation man folgt, ist das Gemeinwohlinteresse demnach als Tatbestandsmerkmal zu prüfen oder nicht. Um schließlich einen solchen Anspruch geltend machen zu können, muss sich der in seinem Eigentum Verletzte **zuvor** um **Primärrechtsschutz** bemüht haben, d. h., er muss sich zunächst direkt gegen seine Rechtsbeeinträchtigung gewendet haben (→ schon Rn. 437). Außerdem wirkt sich nach dem Rechtsgedanken des § 254 BGB ein **Mitverschulden** des Beeinträchtigten an der Schadensentstehung und der Schadensentwicklung entschädigungsmindernd aus. Gegen eine öffentlich-rechtliche Maßnahme ist nach § 40 I 1 VwGO der Verwaltungsrechtsweg, zur Erlangung einer Entschädigung gemäß § 40 II 1 Hs. 1 Fall 1 VwGO jedoch der ordentliche Gerichtsweg zu beschreiten.

Beispiel für einen enteignungsgleichen Eingriff: die Beschädigung eines Hauses durch nicht sorgfaltsgemäß durchgeführte U-Bahn-Schacht-Aushebungen.

4. Enteignender Eingriff

461 **Prüfungsschema 15: Entschädigungsanspruch aus enteignendem Eingriff**

1. Rechtmäßiger Eingriff in eine als Eigentum geschützte Rechtsposition
2. Unmittelbare Beeinträchtigung des Eigentums durch eine atypische, unvorhergesehene Nebenfolge des Eingriffes
3. Sonderopfer des Betroffenen

4. Rechtsgedanke des § 254 BGB: Mitverschulden
5. Prozessuale Durchsetzung

Ein enteignender Eingriff ist **rechtmäßig**. Eine Entschädigung kann der Betroffene nur verlangen, wenn er durch eine **atypische, nicht vorhergesehene Nebenfolge des Eingriffes** (→ deswegen ist beim Anspruch aus enteignendem Eingriff kein Gemeinwohlinteresse zu prüfen) unmittelbar in seinem **Eigentum beeinträchtigt** wird und ihm dadurch ein **Sonderopfer** auferlegt wird. Letzteres bemisst sich danach, ob die entschädigungslose Hinnahme des Eingriffes noch zumutbar erscheint. Zu beachtende Kriterien sind dabei die Dauer, Art, Intensität und Auswirkungen der Beeinträchtigung. Nach dem Rechtsgedanken des § 254 BGB muss es sich der in seinem Eigentum Verletzte als **Mitverschulden** anrechnen lassen, wenn er sich nicht um eine Schadensminderung bemüht hat, obwohl ihm das möglich gewesen wäre. Ein Vorgehen gegen die Maßnahme selbst, wie es beim enteignungsgleichen Eingriff verlangt wird (→ Rn. 460), ist allerdings wegen der Rechtmäßigkeit des Eingriffes ausgeschlossen. Geltend gemacht werden muss der Entschädigungsanspruch aus enteignendem Eingriff nach § 40 II 1 Hs. 1 Fall 1 VwGO bei den ordentlichen Gerichten. **462**

Beispiel für einen enteignenden Eingriff: Ordnungsgemäß durchgeführte Straßenbauarbeiten führen zu Umsatzeinbußen bei den anliegenden Geschäften.

D. Allgemeiner öffentlich-rechtlicher Folgenbeseitigungsanspruch

Prüfungsschema 16: Voraussetzungen des Folgenbeseitigungsanspruches **463**

1. Anspruchsgrundlage
2. Hoheitliches Handeln
3. Beeinträchtigung einer subjektiven Rechtsposition
4. Zurechenbarkeit bzw. Unmittelbarkeit der Folgen
5. Rechtswidrigkeit und Rechtsgrundlosigkeit der Folgen
6. Fortdauer der Folgen bzw. Möglichkeit und Zumutbarkeit der Folgenbeseitigung
7. Rechtsgedanke des § 254 BGB: Mitverschulden
8. Prozessuale Durchsetzung

Neben den in **besonderen Gesetzen** geregelten (darunter ließe sich eventuell auch schon der in § 113 I 2 VwGO genannte fassen

→ Rn. 464) und den zivilrechtlichen (z. B. nach § 1004 BGB), gibt es noch den **allgemeinen öffentlich-rechtlichen Folgenbeseitigungsanspruch**.

I. Dogmatische Grundlage

464 Der allgemeine öffentlich-rechtliche Folgenbeseitigungsanspruch ist Teil der so genannten **actio negatoria des Öffentlichen Rechts**. Danach haben der Staat oder ein anderer Hoheitsträger, wenn sie in Ausübung öffentlicher Gewalt jemanden in seiner Rechtsstellung widerrechtlich beeinträchtigen, diese Beeinträchtigung zu beseitigen. Abgeleitet wird der Anspruch entweder aus einer Parallele zum **Schutz absoluter Rechte** nach §§ 12, (862,) 1004 BGB oder unmittelbar als „Reaktionsanspruch auf eine **grundrechtliche Statusverletzung**" aus Art. 20 III GG (so die heute h. M.). Außerdem ist er heute gewohnheitsrechtlich anerkannt. Seine normative Anerkennung hat der Folgenbeseitigungsanspruch mittlerweile zudem zumindest ansatzweise in § 113 I 2 VwGO gefunden.

II. Anspruchsvoraussetzungen

465 1. Es bedarf zunächst eines **hoheitlichen Handelns** des Staates oder eines anderen Hoheitsträgers. Damit ist der Anspruch ausgeschlossen, wenn die Verwaltung auf rein zivilrechtlicher Grundlage agiert.

Beispiele: Ein allgemeiner öffentlich-rechtlicher Folgenbeseitigungsanspruch kommt in Betracht, wenn der Staat etwa im Bereich der Eingriffsverwaltung Rechte des Bürgers verletzt, nicht aber bei einem rein fiskalischen Handeln (→ Rn. 262 ff.) wie z. B. beim Kauf von Büromaterial.

466 2. Dabei muss es zur **Beeinträchtigung einer subjektiven Rechtsposition** des Anspruchstellers (etwa seiner Ehre oder seines Eigentums) gekommen sein.

Beispiele: Der Staat warnt vor glykolhaltigen Weinen oder einer Jugendsekte und verletzt den Anspruchsteller damit in Art. 12 I bzw. 4 I GG. → Zur Rechtswidrigkeit von Warnungen näher Rn. 411 ff.

467 3. Dann ist die **Zurechenbarkeit der Folgen zum hoheitlichen Handeln** zu prüfen. Sie fehlt, wenn sich die Beeinträchtigung nicht als Verwirklichung der im öffentlich-rechtlichen Handeln angelegten spezifischen Gefahr darstellt.

Beispiel: Wenn eine Behörde einen Obdachlosen in eine Wohnung einweist und dieser die Wohnung vorsätzlich beschädigt, ist das der Behörde nicht zurechenbar.

468 4. Die **Rechtswidrigkeit** der Folgen verlangt, dass insbesondere keine entsprechende **Duldungspflicht** des Anspruchstellers (vor allem

aus einem Verwaltungsakt, Vertrag oder aus einem Gesetz wie z. B. §§ 74 II 3, 75 II 1, 4 VwVfG im Planfeststellungsverfahren) besteht.

469 5. Schließlich bedarf es der **Fortdauer** der rechtswidrigen Folgen, d. h., die **Folgenbeseitigung** als die Wiederherstellung des rechtmäßigen Zustandes muss **noch möglich** sein. Ist das nicht (mehr) der Fall, bleiben nur noch Folgenentschädigungsansprüche aus Amtshaftung (→ Rn. 428 ff.) oder nach Enteignungsgrundsätzen (→ Rn. 455 ff.).

III. Rechtsfolge

470 1. Die **Folgen** sind beim öffentlich-rechtlichen Folgenbeseitigungsanspruch im Wege der Naturalrestitution (vgl. § 249 I BGB) grundsätzlich durch positives Tun des Staates (also durch Real- oder Verwaltungsakte) zu **beseitigen**.

471 2. **Ausschluss- oder Begrenzungsgründe** sind nach dem Rechtsgedanken der §§ 906 II 2 BGB, 74 II 3 VwVfG die **Unmöglichkeit** oder Unzumutbarkeit der Folgenbeseitigung oder ein Allein- bzw. **Mitverschulden des Anspruchstellers** analog § 254 bzw. § 242 BGB. Die Unzumutbarkeit ist dabei zu bejahen, wenn der für die Folgenbeseitigung nötige Aufwand wegen seines Umfanges in keinem vernünftigen Verhältnis zum erreichten Erfolg steht.

Beispiel: Die Beseitigung der vor langer Zeit vom Staat rechtswidrigerweise unter einem Privatgrundstück verlegten Rohre ist mit immensen Folgekosten verbunden. Dann ist ihre Beseitigung dem Staat unzumutbar.

472 Gegebenenfalls stellt sich an dieser Stelle bei einem Anspruchsbegehren auch noch das **Problem der (fehlenden) Spruchreife** (→ § 113 V VwGO analog).

Beispiel: Bei einem rechtswidrigen Bauwerk muss die Beeinträchtigung für den Nachbarn einen erheblichen Grad erreicht haben und bei einer Abwägung des Beseitigungsinteresses des Nachbarn gegen die Beeinträchtigung des Bauherrn ein deutliches Übergewicht zu Gunsten des Ersten erkennbar sein.

473 Außerdem kann der Anspruch ausnahmsweise auch **aus sonstigen rechtlichen Gründen ausgeschlossen** sein.

Beispiel: Im Hinblick auf Art. 5 I GG, der dem Amtswalter als (zugleich) Privatperson zukommt, kann der Widerruf eines rechtswidrigen, z. B. die Ehre verletzenden Werturteiles des Staates nicht im Wege der bei der Amtshaftung auf den Staat übergeleiteten *„privaten"* Haftung des Beamten (→ Rn. 427) verlangt werden. Sonst würde der Amtswalter zur Äußerung einer von ihm nicht geteilten Meinung gezwungen. Bezüglich der originär *staatlichen* Haftung im Rahmen des Folgenbeseitigungsanspruches greift dieser Ausschlussgrund hingegen nicht. Insoweit ist der Staat also zum Widerruf verpflichtet.

IV. Prozessuale Durchsetzung

474 Bezieht sich der allgemeine öffentlich-rechtliche Folgenbeseitigungsanspruch auf die Folgen eines anfechtbaren Verwaltungsaktes, so ist eine **Anfechtungsklage** mit einem so genannten **Annexantrag** nach § 113 I 1, 2 VwGO zu erheben. Geht es hingegen um andere Folgen staatlichen Handelns (z. B. die eines Realaktes), muss der Anspruchsteller sein Begehren mit einer allgemeinen **Leistungsklage** oder – wenn die Folgenbeseitigung mittels eines Verwaltungsaktes erfolgen soll – mit einer **Verpflichtungsklage** verfolgen. Mangels einer abdrängenden Sonderzuweisung ist dieser Anspruch gemäß § 40 I 1 VwGO vor den Verwaltungsgerichten gerichtlich geltend zu machen.

Anmerkung: *Mit der Berufung auf den öffentlichen-rechtlichen Folgenbeseitigungsanspruch als weitere Anspruchsgrundlage neben der zu den ordentlichen Gerichten abgedrängten kann über § 173 S. 1 VwGO i. V. mit § 17 II 1 GVG anders als bei der Amtshaftung oder der Enteignungsentschädigung (dazu § 17 II 2 GVG; vgl. auch Rn. 31) auch die abdrängende Sonderzuweisung etwa des § 40 II 1 VwGO bezüglich einer Verwahrung umgangen werden.*

E. Allgemeiner öffentlich-rechtlicher Unterlassungsanspruch

475 **Prüfungsschema 17: Voraussetzungen des Unterlassungsanspruches**

1. Anspruchsgrundlage
2. Hoheitliches Handeln
3. Beeinträchtigung einer subjektiven Rechtsposition
4. Zurechenbarkeit bzw. Unmittelbarkeit der Folgen
5. Rechtswidrigkeit und Rechtsgrundlosigkeit der Folgen
6. Hinreichend konkrete Wiederholungsgefahr
7. Prozessuale Durchsetzung

Wie beim Folgenbeseitigungsanspruch (→ Rn. 463 ff.) kommt auch hier die allgemeine öffentlich-rechtliche Variante nur dann zum Zuge, wenn es **keine spezialgesetzliche gibt** und auch das **zivilrechtliche „Pendant“** (etwa aus § 1004 BGB) **nicht einschlägig** ist.

Liegt im Einzelfall keine abdrängende Sonderzuweisung vor, so ist der allgemeine öffentlich-rechtliche Unterlassungsanspruch wie der allgemeine öffentlich-rechtliche Folgenbeseitigungsanspruch gemäß

§ 40 I 1 VwGO vor den Verwaltungsgerichten geltend zu machen. Mangels eines begehrten Verwaltungsaktes (es geht um eine Unterlassung) geschieht das im Wege einer allgemeinen Leistungsklage.

I. Dogmatische Grundlage

Der allgemeine (bei Wiederholungsgefahr – im Unterschied zum vorbeugenden bei Erstbegehungsgefahr) öffentlich-rechtliche Unterlassungsanspruch ist ebenfalls ein Teil der so genannten **actio negatoria des Öffentlichen Rechts**. Danach hat der Staat oder ein anderer Hoheitsträger, wenn er in Ausübung öffentlicher Gewalt jemanden in seiner Rechtsstellung widerrechtlich beeinträchtigt, diese Beeinträchtigung (nicht nur zu beseitigen, sondern bei Vorliegen der betreffenden Voraussetzungen auch) künftig zu unterlassen. Abgeleitet wird der Anspruch entweder aus einer Parallele zum **Schutz absoluter Rechte** nach §§ 12, (862,) 1004 BGB oder unmittelbar als „Reaktionsanspruch auf eine **grundrechtliche Statusverletzung**" aus Art. 20 III GG (so heute die h. M.). Er ist im Übrigen wie der allgemeine öffentlich-rechtliche Folgenbeseitigungsanspruch heute auch gewohnheitsrechtlich anerkannt. **476**

II. Anspruchsvoraussetzungen

1. Es bedarf zunächst des **hoheitlichen Handelns** des Staates oder eines anderen Hoheitsträgers. **477**

2. Das führt zu der **Beeinträchtigung einer subjektiven Rechtsposition** des Anspruchstellers. **478**

Beispiel: Die Ehre oder das Eigentum eines Bürgers werden verletzt.

3. Nötig ist überdies die **Zurechenbarkeit** der Folgen zum hoheitlichen Handeln. **479**

4. Ferner bedarf es der **Rechtswidrigkeit** der Folgen, d. h., es besteht diesbezüglich insbesondere keine **Duldungspflicht** des Anspruchstellers aus einem Verwaltungsakt, Vertrag oder aus einem Gesetz wie §§ 74 II 3, 75 II 1, 4 VwVfG im Planfeststellungsverfahren. **480**

5. Zudem muss bezüglich des staatlichen Handelns eine hinreichend **konkrete Wiederholungs- oder „Erstbegehungsgefahr"** zu konstatieren sein. Sie setzt voraus, dass es klare Anhaltspunkte dafür gibt, der Staat werde das angegriffene rechtswidrige und rechtsverletzende hoheitliche Verhalten in Zukunft wieder bzw. erstmals an den Tag legen. **481**

III. Rechtsfolge

482 1. **Primäre Rechtsfolge** des Anspruches ist die Pflicht zum **künftigen Unterlassen** des betreffenden hoheitlichen Handelns.

483 2. Die **Ausschluss- oder Begrenzungsgründe** sind nach dem Rechtsgedanken der §§ 906 II 2 BGB, 74 II 3 VwVfG die gleichen wie beim Folgenbeseitigungsanspruch (→ Rn. 470 ff.).

F. Allgemeiner öffentlich-rechtlicher Erstattungsanspruch

484 **Prüfungsschema 18: Voraussetzungen des Erstattungsanspruches**

1. Anwendbarkeit: Kein Vorrang spezieller Ausgleichs- und Erstattungsvorschriften
2. Öffentlich-rechtliche Beziehung zwischen den Beteiligten
3. Vermögensverschiebung durch eine Leistung
4. Rechtsgrundlosigkeit der bestehenden Vermögenslage
5. Rechtsfolge – keine Entreicherung
6. Prozessuale Durchsetzung

I. Anwendbarkeit: Vorrang spezialgesetzlicher Ansprüche

485 Existiert eine Vorschrift, die den Ausgleich von Vermögensverschiebungen oder den Ersatz von Aufwendungen besonders regelt, ist der allgemeine öffentlich-rechtliche Erstattungsanspruch ausgeschlossen, denn die **speziellere Norm** geht vor.

Beispiel: Für bestimmte Fälle der Rücknahme bzw. des Widerrufes eines Verwaltungsaktes ordnet § 49a S. 1 VwVfG die Erstattung bereits erbrachter Leistungen mit einer Verwaltungsaktsbefugnis in S. 2 (→ Rn. 279) an.

Der öffentlich-rechtliche Erstattungsanspruch ist gemäß § 40 I 1 VwGO vor den Verwaltungsgerichten gerichtlich geltend zu machen. Das geschieht mit Hilfe einer allgemeinen Leistungsklage. Zu beachten ist dabei allerdings auch § 113 IV VwGO, der einen Annexantrag als besonders enge und spezialgesetzlich normierte Form einer objektiven Klagehäufung ermöglicht, wenn neben einer Aufhebung eines Verwaltungsaktes auch eine Leistung verlangt wird.

II. Anspruchsvoraussetzungen

1. Zwischen dem Anspruchsteller und dem Anspruchsgegner muss eine **Rechtsbeziehung öffentlich-rechtlicher Natur** bestehen. Bei rein zivilrechtlichen Rechtsbeziehungen kommen demgegenüber nur Bereicherungsansprüche gemäß §§ 812 ff. BGB in Betracht, die auch mit ihren Rechtsgedanken gleichsam „Pate" für diesen Anspruch standen (vertretbar ist jedoch ebenfalls die Annahme einer Analogie). **486**

2. Es bedarf einer **Vermögensverschiebung durch Leistung**: Der Anspruchsgegner muss durch eine vom Anspruchsteller dereinst bewusst und gewollt vorgenommene Vermögensverschiebung bereichert sein, wobei allerdings nicht nur Geld als Gegenstand der Vermögensverschiebung in Betracht kommt, sondern auch andere Sachen und „Werte" oder Dienstleistungen bzw. ersparte Aufwendungen etc. **487**

3. Es darf **kein Rechtsgrund** vorliegen, der die gegenwärtige Vermögenslage rechtfertigt. Als ein solcher kommen ein wirksamer Verwaltungsakt – etwa auch ein (nicht per Anfechtungsklage angegriffener und letztlich vernichteter) Kostenbescheid als Grundlage für eine Zahlung an den Staat –, ein nicht nichtiger öffentlich-rechtlicher Vertrag oder eine gesetzliche Vorschrift in Frage. Gegebenenfalls muss daher der Rechtsgrund vor der Geltendmachung des Anspruches erst noch durch einen eigenen Rechtsbehelf angegriffen und beseitigt werden. **488**

III. Rechtsfolge

1. Grundsätzlich kommt es als Rechtsfolge zur **Herausgabe des Erlangten** und der **Nutzungen**, denn der Erstattungsanspruch umfasst den Vermögensgegenstand und alle durch die Vermögensverschiebung erlangten Vermögensvorteile. **489**

2. **Ausnahmsweise** ist jedoch eine **Entreicherung** nach dem Rechtsgedanken des § 818 III BGB in Betracht zu ziehen: Während Träger öffentlicher Gewalt sich allerdings schon gar nicht auf den Wegfall der Bereicherung berufen können, darf der Bürger diesen Aspekt des Vertrauensschutzes immerhin geltend machen. Dabei ist jedoch sein Vertrauen dann nicht schutzwürdig, wenn er die Rechtsgrundlosigkeit der Vermögensverschiebung kannte oder wegen grober Fahrlässigkeit nicht kannte (→ insoweit kommt es nach h. M. zu einer Modifikation der parallelen zivilrechtlichen Regelung in § 819 I BGB). **490**

G. Ansprüche wegen Geschäftsführung ohne Auftrag

491 **Prüfungsschema 19: Voraussetzungen der Geschäftsführung ohne Auftrag**

1. Anwendbarkeit des Institutes im Öffentlichen Recht
2. Rechtsnatur des Geschäftes
3. Fremdes Geschäft ohne Auftrag
4. Interesse und Wille des Geschäftsherrn
5. Rechtsfolge
6. Prozessuale Durchsetzung

In Anlehnung an das Institut der Geschäftsführung ohne Auftrag im Zivilrecht (→ §§ 677 ff. BGB) wird eine entsprechende „Figur" auch im Öffentlichen Recht als **ungeschriebenes Institut** diskutiert. Die Geltendmachung erfolgt dann nach der abdrängenden Sonderzuweisung des § 40 II 1 VwGO (→ Rn. 30) vor den Zivilgerichten.

I. Voraussetzungen

1. Anwendbarkeit

492 Die entsprechenden **Sondervorschriften des Polizeirechts** der Länder zur Kostentragungspflicht bzw. Entschädigung Dritter schließen regelmäßig einen Rückgriff auf die Geschäftsführung ohne Auftrag aus, denn diese polizeirechtlichen Ansprüche sind als vorrangig anzusehen. Sie **„sperren"** damit auch bei ihrer Nichteinschlägigkeit im konkreten Fall den Rückgriff auf die allgemeinen Regeln zur „GoA". In anderen (seltenen) Fällen kann das Institut jedoch herangezogen werden (zu Beispielen sogleich). Bemängelt wird an dem Institut der GoA im Öffentlichen Recht vor allem, dass es bei einer GoA des Bürgers für den Staat die Gesetzesbindung der Verwaltung aufhebt und bei einer GoA des Staates für den Bürger die Verwaltung in ihrem Aufgabenkreis regelmäßig ohnehin nicht ohne Auftrag (etwa bei der Gefahrenabwehr) handelt. Dabei gibt es besonders Kritik der Literatur an der Figur des vom BGH entwickelten „auch fremden Geschäftes" (der Staat handelt eben gerade im öffentlichen Interesse und nicht zugleich im Privatinteresse, wenn z. B. die Feuerwehr einen Brand löscht). Das Institut sollte daher – wenn überhaupt – nur in besonderen Ausnahme und Notfällen (möglichst ohne die Problempunkte) Anwendung finden.

2. Rechtsnatur des Geschäftes

Zu prüfen ist primär, ob es sich tatsächlich um ein **öffentlich-rechtliches** und nicht um ein zivilrechtliches **Geschäft** handelt (dann fände das BGB direkte Anwendung). 493

3. Fremdes Geschäft ohne Auftrag

Denkbar sind hier vor allem folgende **drei Konstellationen**: 494

- Die Geschäftsführung eines **Trägers öffentlicher Verwaltung** gegenüber einem anderen Träger öffentlicher Verwaltung,

  Beispiele: Die Beseitigung einer Ölverschmutzung auf einer Bundeswasserstraße durch eine anrainige Gemeinde; die Entwässerung einer Bundesstraße über die gemeindliche Abwasserkanalisation

- die Geschäftsführung eines **Verwaltungsträgers** zu Gunsten eines **Privaten**,

  Beispiele: Löscharbeiten der Feuerwehr bei einem durch Funkenflug verursachten Waldbrand im Interesse des Eigentümers; die Beseitigung umsturzgefährdeter Bäume auf einem Privatgrundstück durch den Staat

- die Geschäftsführung eines **Privaten** für einen **Verwaltungsträger**.

  Beispiele: Die Verlegung von kommunalen Wasser- und Abwasserleitungen, die Herstellung einer Anlage zum Lärmschutz gegenüber einer Autobahn, die Erfüllung von Gewässerunterhaltungspflichten, die Reparatur einer gemeindlichen Wasserleitung jeweils durch einen Privaten an Stelle der insoweit an sich pflichtigen Behörde

4. Interesse und Wille des Geschäftsherrn

Die Geschäftsführung ohne Auftrag ist berechtigt, wenn die Übernahme der Geschäftsführung dem **Interesse** und dem **wirklichen oder mutmaßlichen Willen des Geschäftsherrn** entspricht (→ § 683 S. 1 BGB analog). 495

II. Rechtsfolge

Im Fall **berechtigter öffentlich-rechtlicher Geschäftsführung ohne Auftrag** hat der Geschäftsführer nach § 670 i. V. mit §§ 677, 683 S. 1 BGB analog einen **Anspruch auf Ersatz seiner Aufwendungen**. Liegt ein Fall der **unberechtigten öffentlich-rechtlichen Geschäftsführung ohne Auftrag** vor, ist der Geschäftsführer dem Geschäftsherrn zum **Schadensersatz** bzw. zum **Aufwendungsersatz** verpflichtet. 496

H. Europäisches Staatshaftungsrecht

497 I. Der **unionsrechtlich begründete**, auf die so genannte Francovich-Rechtsprechung gestützte **Staatshaftungsanspruch** ist vor den nationalen Gerichten geltend zu machen: Er besteht auch bei einem durch das letztinstanzlich entscheidende nationale Gericht begangenen Verstoß gegen das Unionsrecht.

498 1. Zur Erläuterung: Bei **„Francovich"** ging es um einen Fall, in dem ein Mitgliedstaat es **versäumt** hatte, eine **begünstigende Richtlinie** innerhalb der von der EU gesetzten Frist **umzusetzen**, woraus dem Kläger ein Schaden entstand. Es war auch nicht möglich, ausnahmsweise eine unmittelbare Anwendbarkeit der Richtlinie zu Gunsten des betroffenen Bürgers zu bejahen, da diese zu unbestimmt war. Der EuGH entwickelte hier das Institut des ungeschriebenen Entschädigungsanspruches wegen Verstoßes gegen das Unionsrecht und stellte dafür folgende **Voraussetzungen** auf:

- Eine Richtlinie wurde fehlerhaft oder **nicht** (fristgerecht) **umgesetzt**,
- die verletzte Rechtsnorm bezweckt, dem **Einzelnen Rechte** zu verleihen,
- der Verstoß ist **hinreichend qualifiziert**, und
- die Nichtumsetzung war **kausal für den Schaden**.

Für einen hinreichend **qualifizierten Rechtsverstoß** ist dabei – auch im Hinblick auf den Entstehungszeitpunkt des Verstoßes – nicht die vorherige Feststellung des EuGH, dass ein Unionsrechtsverstoß vorliegt, erforderlich. **Materielle Kriterien** für die Bewertung als qualifizierter und damit als offenkundiger und erheblicher Verstoß sind vielmehr:

- die **Klarheit und Genauigkeit** der verletzten Vorschrift,
- der **Umfang des Ermessens** bei der Umsetzung in nationales Recht oder bei der Rechtsanwendung,
- der **vorsätzliche** oder nicht vorsätzliche **Rechtsverstoß**,
- die **vorsätzliche** oder nicht vorsätzliche **Schadenszufügung**,
- die **Entschuldbarkeit** oder Nichtentschuldbarkeit eines **Rechtsirrtums** und
- der **Beitrag eines Unionsorgans zur Rechtsverletzung**.

Darüber hinaus ist aber ein **Verschulden keine Haftungsvoraussetzung**. Ob ein solcher hinreichend qualifizierter Verstoß vorliegt, hat das zuständige nationale Gericht im jeweiligen Verfahren nach der ZPO (der ordentliche Rechtsweg wird für diesen Anspruch wie bei der Amtshaftung auf Grund der abdrängenden Sonderzuweisung des Art. 34 S. 3 GG bejaht; → dazu Rn. 30) zu prüfen.

2. Als **Begründung** für den Staatshaftungsanspruch führt der EuGH das **Prinzip der Unionstreue** aus Art. 4 III EUV an, weil es für die Durchsetzung des Unionsrechts hinderlich sei, wenn ein Mitgliedstaat eine Richtlinie nicht umsetze. Zudem sei es ein **Grundsatz des Unionsrechts**, dass die Mitgliedstaaten zum Ersatz der Schäden verpflichtet seien, die dem Einzelnen durch Verstöße gegen das Unionsrecht entstünden, die diesen Staaten zuzurechnen seien. Der EuGH entwickelte diese Rechtsprechung in der Folgezeit weiter, so dass sie nun nicht nur bei der Nichtumsetzung von Richtlinien anzuwenden ist, sondern **auch bei Verstößen gegen unmittelbar geltendes sekundäres und primäres Unionsrecht**. 499

So ergibt sich folgendes Prüfungsschema für diesen unionsrechtlichen Staatshaftungsanspruch:

Prüfungsschema 20: Voraussetzungen des unionsrechtlichen Staatshaftungsanspruches

1. Verstoß gegen unmittelbar geltendes primäres oder sekundäres Unionsrecht
2. Verletzte Norm bezweckt, dem Einzelnen Rechte zu verleihen
3. Verstoß ist hinreichend qualifiziert
4. Schaden
5. Kausalität zwischen Verstoß und Schaden
6. Prozessuale Durchsetzung

3. Umstritten ist allerdings, in welchem **Verhältnis** dieser unionsrechtliche Staatshaftungs- zum nationalen Amtshaftungsanspruch steht und ob seine Grundlage eine **Modifikation der § 839 BGB, Art. 34 S. 1 GG** oder eine ungeschriebene ist. Nach Ansicht des BGH soll es sich um einen unmittelbar im Unionsrecht selbst begründeten Haftungsanspruch handeln, der neben dem Anspruch aus § 839 BGB, Art. 34 S. 1 GG geltend gemacht werden kann. Die Gegenposition stellt als deutsche Haftungsgrundlage hingegen allein auf § 839 BGB, Art. 34 S. 1 GG ab, die aber nach den unionsrechtlichen Haftungsgrundsätzen ausgelegt und **modifiziert** werden müssten. 500

II. Darüber hinaus stellt sich die Frage nach dem **Verhältnis des europäischen Staatshaftungsanspruches** zum Anspruch auf die **Rücknahme unionsrechtswidriger Belastungen**. 501

1. Letzterer ist nach der Rechtsprechung des EuGH gemäß den so genannten **Kühne-&-Heitz-Kriterien** unter folgenden kumulativ zu erfüllenden Voraussetzungen gegeben:

Prüfungsschema 21: Voraussetzungen der Rücknahme unionsrechtswidriger Belastungen

1. Bestehen einer nationalen Rücknahmebefugnis (etwa: §§ 48, 49, 51 VwVfG → Rn. 328 ff.).
2. Erschöpfung des nationalen Rechtsweges.
3. Das letzinstanzliche Urteil ergeht auf Grund unrichtiger Auslegung des Unionsrechts.
4. Es gab keine Einleitung eines Vorabentscheidungsverfahrens trotz Vorlagepflicht nach Art. 267 III AEUV.
5. Das Anrufen der Behörden durch den Betroffenen erfolgt innerhalb einer angemessenen Frist nach der Kenntniserlangung von der Unionsrechtswidrigkeit.
6. Es droht keine Verletzung von Rechten Dritter durch die Rücknahme.

Anmerkung: *Das Unionsrecht verpflichtet nationale Behörden allerdings nicht dazu, von innerstaatlichen Verfahrensvorschriften abzusehen, welche die Rechtskraft einer Entscheidung vorsehen. So weit reicht der unionsrechtliche „effet utile" nicht. Ansonsten läge ein zu weitreichender Eingriff in die mitglied- und rechtsstaatlichen Garantien vor.*

502 2. Diese Kriterien für den **Anspruch auf Rücknahme eines unionsrechtswidrigen Staatshandelns** finden bei jeder Unionsrechtsrechtsverletzung Anwendung, nicht nur bei qualifizierten Verstößen – allerdings wegen des Erfordernisses einer bestehenden nationalen Rücknahmebefugnis wohl beschränkt auf Verwaltungsentscheidungen. Im Vergleich dazu ist der **europäische Staatshaftungsanspruch** (→ Rn. 497 ff.) ein originär unionsrechtlicher und besteht unabhängig von der Existenz entsprechender Anspruchsgrundlagen im nationalen Recht, denn der EuGH hat im Rahmen der Rechtsfortbildung diesen eigenständigen, unmittelbar aus dem Unionsrecht hergeleiteten unionsrechtlichen Haftungsanspruch entwickelt (streitig → Rn. 500).

503 Die Rücknahme (unions-)rechtswidriger Maßnahmen etwa auch durch die Erstattung einer geleisteten Zahlung des Bürgers und die Geltendmachung eines Staatshaftungsanspruches stellen damit **unterschiedliche, miteinander konkurrierende Wege** dar, um unionsrechtswidrige Belastungen zu kompensieren. Sie schließen sich weder aus, noch sind sie deckungsgleich, da die Staatshaftung gegenüber der Erstattung eine umfassendere Schadensbereinigung ermöglicht. Im Wege einer Staatshaftungsklage lassen sich etwa Finanzierungskosten in Folge des Fehlens eines zu Unrecht eingeforderten Betrages geltend

machen. Obwohl die Rücknahme auf die engen „Kühne-&-Heitz-Kriterien“ beschränkt ist, steht sie eben grundsätzlich bei jeder Art von Unionsrechtswidrigkeit zur Verfügung. Ein europäischer Staatshaftungsanspruch greift hingegen unabhängig vom Vorliegen der „Kühne-&-Heitz-Kriterien“, aber nur bei einer qualifizierten Rechtsverletzung ein. Die **Anforderungen** an die Rücknahme und Erstattung einerseits und die Staatshaftung andererseits sind daher **unterschiedlich**. Außerdem bestehen **Unterschiede im Anwendungsbereich**: Während die „Kühne-&-Heitz-Grundsätze“ für die Durchbrechung der Bestandskraft von Verwaltungsentscheidungen, wohl aber nicht der Rechtskraft von Gerichtsentscheidungen gelten, sind die Staatshaftungsgrundsätze auf europäischer Ebene explizit auch auf die Haftung für richterliches Unrecht erstreckt worden. Letztlich **ergänzen sich beide Institute**: So kann das selbstständige Bestehen eines europäischen Staatshaftungsanspruches relevant werden, wenn die für den unionsrechtlich „modifizierten“ Rücknahmeanspruch nötige Voraussetzung einer nationalen Rücknahmebefugnis fehlt oder die dafür vom EuGH formulierte Ausnahme von der Bestandskraftdurchbrechung, nämlich die Verletzung von Rechten Dritter, eingreift. Dann mag immer noch ein Staatshaftungsanspruch weiterhelfen. Die Rechtswegerschöpfung spielt hingegen in beiden Bereichen eine wichtige Rolle: Ihr Vorliegen ist Voraussetzung einer Rücknahme nach den „Kühne-&-Heitz-Kriterien“; ihr Fehlen kann aber auch im Rahmen des europäischen Staatshaftungsanspruches bei der Frage des Mitverschuldens bedeutsam werden.

3. Wurde die Anwendbarkeit einer nationalen Rücknahmebefugnis **504**
auf den konkreten Fall festgestellt, stellt sich noch die Frage, ob das Unionsrecht auch die nationalen Vorgaben modifiziert. Das hat der EuGH in der so genannten Alcan-Rechtsprechung (→ dazu schon Rn. 346) jedenfalls für unionsrechtswidrige Beihilfen (→ Art. 107 ff. AEUV) bejaht. Demnach sind folgende unionsrechtlichen Modifikationen des § 48 VwVfG im Wege einer unionsrechtskonformen Auslegung oder über den Anwendungsvorrang des Unionsrechts zu beachten:

- Ausschluss des Ermessens bei der Rechtsfolge (→ vgl. insbesondere Rn. 326; der Mitgliedstaat soll seinen Unionsrechtsverstoß nicht durch einen Verzicht auf die Rückforderung noch bestätigen können);
- Ausschluss der Berufung auf den Fristablauf nach Art. 48 IV VwVfG (→ Rn. 334 f.), da eine Rücknahme bei einem später festgestellten Unionsrechtsverstoß sonst unmöglich wäre (die Ausschlussfrist darf insbesondere nicht missbräuchlich durch die Behörde angewendet werden können);

- bei der Beurteilung des Vertrauensschutzes nach Art. 48 II VwVfG (→ Rn. 332) nimmt der EuGH an, dass von Unternehmen einer bestimmten Größe oder gewisser Branchen verlangt werden könne, dass sie sich vor dem Empfang einer Beihilfe vergewisserten, ob die nationale Bewilligungsbehörde die erforderliche Prüfung durch die Europäische Kommission vornehmen lassen habe;
- wird Vertrauensschutz abgelehnt, kann auch der Einwand des Wegfalles der Bereicherung (→ § 49a II VwVfG) nicht mehr greifen, ohne die unionsrechtlich gebotene Rückforderung unmöglich zu machen;
- aus demselben Grund wird auch das „Verbrauchen" i. S. des § 48 II 2 VwVfG nicht als schutzwürdig betrachtet.

Anmerkung: *Diese Überlegungen sind auch anzustellen, wenn es um einen Widerruf rechtmäßiger Verwaltungsakte geht, wenn also ein auf nationalem Recht beruhender Verwaltungsakt nachträglich wegen eines Verstoßes gegen das Unionsrecht rechtswidrig geworden ist. Es kann auch dann sowohl zu einer Einschränkung des Vertrauensschutzes als auch zur Verdrängung der Jahresfrist (→ § 49 II 2 i. V. mit § 48 IV VwVfG) kommen.*

Rückforderungen von unionsrechtswidrig gewährten Beihilfen können aber auch dann ein Problem darstellen, wenn die Bewilligung nicht auf einem Verwaltungsakt, sondern auf einem öffentlich-rechtlichen oder sogar einem privatrechtlichen Vertrag beruht. Fraglich ist hier, ob trotz der vertraglichen Gleichordnung eine Rückforderung auf Grund des § 48 VwVfG gefordert werden kann. Das ist jedenfalls dann zu bejahen, wenn der zu Grunde liegende Vertrag z. B. auf Grund eines gesetzlichen Verbotes für nichtig erklärt werden kann.

Stichwortverzeichnis

(Die Verweise beziehen sich auf die Randnummern)